AF533061

Wolfram Letzner

50 weitere archäologische Stätten in

Deutschland

– die man kennen sollte

Wolfram Letzner

50 weitere archäologische Stätten in Deutschland – die man kennen sollte

192 Seiten mit 77 Abbildungen und 1 Karte
Titelabbildung: oben: © Wikimedia Commons: https://commons.wikimedia.org/wiki/File:K%C3%B6nigspfalz_Tilleda,Restauriertes_Zangentor.jpg
unten: © Stefan Klatt, Wikimedia Commons: https://commons.wikimedia.org/wiki/File:Burgwall_Arkona.jpg?uselang=de
unten links: © Ralf Roletschek, Wikimedia Commons: https://de.wikipedia.org/wiki/Eberswalder_Goldschatz#/media/File:Eberswalder-goldschatz.jpg
Bibliografische Information der Deutschen Nationalbibliothek
Die Deutsche Nationalbibliothek verzeichnet diese Publikation in der Deutschen Nationalbibliografie; detaillierte bibliografische Daten sind im Internet über http://dnb.d-nb.de abrufbar.

ISBN 978-3-945751-31-2
Lektorat: Natalia Thoben, Danilo Blaeser
Gestaltung des Titelbildes: Sebastian Ristow
Gestaltung: Bild1Druck GmbH, Berlin
Druck: Werbedruck GmbH Horst Schreckhase

Printed by Nünnerich-Asmus Verlag & Media
Weitere Titel aus unserem Verlagsprogramm finden Sie unter: www.na-verlag.de

Inhalt

VORWORT

50 weitere archäologische Stätten in Deutschland, die man kennen sollte – dieser Titel lässt natürlich die Frage aufkommen, ob es sich um weniger bekannte oder unbedeutendere handelt. Dies ist guten Gewissens zu verneinen; es gibt in Deutschland so zahlreiche archäologische und historische Stätten, um noch viele Bücher damit zu füllen und es kommen immer wieder neue hinzu.

Viele wichtige Ausgrabungsstätten sind im Laufe der Zeit verloren gegangen und müssten daher eigentlich unberücksichtigt bleiben. Außerdem birgt jede Ausgrabung die Gefahr in sich, dass die Befunde durch die Forschungen selbst zerstört werden. Jedoch haben häufig Funde und Befunde in archäologischen Freilichtmuseen eine neue Heimstatt gefunden, die berücksichtigt werden müssen.

Die einzelnen Regionen Deutschlands haben eine sehr unterschiedliche Geschichte erfahren. So ergibt es sich fast zwangsläufig, dass in einigen Bundesländern das römische Erbe dominiert, während in anderen ur- und frühgeschichtliche Wallanlagen bedeutende Zeugnisse der Vergangenheit sind.

Mancher Ort, der hier vorgestellt wird, liegt in idyllischer Abgeschiedenheit, während sich andere inmitten pulsierender Städte befinden. Diese Unterschiede verlangen nach individuellen Darstellungsweisen.

Einige der genannten Museen werden von Trägervereinen betrieben. Da dies mit einer ehrenamtlichen Tätigkeit verbunden ist, sind die telefonisch erreichbaren Ansprechpartner Privatpersonen. Möglicherweise sind sie nach Drucklegung dieses Buches nicht mehr in einer entsprechenden Funktion tätig. In diesen Fällen wurde auf die Angabe einer Telefonnummer verzichtet, die dann aktuell über die Homepage des Museums zu erfahren ist.

Abschließend noch ein Hinweis: Durch Gebiets- und Gemeindereformen liegen viele altbekannte Ausgrabungsstätten nicht mehr in eigenständigen Orten. Zur besseren Orientierung werden die neuen Ortsnamen an erster Stelle angeführt, die ursprünglichen sind jedoch den weiteren Überschriften zu entnehmen.

Abb. 1 Wittstock (Dosse). Archäologischer Park Freyenstein, Pflasterung einer mittelalterlichen Straße.

SCHLESWIG-
HOLSTEIN
MECKLENBURG-
VORPOMMERN
HAMBURG
BREMEN
NIEDERSACHSEN
BRANDENBURG
BERLIN
SACHSEN-
ANHALT
NORDRHEIN-
WESTFALEN
SACHSEN
THÜRINGEN
HESSEN
RHEINLAND-
PFALZ
SAAR-
LAND
BAYERN
BADEN-
WÜRTTEMBERG
01
02
03
04
05
06
07
08
09
10
11
12
13
14
15
16
17
18
19
20
21
22
23
24
25
26
27
28
29
30
31
32
33
34
35
36
37
38
39
40
41
42
43
44
45
46
47
48
49
50

Im Westen Schleswig-Holsteins liegt die Dithmarscher Geest, die vor vielen tausend Jahren den Menschen Schutz vor dem allzeit drohenden Hochwasser bot. Zahlreiche eindrucksvolle Zeugnisse menschlichen Schaffens aus früher Zeit sind dort noch heute zu finden.

01 ALBERSDORF – EIN HOTSPOT ZUR UR- UND FRÜHGESCHICHTE

In Albersdorf findet der Besucher zwei sich ergänzende Einrichtungen. Obwohl es sich dabei um museale Objekte handelt, sind sie in ihrer Art doch verschieden. Wer sich nicht nur für diese Denkmäler, sondern auch für die vorgeschichtliche Umwelt interessiert, für den sind das Steinzeitdorf Dithmarschen und das Museum für Archäologie und Ökologie fast schon ein Muss.
Im Osten des Landkreises Dithmarschen hat sich vor mehr als 20 Jahren eine Initiative entwickelt, die steinzeitliches Leben anschaulich machen will. Idee und Umsetzung haben inzwischen einen Punkt erreicht, an dem man das Ziel als fast erreicht bezeichnen kann.

Die Idee

Im Lauf der letzten Jahrzehnte haben sich in der archäologischen Forschung neue Fragestellungen entwickelt, die u. a. auch das Verhältnis von Mensch und Natur betreffen. Aus dem Bedürfnis heraus, Archäologie und Ökologie zusammenzuführen, entwickelte sich ab 1997 das Archäologisch-Ökologische Zentrum Albersdorf (AÖZA). Heute betreibt es als gemeinnützige Gesellschaft den Steinzeitpark Dithmarschen.
Inmitten einer Kulturlandschaft, die vor etwa 5.000 Jahren – im Neolithikum – eine wahre Blütezeit erlebte, entstand auf rund 40 ha – das entspricht fast der Fläche von 57 Fußballfeldern – die vorgeschichtliche Umwelt aufs Neue.

Das Resultat

Steinzeitpark Dithmarschen
Süderstraße 47
25767 Albersdorf
Tel.: 04835-971097
http://www.steinzeitpark-dithmarschen.de

Ein Projekt wie das Steinzeitdorf ist im Grunde nie abgeschlossen (Abb. 2). Neue Erkenntnisse der Forschung nötigen die Initiatoren immer wieder, den schon erarbeiteten Bestand zu überarbeiten und auszubauen. Dies gilt sicher auch hier.
Eine grundsolide Basis für das archäologische Zentrum war der Umstand, dass hier auf engem Raum noch mehrere originale, überaus ein-

drucksvolle Großsteingräber vorhanden waren. Diese Monumente prägten einst in Norddeutschland das Landschaftsbild, bis sie im Laufe der Jahrhunderte zur Gewinnung von Baumaterial mit brachialer Gewalt zerstört wurden oder den Bauern einfach nur im Wege standen.
Der interessierte Besucher hat natürlich eine Vorstellung davon, wie so ein Großsteingrab auszusehen hat, doch von deren typologischer Vielfalt, die man hier auf relativ engem Raum vorfinden kann, wird er überrascht sein. Auf dem Gelände des Archäologischen Parks kann der Besucher verschiedene Gräber erkunden. Neben einem Ganggrab sind Rechteckdolmen oder solche mit unregelmäßigen Grundrissen zu besichtigen. Im Gegensatz zu Gräbern mit ihren riesigen Steinsetzungen, die man sonst sieht, vermitteln die Rekonstruktionen mit ihren überdeckenden Erdaufschüttungen das ursprüngliche Aussehen der Grabanlagen.
Steht man vor solchen Denkmälern, stellt sich die Frage, wie und von wem solche gewaltigen Monumente überhaupt errichtet wurden. Ganz schnell wird klar, dass solche riesigen Bauten nicht von wenigen Menschen errichtet wurden. Sie waren das Gemeinschaftswerk ganzer Sippen oder Dörfer. Daraus resultiert aber auch deren Belegung: Es waren Kollektivgräber, in denen die Toten beigesetzt wurden.
Will man vorgeschichtliches Leben darstellen, so gibt es immer wieder das Problem, dass im Original nur wenig zu sehen ist. Daher sind Rekonstruktionen gefragt, so auch hier, die in einem Steinzeitdorf zusammengefasst sind. Die Vorbilder für die unterschiedlichen Gebäude stammen von verschiedenen Fundplätzen. So gibt es zum Beispiel ein spätneolithisches Ganghaus, dessen Original in Flintbek, einer kleinen Gemeinde südwestlich von Kiel, stand.

Abb. 2 Albersdorf. Steinzeitpark Dithmarschen. Eines der in der weiträumigen Anlage rekonstruierten Häuser.

Museum für Archäologie und Ökologie Dithmarschen
Bahnhofstraße. 29
25767 Albersdorf
Tel.: 04835-971974
http://www.museum-albersdorf.de

Als Höhepunkt kann sicherlich die Rekonstruktion eines Opferplatzes betrachtet werden, dessen Vorbild im Jahr 2006 in Hunneberget bei Kristiansstad (Südschweden) ausgegraben wurde. Solche Verknüpfungen zeigen, wie großflächig ur- und frühgeschichtliche Kulturen sein konnten (Abb. 3).

Neben den rekonstruierten Gebäuden beeindruckt den Besucher aber auch der Umstand, dass in ihnen das Leben in der Jungsteinzeit lebendig dargestellt wird. So bieten sich den Gästen des Archäologischen Parks Möglichkeiten, entweder handwerkliche Tätigkeiten kennenzulernen oder sich im Bogenschießen zu üben.

Wer einen Garten hat, kann sich gut vorstellen, wie schwierig es ist, ein so großes Gelände zu pflegen. Aber auch hier bietet das Konzept der Parkanlage eine Lösung an: Alte Haustierrassen werden in einer halboffenen Art gehalten. So lebt das Vieh in den Wintermonaten auf den Weiden.

Das Museum befindet sich in einem ehemaligen Kurhotel und zeigt auf zwei Ebenen seine Sammlungen. Im Hauptgeschoss werden drei Räume genutzt. Raum 1 zeigt Funde aus der Eiszeit und thematisiert schlagwortartig die Neandertaler, während der zweite Raum sich mit den frühen Bauernkulturen des Neolithikums und der Bronzezeit auseinandersetzt. Der letzte Raum des Hauptgeschosses beginnt mit Funden aus der Eisenzeit und endet zeitlich im frühen Mittelalter.

Das Untergeschoss bietet Raum für Sonderausstellungen. Daneben findet hier das „Bernsteinkabinett“ seinen Platz und es wird über das Thema „Grab und Kult in der Urgeschichte“ berichtet. Für weitere Aktivitäten kann zusätzlich der Hof genutzt werden.

Literatur

R. Kelm, Die Jungsteinzeit Norddeutschlands erlebbar machen. Erweiterung des Steinzeitparks Dithmarschen in Albersdorf, Antike Welt 43/1 (2012) S. 86–89; S. Reiß, Landschaftsgeschichte Dithmarschens (2006); V. Arnold/R. Kelm, Rund um Albersdorf – Ein Führer zu den archäologischen und ökologischen Sehenswürdigkeiten (2004).

Abb. 3 Albersdorf. Steinzeitpark Dithmarschen. Rekonstruktion des Opferplatzes.

Lebenswelt der Eiszeit, Gräber aus der Bronzezeit, slawische Befestigungen und schließlich die nicht ganz so romantische Welt einer ländlichen Burg des Hochmittelalters – das alles erlebt in einem Museum in der Idylle eines heutigen Dorfes.

02 LÜTJENBURG – VON DER EISZEIT BIS ZUM MITTELALTER

Schleswig-Holstein

Etwa 38 km östlich der Landeshauptstadt Kiel liegt das Städtchen Lütjenburg. Schaut man auf seine Geschichte, so scheint es auf den ersten Blick, als ob diese im Hochmittelalter beginnen würde. Jedoch weisen schriftliche Quellen auf eine deutlich frühere slawische Siedlung oder Befestigung hin, deren Namen mit Liuchta und später mit Lutilinburg überliefert wurde.

Funde und Befunde

Dieser Ort wird von der Forschung im Umland der heutigen Stadt vermutet. Hierbei bieten sich zwei slawische Wallanlagen an, die etwa 2 km nördlich der Stadt liegen mit der Ortsbezeichnung Stöfs.

Stöfs 1 trägt auch den Namen „Alte Burg". Bis auf eine Grabung im Jahr 1959 ist die Anlage nur schlecht erforscht. Sicher ist, dass es sich hier um eine Anlage mit zwei halbkreisförmigen Abschnittswällen handelt und den Wällen jeweils Gräben vorgelegt waren. An der Südseite der Anlage fehlen Befestigungen, weil hier ein Steilhang als Schutz ausreichte. Die Wälle sind in unterschiedlicher Höhe erhalten. Aufgrund der archäologischen Untersuchungen wird die Anlage in slawische Zeit datiert (9./10. Jh.).

In unmittelbarer Nähe muss sich aber eine bronzezeitliche Siedlung befunden haben. Ein dicht besetztes Gräberfeld, das wohl nicht vollständig untersucht wurde, weist sicher zwei Grabhügel dieser Periode auf.

Stöfs 2 liegt nur wenige hundert Meter nordöstlich von Stöfs 1. Es handelt sich dabei um einen Abschnittswall, der eine Landzunge, die in den Großen Binnensee reicht, abriegelt. An der Seeseite ist die Anlage offen. Die Befestigungsreste, datiert in das 9./10. Jh., sind nicht mehr besonders prägnant.

Für den Besucher wird es aber in Lütjendorf selbst ebenfalls spannend: Hier findet sich eine zugegebenermaßen recht freie Rekonstruktion einer hochmittelalterlichen Burganlage, einer Niederungsburg (Abb. 4). Sie wird vom Typ her als Motte bezeichnet, die in ganz Norddeutsch-

Turmhügelburg

Lütjenburg, Bunendorp
24321 Lütjenburg
http://www.turm-huegelburg.de/index.html

land weit verbreitet ist und besteht aus einer Vorburg und der Hauptburg. Bezeichnend für die Hauptburg ist ein Wassergraben, der einen künstlich aufgeschütteten Hügel umschließt, der befestigt war.
Wie man sich das Leben auf einer solchen mittelalterlichen Burg vorstellen muss, verdeutlichen die verschiedenen Gebäude wie etwa Speicher, eine Schmiede, aber auch das Wohnhaus des Burgherrn oder eine Kapelle. Sicher beachtenswert ist, dass sich solche Anlagen deutlich von dem romantischen Idealbild einer Burg als steinernes Monument unterscheiden.

Eiszeitmuseum

Niental 7
24321 Lütjenburg
Tel.: 04381-415210
http://www.eiszeit-museum.de

Literatur

J. Friedhoff, „Lebendiges Mittelalter" und „vergessene Ruinen" – die Turmhügelburg Lütjenburg und die Burgruine Glambeck in Schleswig-Holstein (2012).

Wie der Name des Museums schon verdeutlicht, geht es darum, einen wichtigen Abschnitt in unserer Geschichte darzustellen: die Eiszeit. Es gilt von der Umsetzung dieses Themas her als einzigartig.
Die Rückschau auf den aktuellen Klimawandel ist für den Besucher sicherlich besonders interessant. Der Schwerpunkt des Hauses liegt u. a. darauf, wie sich die Eiszeit auf Mensch und Tier ausgewirkt hat. Dies wird durch zahlreiche Ausstellungsstücke, Diaramen und Texte verdeutlicht.
Die Dauerausstellung wird regelmäßig durch Sonderausstellungen ergänzt, sodass sich ein mehrfacher Besuch lohnt.

Abb. 4 Lütjenburg. Rekonstruktion der mittelalterlichen Turmhügelburg.

Handelsplatz, Fürstensitz oder „slawisches Haithabu" – so lässt sich eines der bedeutendsten archäologischen Denkmäler Schleswig-Holsteins mit eindrucksvollen Überresten längst vergangener Zeiten beschreiben.

03 OLDENBURG – EINE DER ÄLTESTEN STÄDTE SCHLESWIG-HOLSTEINS

Sucht man nach Oldenburg, so wird man mindestens zwei Orte dieses Namens in Norddeutschland finden. Das Oldenburg, um das es hier geht, liegt im nordöstlichen Teil Holsteins auf der Halbinsel Wagrien, nur rund 50 km nördlich der einst mächtigen Hansestadt Lübeck entfernt.

Geschichtlicher Überblick

Lange Zeit glaubte man, die Geschichte Oldenburgs würde im frühen Mittelalter beginnen. Dabei stützte man sich auf die schriftlichen Quellen. Archäologische Untersuchungen am Oldenburger Wall (siehe unten), dem heutigen Wahrzeichen der Stadt, brachten aber Zeugnisse germanischer Präsenz ans Tageslicht.

An Bedeutung gewann der Platz aber erst, als slawische Fürsten vom Stamm der Wagrier im 8. Jh. erkannten, dass sich dieser Ort sowohl für eine Burganlage als auch für einen Handelsplatz eignete. Die Befestigung diente zugleich als Sitz des Fürsten.

Durch die Lage an der Ostsee stieg Starigrad – so wurde der Ort einst genannt – zum wichtigsten Handelspunkt neben Haithabu auf. Dies spiegelt sich auch im archäologischen Befund wider: Bei Ausgrabungen konnte nämlich eine intensive Bebauung beobachtet werden.

Im 10. Jh. hatte das Christentum Einzug gehalten: Starigrad wurde zum Zentrum des heutigen Bistums Oldenburg, welches dem Erzbistum Hamburg nachgeordnet war. Um die Mitte des 12. Jhs. setzte sich zunehmend deutscher Einfluss durch, dem es vermutlich auch geschuldet war, dass der Bischofssitz in den 1160er-Jahren nach Lübeck verlegt wurde.

Ein wichtiges Datum in der Geschichte Oldenburgs war das Jahr 1233. In diesem Jahr wurde der Stadt durch Adolf IV., Graf von Schauenburg und Holstein, das Stadtrecht verliehen. Adolf war es gelungen, dänische Ansprüche in der Region zurückzudrängen und seinen Herrschaftsbereich auszubauen.

Die wirtschaftliche Prosperität Oldenburgs scheint im Mittelalter zurückgegangen zu sein. Aus Quellen der frühen Neuzeit – zu nennen ist etwa die *Cosmographia Universalis* des großen Humanisten und Kosmografen Sebastian Münster – lässt sich festhalten, dass Starigrad bzw. Oldenburg einst am Meer gelegen habe, dann aber durch Versandung des Hafens und durch Kriege verarmt und nun, in der Mitte des 16. Jhs., nur noch ein ländlicher Ort ohne Befestigung gewesen sei.
Im Zusammenhang mit dem Hafen muss aber darauf hingewiesen werden, dass er nicht unmittelbar am Meer lag, sondern über den „Oldenburger Graben" mit der Ostsee verbunden war, der vielleicht noch bis zum Beginn des 17. Jhs. für die Schifffahrt nutzbar war und erst in den Wirren des Dreißigjährigen Krieges nicht mehr offen gehalten werden konnte.
Der „Oldenburger Graben" ist eine natürliche Rinne, die in der letzten Eiszeit entstand. Nach der Eisschmelze stieg der Wasserstand der Ostsee an und flutete den Einschnitt. Heute zeigt er sich im Frühjahr und Sommer von sattem Grün umgeben.

Der Oldenburger Wall

Nach dem Überblick zur Geschichte Starigrads bzw. Oldenburgs ist es nun an der Zeit, sich dem eindrucksvollsten Denkmal zu widmen: dem Wall.

Ausgrabungen

Der Wall wurde in der ersten Hälfte des 19. Jhs. massiv abgetragen, sodass am Denkmal große Schäden entstanden. In das Blickfeld der Archäologen rückte die Befestigung erst wieder in der zweiten Hälfte des 20. Jhs. In zwei Grabungsperioden (1953–1958 und 1973–1986) wurde die Burganlage systematisch untersucht. Aufgrund dieser Forschungen wurde darauf in den Folgejahren ein Teil des Walls rekonstruiert.

Funde und Befunde

Als Resultat der Ausgrabungen lässt sich die Geschichte der Anlage vom 7. Jh. bis in das 13. Jh. hinein nachvollziehen. Es zeigte sich, dass es drei Bauphasen gab.
Die erste Phase fällt in die Zeit der slawischen Landnahme, also zwischen 680 und 700. Es entstand der westliche Abschnitt des Walls, dem noch eine Vorburg angefügt war. Die Bauart des Walls entsprach als Holzkastenkonstruktion ganz der slawischen Befestigungstechnik.

Die zweite Bauphase – so konnten die Archäologen feststellen – gehört in die Zeit nach 750 und brachte erhebliche bauliche Veränderungen. Die Vorburg wurde ausgebaut und unmittelbar mit der Hauptburg verbunden, sodass ein ellipsenförmiger Grundriss entstand. Im Bereich der ehemaligen Vorburg wurde dann der oben schon erwähnte Fürstensitz eingerichtet. Diese Bauphase endete in der Mitte des 12. Jhs., als dänische Truppen unter Waldemar I. (1157–1182) den Ort zerstörten.

Die dritte und letzte Bauphase ist natürlich hochmittelalterlich. Auf den Resten der slawischen Burg wurde nach 1200 eine dänische Festung angelegt, die aber 1227 an den aus dem Hause Schauenburg stammenden Adolf IV. (vor 1205–1261) ging. Diese Anlage unterschied sich in einigen Teilen von den Vorgängern. Die elliptische Form blieb zwar erhalten, wurde jedoch in einen nördlichen und einen südlichen Teil aufgespalten. Zwischen beiden Teilen wurde ein Grabensystem angelegt und die einzelnen Teile durch Brücken miteinander verbunden.

Für den Besucher sind im Gelände noch gut nachvollziehbar und überaus beeindruckend die Dimensionen der Anlage. In der Ost-West-Achse erstreckt sie sich über eine Länge von etwa 220 m und in der Nord-Südrichtung mit einer Breite von ca. 100 m; das entspricht der Fläche von drei Fußballfeldern.

Der Wall selbst ist besonders eindrucksvoll an der Nord-, Süd- und Westseite, da er sich gegenüber der Umgebung durch eine steile Böschung mit rund 18 m Höhe absetzt (Abb. 5). Diese Höhe entspricht etwa der eines sechsstöckigen Hauses. Von der Wallkrone aus hat der Besucher einen phantastischen Blick auf die Umgebung mit ihrer Auenlandschaft.

Abb. 5 Oldenburg. Der „Oldenburger Wall". Blick auf die eindrucksvolle Nordseite.

Enttäuscht wird der Besucher vielleicht, wenn er sich der Befestigung von deren Inneren nähert. Der Wall hebt sich nur mit wenigen Metern vom Boden ab.

Oldenburger Wallmuseum

Prof.-Struve-Weg 1
23758 Oldenburg
in Holstein
Tel.: 04361-623142
http://www.oldenburger-wallmuseum.de

Wer nach Oldenburg kommt, sollte sich das idyllisch an einem kleinen See gelegene Wallmuseum nicht entgehen lassen. Hier wird Vieles von dem anschaulich, was man an der Wallanlage vielleicht nicht mehr so wahrnimmt.
Vom Charakter her handelt es sich um ein Freilichtmuseum, das aus mehreren Teilen besteht. Zunächst gibt es verschiedene historische Bauwerke, welche die ständigen Ausstellungen des Museums aufnehmen. Diese thematisieren einmal das Verhältnis von Slawen und Deutschen während des Mittelalters zueinander. Zum anderen wird das Leben in einer westslawischen Stadt in seiner ganzen Breite dargestellt. Darüber hinaus werden Themen aufgegriffen, die zeitlich über das hinausgehen, was uns an dieser Stelle interessiert.
Im eigentlichen Freigelände ist ein slawisches Dorf nachgebaut; hier lassen sich nicht nur Häuser bestaunen, sondern auch mittelalterliche Handwerke. Um die Bedeutung Starigrads als Handelsplatz zu verdeutlichen, findet sich hier der Nachbau eines frühmittelalterlichen Schiffes (Abb 6).
Inmitten des Sees sieht der Besucher die Rekonstruktion eines slawischen Inselheiligtums. Früher durften dieses nur Priester betreten und auch heute bleibt aus diesem Grund der Eintritt verwehrt.
Wer den Weg zum Wall scheut, findet im Freigelände des Museums eine verkleinerte Version der Befestigung. Aber sollte man wirklich die 300 m Wegstrecke scheuen?

Literatur

F. Biermann, Die all- und Grabenanlagen auf dem Hamburger Domplatz und der nordwestslawische Burgenbau, in: R.-M. Weiss/A. Klammt (Hrsg.), Mythos Hammburg. Archäologische Entdeckungen zu den Anfängen Hamburgs (2014) S. 377–387 Abb. 1–3. 8; M. Fricke, Der Oldenburger Wall. Ein archäologisches Juwel soll glänzen, Archäologische Nachrichten aus Schleswig-Holstein 15 (2009); M. Müller-Wille (Hrsg.), Starigrad, Oldenburg: ein slawischer Fürstensitz des frühen Mittelalters in Ostholstein (1991).

Abb. 6 Oldenburg. Oldenburger Wallmuseum. Nachbau eines frühmittelalterlichen Schiffes. Im Hintergrund die Gebäude des Museums.

Das heutige Bundesland trägt in einer Hälfte seinen Namen – das Dorf Mecklenburg mit seiner großen Wallanlage war einst die Hauptburg slawischer Fürsten und stand im Fokus der damaligen Politik.

04 DORF MECKLENBURG – EIN SLAWISCHER FÜRSTENSITZ SCHON IN ARABISCHEN QUELLEN ERWÄHNT

Das „Dörfchen" Mecklenburg liegt nur etwa 6 km von der alten Hansestadt Wismar entfernt in einer ansprechenden, leicht hügeligen Landschaft. Historische Bauten, vom 14. Jh. bis ins 19. Jh. hineinreichend, laden zum Besuch ein. Von besonderer Bedeutung ist aber die Burg Mecklenburg als Keimzelle des heutigen Landesteils Mecklenburg.

Für die Landesgeschichte wichtig – die Erforschung des Ortes

Mit dem wachsenden Interesse an der Archäologie im frühen 19. Jh. geriet auch das Dorf Mecklenburg, das schon damals als Keimzelle des Herzogtums Mecklenburg gesehen wurde, in das Blickfeld George Christian Friedrich Lischs. Erste Untersuchungen fanden ab 1839 statt; zunächst wurden nur Oberflächenfunde aufgelesen und später kamen Zufallsbeobachtungen hinzu.

Aber das hinderte die Einwohner des Dorfes nicht daran, im Jahr 1870 innerhalb des Burgwalles einen neuen Friedhof anzulegen. Man war halt pragmatisch veranlagt – eine Friedhofsmauer war dank der Befestigungsreste überflüssig.

Die archäologische Forschung hatte den Platz aber nicht aus den Augen verloren. In den 1920er-Jahren konnten kleinere Untersuchungen im Innenraum der Wallanlage und im Bereich der Vorburg durchgeführt werden; ein Gräberfeld wurde teilweise freigelegt (Abb. 7). Größere Ausgrabungen fanden jedoch erst von 1967 bis 1971 statt, die überraschende Ergebnisse erbrachten.

Die Quellenlage und geschichtlicher Abriss

Alle Ausgräber, die sich im Laufe der Zeit mit dem Ort beschäftigten, konnten auf schriftliche Quellen zurückgreifen. Allerdings überlieferten diese nicht den ursprünglichen Namen des Fürstensitzes mit seiner zugehörigen Siedlung; dieser könnte aber Weligrad gelautet haben.

Die frühesten schriftlichen Erwähnungen finden sich bei Ibrahim ibn

Abb. 7 Dorf Mecklenburg. Die letzten Zeugnisse der Burganlage.

Yaqub, einem Diplomaten im Dienst des Kalifen von Cordoba und wissbegierigen Reisenden in der zweiten Hälfte des 10. Jhs. So überliefert er im Jahr 965 den Namen „Narkons Burg". Deutsche Quellen – damit sind auch solche gemeint, die auf Latein verfasst wurden – bezeichnen den Ort als Michilin- oder Mikilenburg. Daneben ist auch der Name Magnopolis überliefert. Die hochmittelalterlichen Quellen lieferten darüber hinaus auch zahlreiche Informationen über die weitere Geschichte des Ortes.

Die Mecklenburg war zunächst Zentralort der obodritschen Fürsten und zugleich ein wichtiger Handelsplatz. Vor allem Sklaven wurden gehandelt. Während des 10. Jhs. fanden sich nach Ausweis der Quellen eine Kirche und ein Nonnenkloster an diesem Ort und vom späten 10. Jh. an residierten hier Bischöfe. Militärische Konflikte des 12. Jhs. führten zur Zerstörung und zum Wiederaufbau.

Im Jahr 1256 ließ Johann I. – Herzog von Mecklenburg – die Anlage niederlegen, um Baumaterial für seine Residenz in Wismar zu erhalten. Wie kurzsichtig dies war, zeigt die Wiederherstellung der Burg im Jahr 1277. Das endgültige Ende erlebte die Feste im Jahr 1322.

Die Vorburg, über die es an dieser Stelle nur wenig zu berichten gibt, besaß eine Siedlung. Daraus entwickelte sich um die Mitte des 14. Jhs. der heutige Ort Dorf Mecklenburg.

Funde und Befunde

Haben schon die schriftlichen Quellen den Ort als wichtig erscheinen lassen, so spiegeln die archäologischen Befunde diese noch um Einiges deutlicher wider. Die Untersuchungen aus den 1970er-Jahren ergaben folgendes Bild:

Vom Grundriss her handelt es sich bei der Hauptburg um ein Oval oder eine Ellipse mit einer Fläche von 1,4 ha; das entspricht einer Fläche von zwei Fußballfeldern. Eingefasst war sie von einer massiven Wallanlage, die über sieben Bauphasen verfügte. Die älteste Befestigung stammt aus dem frühen 7. Jh. und die jüngste aus dem 13. Jh.

Der älteste Wall wies an seiner Basis eine Breite von 12,75 m auf und besaß eine Mindesthöhe von 7 m. Im Laufe der Jahrhunderte stieg die Basisbreite auf 20,30 m an und die Höhe lag schließlich bei 8,60 m. Der Zuwachs in der Breite erklärt sich vor allem daher, dass bei den Erneuerungsphasen der Wall mit Erdanschüttungen im Inneren verstärkt wurde. Für zwei Bauphasen ließen sich anhand von Brandspuren hölzerne Wehrgänge auf der Wallkrone nachweisen.

Mit der Errichtung des Walls war eine gewaltige Arbeitsleistung zu erbringen. Seitens der Ausgräber wird vermutet, dass mindestens 500 Arbeiter ein Jahr lang mit dessen Errichtung beschäftigt waren. Die enorme Arbeitsleistung lässt sich aber auch in Kubikmetern quantifizieren. Man spricht von gut 25.000 m^3 Erdmaterial, die bewegt werden mussten. Das entspricht 324 Standardcontainern. Dieser Arbeitsaufwand spricht dafür, dass hier ein entsprechender politischer Wille bzw. Macht vorhanden war, um ein derartiges Großprojekt durchzuführen. Dessen Realisierung ist aber nur damit zu erklären, an dieser Stelle den Zentralsitz der Obodritenfürsten anzunehmen.

Innerhalb der Befestigung konnten die Ausgräber auch Häuser nachweisen, die sich in slawischer Zeit alle an die Rückseite des Walls anschmiegten. Dabei handelte es sich um Bauten in verschiedener Ausführung. Neben Gebäuden aus Flechtwerk ließen sich auch Blockhäuser nachweisen.

Literatur

U. Sommer, Die Mecklenburg. Der Ort, der dem Land den Namen gab (1995); P. Donat, F 1 Dorf Mecklenburg, in: J. Herrmann (Hrsg.), Archäologie in der Deutschen Demokratischen Republik (1989) S. 577 f.

Abb.8 Dorf Mecklenburg. Denkmal auf dem Burgwall.

Die Jaromarsburg ist ein Bodendenkmal in dramatischer Lage, von dem in 100 Jahren vielleicht nichts mehr übrig sein wird. Das Tosen des Sturms und die Wogen des Meeres fordern Jahr für Jahr ihren Tribut.

05 PUTGARTEN – KAP ARKONA AUF RÜGEN: DIE JAROMARSBURG, EIN DENKMAL AUF ZEIT

Mecklenburg-Vorpommern

Eine der interessantesten und eindrucksvollsten Fundstellen auf der Insel Rügen ist die Jaromarsburg am Kap Arkona (Abb. 9), die schon sehr an unserer Zeitgrenze knabbert. Weil wir uns aber in einer Zeit bewegen, die durch schriftliche Quellen gut dokumentiert ist, lassen sich aus diesen nicht nur für die Anlage viele Informationen gewinnen, sondern auch auf andere archäologische Stätten slawischer Zeit übertragen.

Ausgrabungen

Die Jaromarsburg liegt 1 km nordöstlich von Putgarten auf dem Kap Arkona, die heute nach Jaromar I. (1170–1218), eines bedeutenden slawischen Fürsten der seit dem 7. Jh. auf Rügen siedelnden Ranen, benannt ist. Schon 1868 fanden die ersten Ausgrabungen statt, denen 1921 und 1930 weitere folgten. Sie dokumentierten heute längst im Meer verschwundene Reste. Zwischen 1969 und 1971 wurden erneut Forschungsarbeiten durchgeführt, denen weitere systematische Untersuchungen ab 2012 folgten; eine Reihe von älteren Deutungen der Befunde musste auf deren Basis verworfen werden.

Funde und Befunde

Die noch immer eindrucksvollen Überreste der Burganlage liegen 35–45 m über dem Meeresspiegel auf einem Steilkliff. Aufgrund der Küstenabstürze hat sich die Fläche der Anlage auf etwa ein Drittel verkleinert. Die Ausgräber gehen davon aus, dass die Befestigung im 8. oder 9. Jh. – vom Grundriss her ein Dreieck – an seiner Basis eine Länge von etwa 400 m besaß und maximal 300 m Tiefe aufwies. Dieser massive Wall hat im Norden und Süden durch die Abbrüche an Länge verloren. Diese mächtige Verteidigungsanlage war ca. 13 m hoch und trug zusätzlich auf der Wallkrone eine weitere Befestigung. Von einem inneren Wall und einem vorgelegten sind nur noch sehr kleine Reste erhalten; große Teile davon sind 1969 unwiderruflich im Meer versunken.

Abb. 9 Putgarten, Kap Arkona. Die Jaromarsburg aus der Luft.

Diese innere Befestigungslinie entstand im 8./9. Jh. und wurde angelegt, um eine Kultstätte zu schützen, den Platz also zu einer Tempelburg zu machen. Die hier verehrte Gottheit war Svantovit, Kriegsgott und zugleich Hauptgott der Ranen. Heute zeugt eine moderne Skulptur von diesem Gott, der mit seinen vier Gesichtern in alle Himmelsrichtungen schaut.

Die archäologischen Funde innerhalb dieses Areals belegen auch Opferhandlungen. Dabei handelte es sich überwiegend um Tieropfer, die im Rahmen der sakralen Handlungen verspeist wurden – eine Sitte, die es bei vielen Kulturen gab. Daneben konnten aber auch vereinzelte Menschenopfer nachgewiesen werden.

Die Fläche zwischen den beiden Wällen war nach den Erkenntnissen der Archäologen nicht ständig bewohnt. Sie wurde während der Kulthandlungen aufgesucht und bot im Kriegsfall den in der Nähe lebenden Menschen Schutz (Abb. 10).

Im 10./11. Jh. scheint der innere Wall an Bedeutung verloren zu haben. Er wurde eingeebnet und durch einen symbolischen Graben ersetzt, sodass die sakrale Zone weiter betont blieb. Über den Tempel des Gottes wissen wir aufgrund einer Beschreibung aus der Feder des Saxo Grammaticus Bescheid, der Augenzeuge der Zerstörung der Tempelburg war. Neuere Forschungen haben den Tempelbezirk wohl identifizieren können. Es handelte sich um eine fundleere rechteckige Fläche, in deren Umgebung jedoch zahlreiche Opfergaben gefunden wurden. Das würde aber mit der Beschreibung des Saxo nicht übereinstimmen, der von einer doppelten Einfassung spricht, deren Spuren im Boden sicherlich nachzuweisen wären. Markant war seiner Beschreibung folgend auch ein purpurfarbenes Dach, das den gesamten Komplex abdeckte.

Jüngst stießen die Ausgräber direkt am Steilkliff auf Pfostengruben, die jeweils 1 × 1 m groß waren und einen Grundriss bildeten, der leicht schiffsförmig anmutete. Diese Form wies in skandinavische Richtung, was die Frage aufwarf, wie dieses Gebäude in einem slawischen Heiligtum entstanden und zu interpretieren sei. Eine Antwort darauf konnte bislang aber noch nicht gefunden werden.

Durch die Beschreibung unseres Chronisten sind wir sogar über die Kultfeiern und die Institutionen des Tempels informiert. Eine zentrale Rolle spielten Erntefeste. Es gab eine organisierte, wohlhabende Priesterschaft, die über ausgedehnten Grundbesitz verfügte. Außerdem bewahrte man eine Art „Staatschatz" auf. Um dies alles zu schützen, gab es eine eigene Reitereinheit. Ein Mangel an Pferden dürfte mit Sicherheit nicht bestanden haben, weil die Priester eine Pferdezucht betrieben. Ein Schatzgräber darf sich aber keine Hoffnungen darauf machen, diesen Schatz zu finden. Bei der Eroberung der Feste fiel er in die Hände des dänischen Königs Waldemar I. (reg. 1157–1182) und Heinrich dem Löwen (reg. 1142–1180 und 1194–1195), Herzog von Sachsen und Bayern.

Vorstellbar ist ebenfalls, dass die Priester aus Märkten, die vor der Burg stattfanden, Einnahmen erzielten. Der Besitz der Priesterschaft ging nach der Eroberung durch die Dänen an die christliche Kirche, die an der Stelle des Heiligtums die älteste Kirche Rügens errichtete.

Literatur

H. Berlekamp, Arkona und Rügen vor 1168. Betrachtungen zum Quellenmaterial (1993); J. Herrmann, F 5 Arkona, in: J. Herrmann (Hrsg.), Archäologie in der Deutschen Demokratischen Republik (1989) S. 581–583.

Abb. 10 Putgarten. Kap Arkona. Die Jaromarsburg von der Landseite.

Das reizvolle Sternberger Seengebiet – heute ein Landschafts- und Naturschutzgebiet – und seine Umgebung bilden die Kulisse für zahlreiche Denkmäler aus den unterschiedlichsten Epochen der Menschheitsgeschichte.

06 STERNBERG – GROSS GÖRNOW: EINE SLAWISCHE FLUCHTBURG IN HISTORISCHER LANDSCHAFT

Mecklenburg-Vorpommern

Die frühslawische Höhenburg von Groß Görnow, heute ein Stadtteil von Sternberg, liegt auf einem Plateau oberhalb der Warnow. Diese Anlage wurde bereits im 19. Jh. von verschiedenen Altertumswissenschaftlern mehrfach erwähnt und gedeutet. Lisch ordnete die Burg 1875 in eine Gruppe Befestigungen aus germanischer bzw. keltischer Zeit ein. Im Jahr 1955 erkannte man die Anlage aber als slawisch und in den 1980er-Jahren erfolgten erste Ausgrabungen.

Funde und Befunde

Bei näherer Betrachtung zeigt sich, dass die Höhenburg vom Grundriss her etwa einem Oval entspricht und seine heute mit Bäumen bestandene Wallanlage eine Fläche von ca. 3,5 ha umschließt (Abb. 11). Hier

Abb. 11 Sternberg. Wall der slawischen Fluchtburg in Groß Görnow.

würden rund fünf Fußballfelder Platz finden. Das Gelände ist nicht eben, sondern fällt von Westen nach Osten um 25 m ab.

Aufgrund der Topografie bedurfte die Anlage keiner umlaufenden Befestigung. Der südliche Teil des Walls, dessen Höhe schwankte, war an seiner Außenfront mit größeren Rollsteinen verkleidet; darunter versteht man aufgelesene und unbearbeitete Steine. Die anderen Abschnitte der Befestigung wurden durch hölzerne Palisaden gesichert. Soweit es sich feststellen ließ, gab es drei Tore, von denen eines zur Warnow hinabführte.

Im Inneren der Anlage konnten Reste von Wohnbebauung festgestellt werden. Dabei handelte es sich um in den Boden eingetiefte Häuser.

Von der Bedeutung her ist die Wallanlage als Fluchtburg interpretiert worden, die Raum für etwa 1.000 Menschen bot. Für diese Nutzung spricht die relativ geringe Menge an Keramik, die hier gefunden wurde. Zur Datierung kann vorrangig wohl das keramische Material herangezogen werden. Dieses spricht für eine eine Belegung vom 8. bis zum 10. Jh. Dann gab man den Platz endgültig auf. Es wird vermutet, der Grund für das Verlassen des Ortes würde in einem engen Zusammenhang der Gründung der eindrucksvollen Siedlung von Groß Raden stehen; diese liegt nur gut 3 km südöstlich am Sternberger See.

Literatur

E. Schuldt, F 12 Groß Görnow, in: J. Herrmann (Hrsg.), Archäologie in der Deutschen Demokratischen Republik (1989) S. 597.

Abb.12 Sternberg. Blick auf die Innenfläche der Fluchtburg in Groß Görnow.

Der „Große Steintanz“ – so wird ein Steinkreis aus Menhiren inmitten des Tarnower Forstes unweit des Ortes Boitin genannt. Große Monolithe ragen hier als geheimnisvolle steinerne Zeugnisse der Frühgeschichte der Menschheit empor.

07 TARNOW – BOITIN: EIN MECKLENBURG-VORPOMMERISCHES STONEHENGE?

Mecklenburg-Vorpommern

Boitin, ein dünn besiedeltes kleines Örtchen, reicht mit seiner Geschichte bis in das 13. Jh. zurück. Jedoch muss man von der Dorfkirche aus nur 2 km in nordwestliche Richtung gehen, um tief in die Vorgeschichte einzutauchen und um sich von dem „Steintanz“ faszinieren zu lassen.

Ausgrabungen

Die früheste Erwähnung dieser vorgeschichtlichen Steinsetzungen fällt in das Jahr 1767. Bei den Bewohnern der Region waren sie jedoch tief im kollektiven Gedächtnis verankert, wenn auch mit sehr unterschiedlichen Interpretationen. Diese reichten von einem Kult- oder Opferplatz bis zu einem Versammlungs- oder Gerichtsort. Archäologische Untersuchungen sollten aber erst durch den Prähistoriker Robert Beltz (1854–1941) im Jahr 1929 stattfinden, der seinerzeit am Landesmuseum in Schwerin beschäftigt war.

Funde und Befunde

Die Situation stellt sich so dar. Im Tarnower Wald konnten seinerzeit insgesamt vier Steinkreise festgestellt werden (Abb. 13). Davon lagen drei eng beieinander: Sie tragen den Namen „Großer Steintanz“; etwas nüchterner werden sie als Steinkreis I bis III bezeichnet. Etwa 150 m südlich davon findet sich die vierte Steinsetzung, die als „Kleiner Steintanz“ bezeichnet bzw. analog zum „Großen Steintanz“ als Steinkreis IV in der Literatur geführt wird. Die Steine – sie können als Menhire bezeichnet werden – erreichen eine Höhe von etwa 1,60 m. In ihrem Durchmesser variieren sie. Der kleinste hat einen Durchmesser von 8 m, zwei liegen im Bereich von 13 m und es gibt einen Kreis mit etwa 11 m Durchmesser. Aus diesen Größenunterschieden ergeben sich auch Differenzen bei der Anzahl der Steinsetzungen. Die größeren Kreise bestehen aus jeweils neun Findlingen, der kleinere aus sieben. Darüber hin-

Abb. 13 Tarnow-Boitin. Steinkreis mitten im Wald.

aus soll ein weiterer Steinkreis bestanden haben, der heute nicht mehr vorhanden ist.

Im „Großen Steintanz“ zeigt ein Menhir, der den Namen „Brautlade“ trägt, eine Besonderheit. Er weist insgesamt 13 rechteckige Löcher auf, von denen allerdings nur 11 zu sehen sind. Sie werden gerne mit einer lokalen Sage verbunden, sind aber neuzeitlich und für den Befund nicht relevant.

Besonders der „Große Steintanz“ ist interpretationsfähig. Folgt man den Ergebnissen der Untersuchungen von Beltz, der innerhalb eines Steinkreises eine Urne und zwei Brandstellen mit Steinpackungen ans Tageslicht beförderte, so handelt es sich hier um Einfassungen von Gräbern aus dem 6. bis 5. Jh. v. Chr. Horst Keiling sieht diese Steinsetzungen sogar in einem nord- und mitteleuropäischen Grabkontext.

Es haben sich aber auch andere Deutungen gefunden. Einige Forscher glauben nämlich, beide Steintänze würden zusammen einen Kalender bilden. Bei dieser Argumentation bleibt aber offenbar der verlorene fünfte Steinkreis unberücksichtigt.

So unsicher wie die Deutung ist auch die Datierung. In der Forschung gibt es Ansätze, die weitaus früher sind als die Gräber. Diese werden dann als Nachnutzung gedeutet.

Literatur

J. Groht, Menhire in Deutschland (2013) S. 183–186; M. Kuckenburg, Kultstätten und Opferplätze in Deutschland (2007) S. 145; H. Keiling, D 3 Boitin, in: J. Hermann (Hrsg.), Archäologie in der Deutschen Demokratischen Republik (1989) S. 495–497.

Inmitten der idyllischen Mecklenburgischen Schweiz liegt das Städtchen Teterow. Der Teterower See lädt heute Freizeitsegler und Wassersportbegeisterte zur Erholung ein, bietet aber auch mit der Burgwallinsel für Geschichtsbegeisterte einen Anziehungspunkt.

08 TETEROW – INSELBURG ALS HAUPTSITZ EINES SLAWISCHEN STAMMES

In der Geschichte Mecklenburg-Vorpommerns spielen die Slawen eine wichtige Rolle. Ihre befestigten Siedlungen, von denen heute überwiegend Reste der gewaltigen Wallanlagen vorhanden sind, zeugen davon.

Ausgrabungsgeschichte

Die Erforschung der Burgwallinsel setzte bereits im 19. Jh. ein. Auslöser dafür war eine Regulierung der Pene, bei der Friedrich Lisch im Vorgelände der Insel zahlreiche Pfähle beobachten konnte. Diese gehörten zu Brücken, die die Insel mit dem Festland verbanden. Zu den Verdiensten Lischs gehörte es, die Reste mit einer slawischen Burg zu verbinden und sie zeitlich einzuordnen. Weitere archäologische Untersuchungen erfolgten in den 1920er-Jahren und schließlich 1955–1953. Auf deren Grundlage lässt sich ein recht genaues Bild von der Anlage machen.

Geschichtlicher Überblick

Die schriftlichen Quellen erlauben nur sehr begrenzte Aussagen zur Geschichte des Ortes als slawische Befestigung. Wir haben durch Saxo Grammaticus lediglich die Aussage, der dänische König Waldemar I. habe im Jahr 1171 die Burg erobert und gibt damit den Hinweis darauf, die Inselburg als Hauptort der Zirzipanen, eines slawischen Volkes, anzusehen. Neben seiner Funktion als Herrschersitz und Fluchtburg ist davon auszugehen, dass sich hier ein Heiligtum des Gottes Svantovit befand. Die Eroberung durch die Dänen sollte wohl auch das Nutzungsende bedeuten. Der Beginn der Anlage lässt sich nur archäologisch ermitteln. Die Funde weisen auf das 9. Jh. hin.

Funde und Befunde

Die Wallanlage benötigte natürlich einen Zugang, der in Friedenszeiten gut zu nutzten war. Aufgrund der Ausgrabungen und Beobachtungen,

Abb. 14 Teterow. Hauptwall der slawischen Burganlage.

begonnen mit den Untersuchungen von Lisch, ergaben sich zwei Brückenbauwerke. Die bedeutendere von beiden besaß eine Länge von etwa 750 m und überspannte eine Flachwasserzone, während die andere lediglich 70 m lang war, dafür aber über tieferes Wasser führte, also tiefer gegründet werden musste. Bei den Ausgrabungen konnten Teile der langen Brücke gut erhalten freigelegt werden. Es zeigte sich, dass sie zwei Bauphasen besaß, von der die erste in das 9. Jh. datiert, die zweite in das 11. Jh. Dazwischen wurden beide Brücken mehrfach repariert. Die letztgenannten Arbeiten werden mit kriegerischen Auseinandersetzungen in Verbindung gebracht.

Die Befestigungsanlage nimmt nur einen kleinen Teil im Norden der langgestreckten Insel ein. Sie gliedert sich in Vor- und Hauptburg. Dabei ist die Hauptburg mit einer Innenfläche von etwa 5.000 m² recht klein. Besonders die seewärtigen Wälle sind noch heute sehr gut erhalten (Abb. 14–15). An manchen Stellen beträgt der Unterschied vom Wasserspiegel bis zur Wallkrone etwa 10 m. Eine Palisade bildete mit Sicherheit den oberen Abschluss der Befestigung, sodass eine Gesamthöhe von vielleicht 15 m erreicht wurde. Bei den Forschungsarbeiten ließ sich feststellen, dass der Wall drei Bauphasen besaß. Die erste bestand aus einer Holz-Erde-Konstruktion, die erneuert werden musste, weil das Holz verrottete und der Wall nachgab. Von der Konstruktion her folgten wohl die späteren Befestigungen jener der ersten Bauphase. Der Unterschied bestand lediglich in der Größe: Die Wälle wurden breiter und höher. Der Raumbedarf für die neuen Befestigungen ging zu Lasten des Innenraums, der reduziert wurde.

Der Zugang zur Burg erfolgte über zwei Tore, von denen das östliche zum Seeufer führte. Vom anderen Mauerdurchlass haben sich keine Spuren erhalten.

Die Innenbebauung konzentrierte sich im Wesentlichen entlang der Wälle. Die Spuren von Wohnbebauung insgesamt werden als recht dürftig bezeichnet.

Die Vorburg war mit 1,2 ha deutlich größer. Nach Süden trennte ein großer Wall diesen Bereich von der restlichen Insel ab. Eine Toranlage befand sich in deren Mitte. Aber auch zu den Seeseiten war eine Befestigung vorhanden, die dem Gelände folgte. Schuldt spricht hier von Mauern. Nicht ganz unerwartet dürfte es sein, auch bei diesen Verteidigungsanlagen drei Phasen vorzufinden. Besiedlungsspuren ließen sich ebenfalls feststellen, doch spricht vieles dafür, hier neben dem Sitz des Stammesoberhauptes auch eine Fluchtburg annehmen zu können.

Literatur

E. Schuldt, F 19 Teterow, in: J. Herrmann (Hrsg.), Archäologie in der Deutschen Demokratischen Republik (1989) S. 608–610.

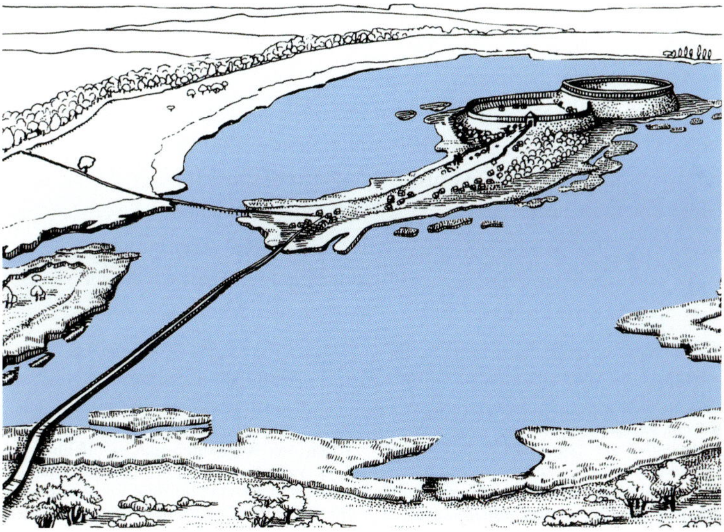

Abb.15 Teterow. Rekonstruktion der Burganlage.

„Gewaltiger Schatzfund aus der Bronzezeit" – so hätte im Mai 1913 eine Schlagzeile lauten können. Was damals Dank der Umsicht aller Beteiligten erforscht und ausgestellt werden konnte, galt gut 30 Jahre später als im Krieg zerstört, um dann im Moskauer Puschkin-Museum wieder „ausgegraben" zu werden.

09 EBERSWALDE – EIN SCHATZFUND AUS DER BRONZEZEIT: AUSGEGRABEN, GERAUBT UND WIEDERGEFUNDEN

Brandenburg / Berlin

Zu Beginn des 20. Jhs. war Eberswalde ein Städtchen, das seine wirtschaftlichen Grundlagen als Luftkurort und als Standort im Bereich der Metallverarbeitung gefunden hatte. Im Umland befanden sich Dörfer mit vergleichbarer Industrie, die im Laufe der Zeit eingemeindet wurden. Im heutigen Ortsteil Finow machten Arbeiter im Mai 1913 eine Entdeckung, durch die Eberswalde berühmt werden sollte.

Entdeckung und Geschichte des Schatzes

Im 19. Jh. war es üblich, dass Arbeiter in Betriebswohnungen lebten. So standen sie jederzeit mit ihrer Arbeitskraft zur Verfügung und – was wesentlich wichtiger war – Arbeits- und Mietvertrag waren miteinander gekoppelt. So hatten auch die Eigentümer der „Kupfer- und Messinghütte", einem lokalen Industrieunternehmen, beschlossen, eine Siedlung anzulegen. Im Laufe der Bauarbeiten stieß man 1913 in einer Tiefe von nur einem Meter auf ein bauchiges Tongefäß mit einer Höhe von 22,5 cm und einem Durchmesser von 23 cm. Dieses war sorgfältig mit einem flachen Deckel verschlossen und bei näherer Nachschau fand man darin Objekte aus Gold. Dank ehrlicher Arbeiter und einer umsichtigen Betriebsführung konnte der Schatz für die Wissenschaft gerettet werden. Carl Schuchhardt, Direktor der Vorgeschichtlichen Abteilung der Königlichen Museen zu Berlin, nahm den Fund entgegen und brachte ihn nach Berlin. Dort sollte er erforscht und ausgestellt werden. Als der Zweite Weltkrieg ausbrach wurden die kostbaren Exponate aus den Berliner Museen ausgelagert, was aber nicht alle Objekte vor der Vernichtung bewahrte. Auch der Fund von Eberswalde galt neben vielen anderen – so etwa der weltberühmte Schatz des Priamos – als kriegszerstört. Aber nicht alle wollten dieser Version glauben, vor allem, als 1987 die ersten Hinweise auf die Existenz des Priamos-Schatzes gefunden, aber von offizieller russischer Seite geleugnet wurden. Investigativer Journalismus brachte dann auch den Eberswalder Schatzfund im Jahr 2004 wieder im Puschkin-Museum, Moskau, ans

Tageslicht und wird bis heute dort verwahrt. Politische Auseinandersetzungen über die Rückgabe des Schatzes ziehen sich seitdem durch die Geschichte und eigentlich wäre damit das Kapitel zu einer bedeutenden archäologischen Stätte Deutschlands abgeschlossen. Allerdings gibt es zwei Orte, wo man die Funde als Kopien besichtigen kann: im Museum von Eberswalde (siehe S. 36) und im Neuen Museum zu Berlin.

Museum Eberswalde
Steinstraße 3
16225 Eberswalde
Tel.: 03334-64520
https://eberswalde.de/Museum.1711.0.html

Funde

Bei der Bergung des Fundes ließ sich noch feststellen, dass es sich um einen Depotfund handelte, der möglicherweise von einem Kaufmann niedergelegt wurde. Alternativ wird aber vorgeschlagen, es sei der Besitz eines Angehörigen der Oberschicht gewesen (Abb. 16).
Zu dem Fund gehören 81 Teile aus Gold mit einem Gesamtgewicht von 2,543 kg. Würde es sich hier um Feingold (999er Gold) handeln, so betrüge der Marktwert im August 2015 gut 100.000 EUR, jedoch ist der reine Goldwert etwas niedriger anzusetzen. Eine Analyse des Goldbarrens (siehe unten) zeigte eine Zusammensetzung von 80 Prozent Gold und 18 Prozent Silber. Der Wert liegt daher bei etwa 66.000 EUR.
Es fanden sich in dem Tongefäß acht goldene Schalen ganz unterschiedlicher Form, deren Wandungen hauchdünn getrieben waren. In ihrer Größe reichen sie in der Höhe von 5,5 bis 7,5 cm und erreichen einen Durchmesser von 7,5 bis 12,5 cm. Sie enthielten ihrerseits insgesamt 73 Goldgegenstände. Bei diesen Objekten handelt es sich um Halsringe, Armbänder und Spangen. Den weitaus größten Anteil hatten aber Armspiralen mit 60 Exemplaren und Doppelspiralen, von denen

Abb. 16 Eberswalder Goldschatz.

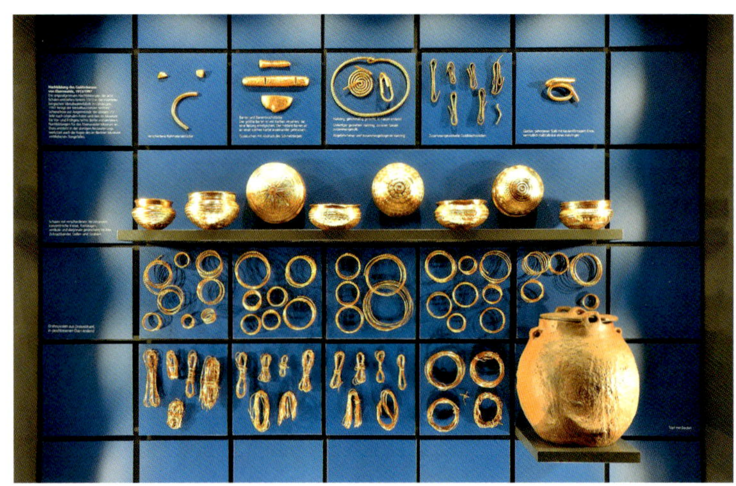

Abb. 17 Eberswalde. Das örtliche Museum zeigt Kopien der Funde aus dem Schatz.

55 Stück vorhanden waren. Die Spiralen lassen sich im Grunde einfach als gebogener Golddraht bezeichnen. Zusätzlich fanden sich noch ein Goldbarren und mehrere kleinere Goldstücke (Abb. 17).
Die Fundstücke zeigen eine große handwerkliche Kunstfertigkeit. Die großen Schalen sind dafür das beste Beispiel. Die Treibarbeit bedurfte vieler Erfahrung; ein Schlag zu viel und die ganze Mühe war umsonst. Auch das sorgfältig ausgeführte ornamentale Dekor, mit Punzen ausgeführt, zeigt das Können des bronzezeitlichen Goldschmieds.
Die wissenschaftlichen Untersuchungen durch die Archäologen ergab für den Schatzfund eine Entstehungszeit in der späten Bronzezeit. Dabei rückt vor allem das 9. Jh. v. Chr. in das Zentrum.

Das Museum befindet sich im ältesten Fachwerkhaus der Stadt, das sicher für das Jahr 1623 belegt ist. In den letzten Jahren erfolgten Umbauarbeiten, um das Gebäude barrierefrei zu gestalten. Heute besitzt das Haus eine Ausstellungsfläche von 700 m^2.
Die Sammlungen thematisieren Stadt- und Regionalgeschichte. Schwerpunktmäßig geht es um Industriegeschichte des 18. Jhs. und der Forstwirtschaft im frühen 19. Jh.
Bedeutend ist natürlich der Schatzfund von Eberswalde, der den Besucher in seinen Bann zieht. In einer großen Wandvitrine sind die „Goldfunde“ mit ausführlichen Beschriftungen eindrucksvoll präsentiert. Selbst das Tongefäß findet sich hier als Kopie. Die Repliken in Eberswalde zeichnen sich die durch ihre handwerkliche Anfertigung aus. Daneben gibt es viele Kopien, die im Gegensatz dazu als Galvanoplastiken hergestellt wurden.

Literatur

A. Hänsel, Der Schatz von Eberswalde im Ränkespiel von Wissenschaft und Politik: zum hundertjährigen Jubiläum des größten bronzezeitlichen Goldfundes von deutschem Boden, Jahrbuch Preußischer Kulturbesitz 49 (2013); J. Petrasch, Eberswalde und die Württembergische Metallwarenfabrik. Geschichte der galvanoplastischen Kopien. Goldenes Sakralgerät der Bronzezeit: Bericht über das Kolloquium vom 17. bis 20. Mai 2001, Anzeiger des Germanischen Nationalmuseums (2003) S. 101–104; E. Probst, Deutschland in der Bronzezeit (1999) S. 351. 334 Abb. 44.

Der Ort Lossow – heute ein Teil der Stadt Frankfurt a. d. Oder – stellt sich noch immer als typisches brandenburgisches Dorf dar. Doch beherbergt es eine eindrucksvolle Wallanlage, die über zwei Jahrtausende hinweg den Menschen der Region nicht nur Schutz vor Feinden bot, sondern auch religiöses Zentrum war.

10 FRANKFURT (ODER) – LOSSOW: EINE STARKE BEFESTIGUNG ÜBER JAHRTAUSENDE

Lossow, kaum mehr als Flecken, ist heute ein Teil von Frankfurt (Oder), von dem es ca. 7 km südlich liegt. Im Laufe der Geschichte immer wieder geplündert und zerstört, bietet der Ort eine ländliche Idylle. Doch mit der „Schwedenschanze" besitzt er das bedeutendste Bodendenkmal Brandenburgs.

Ausgrabungen

Mit dem Bau der Eisenbahnlinie von Berlin nach Breslau im Jahr 1844 begann die Erforschung der Wallanlage, die im Volksmund als „Schwedenschanze" bekannt war und mit Ereignissen aus dem Dreißigjährigen Krieg (1618–1648) in Verbindung gebracht wurde. Bei der Anlage der Trasse stieß man erstmals auf archäologische Funde. Aber von systematischen Forschungen konnte man erst ab 1898 sprechen. Diese fanden zunächst unter der Federführung des Historischen Vereins in Frankfurt statt. Dann wurden sie aber von 1909 bis 1919 durch das Völkerkundemuseum in Berlin fortgesetzt, obwohl der Erste Weltkrieg ab 1914 die personellen Ressourcen des Deutschen Reiches schwer belastete. Erst 1926 konnten die Untersuchungen wieder aufgenommen werden, die aber auch nicht abschließend waren, wie weitere Grabungen 1968, 1980 bis 1984 und 2009 belegen.

Funde und Befunde

Die Wallanlage (Abb. 18) befindet sich etwa 7 km südlich von Frankfurt und etwa 1,5 km östlich von Lossow. Aufgrund ihrer Lage war sie gut geschützt: Im Osten findet sich die „Steile Wand" und nach Süden hin liegt ein steiles Tal, sodass nur im Norden und Westen eine Befestigung angelegt werden musste. Vom Grundriss her handelt es sich um ein unregelmäßiges Viereck mit den Maßen von 240 x 200 m. Der umschließende Wall war als Holz-Erde-Mauer angelegt, der etwa 4 bis 6 m hoch war. Das umschlossene Areal weist eine Fläche von 4,8 ha auf; das

Abb. 18 Frankfurt (Oder). Wallanlage in Lossow.

entspricht fast jener von sechs Fußballfeldern. Bezieht man es auf die Fläche der heutigen Ortschaft, so macht sie knapp 7 Prozent aus.
Die Stelle, an der sich die Befestigung befindet, wurde erstmals im 12. Jh. v. Chr. besiedelt. Etwa zwei Jahrhunderte später entstand die erste Befestigung. Im Laufe der Ausgrabungen konnten die Archäologen ausreichend Holzmaterial finden, um eine Altersbestimmung mit der C^{14}-Methode durchzuführen, die eine Datierung für den Wall in die Zeit von 1115 bis 955 v. Chr. ergab. Auch das Innere brachte spannende Ergebnisse. Es zeigte sich nämlich bei den Ausgrabungen, dass hier während der Bronzezeit eine prosperierende Siedlung war, in der wohl ca. 1.800 Menschen lebten und ihren Lebensunterhalt mit der Herstellung von Keramik und Bronzeverarbeitung verdienten.
Um 800 v. Chr. vollzog sich in der Region ein Wandel, sicher beeinflusst von der Einführung eines neuen Werkstoffes, des Eisens. Eine Untergruppe der „Lausitzer Kultur" schuf hier ein religiöses Zentrum, in dem Kult- und Opferhandlungen stattfanden. Dies spiegelte sich vor allem in den zahlreichen Opferschächten wider, die alle in die frühe Eisenzeit datiert werden. In einigen dieser 3 bis 7,5 m tiefen Schächte fanden sich auch menschliche Skelette neben anderen Opfertieren. Die Archäologen konnten aus den Befunden erschließen, dass sowohl die menschlichen als auch tierischen Opfer vor der Deponierung in den Gruben zerstückelt wurden.
Im 6. Jh. v. Chr. wurde die Wallanlage aufgeben. Die Siedlungskontinuität wurde unterbrochen. Erst mit der slawischen Landnahme im 6./7. Jh. n. Chr. wurde der Platz wieder besetzt und fortifikatorisch genutzt. Für rund 200 Jahre war die ganze Fläche in Nutzung. Eine Brandkatastrophe im 9. oder 10. Jh. zerstörte die „Burganlage". In der Folge entstand ein kleiner Abschnittswall; nur noch das südöstliche Gelände war besiedelt. Über den Bevölkerungsrückgang kann man spekulieren.

Literatur

E. Probst, Deutschland in der Bronzezeit (1999) S. 373; S. Griesa, C 10 Lossow, in: J. Herrmann (Hrsg.), Archäologie in der Deutschen Demokratischen Republik (1989) S. 444–446.

Germanisches Leben hautnah – das lässt sich in der Mark Brandenburg, inmitten des reizvollen Naturparks Dahme-Heideseen erfahren. An Ort und Stelle rekonstruierte Häuser geben tiefe Einblicke in den Alltag unserer Vorfahren.

11 KLEIN KÖRIS – EIN WIEDER ERSTANDENES GERMANISCHES DORF

Brandenburg / Berlin

Das germanische Dorf Klein Köris stellt in mancherlei Hinsicht eine Ausnahme dar. Hervorzuheben sind vor allem zwei Faktoren: einmal handelt es sich um die Größe der freigelegten Fläche, zum anderen um den Umstand, dass die Befunde sehr gute Ansätze zur Rekonstruktion boten (Abb. 19).

Ausgrabungen

Am Anfang stand einmal mehr der Zufall. Bei Erdarbeiten stieß man im Jahr 1976 auf die ersten Spuren aus der Vergangenheit. Glücklicherweise wurden diese sofort als bedeutsam interpretiert, sodass die Archäologen ungestört ihrer Arbeit nachgehen konnten. In den folgenden 19 Jahren wurden etwa 75 Prozent der Siedlung freigelegt. Das, was die Ausgrabungsstätte auszeichnete, war der hervorragende Erhaltungszustand der Funde aus Holz, was bei vielen anderen Ausgrabungen nicht der Fall ist. Dies war dem hohen Grundwasserstand geschuldet.

Funde und Befunde

Das Dorf, zwischen dem 2. und 5. Jh. n. Chr. bewohnt, weist sehr unterschiedliche Bauten auf. Aber nicht alle Häuser bestanden gleichzeitig. Allein schon das Baumaterial Holz ist nicht für die Ewigkeit gedacht, sodass Baufälliges aufgegeben und durch Neubauten ersetzt wurde.

Die Archäologen konnten große, ebenerdige Häuser beobachten, die Wohnung und Stall miteinander verbanden; diese bezeichnet man auch als Langhäuser. Die Interpretation war recht einfach, weil im Wohnteil Herdstellen und ein solider Lehmfußboden vorhanden waren.

Neben diesen ebenerdigen Gebäuden gab es noch Grubenhäuser. Der Name erklärt sich aus der Tatsache, dass die Fußböden unterhalb des damaligen Laufniveaus lagen, also eingetieft waren. Diese Grubenhäuser dienten handwerklichen Zwecken, etwa der Textilherstellung.

Freilichtmuseum Klein Köris e. V.

gegenüber
Buschweg 8
15746 Klein Köris
http://www.germanische-siedlung-klein-koeris.de/

Abb. 19 Klein Köris. Rekonstruierte Bauten des germanischen Dorfes.

Das Dorf, dessen germanischen Namen wir nicht kennen, gehörte gewiss nicht zu den ärmsten. Man kann sogar davon ausgehen, dass ein Feinschmied sein Auskommen fand. Darüber hinaus entdeckten die Archäologen eine Reihe von Gegenständen, die als Importgüter bezeichnet werden können, also durch Handel oder Tausch ihren Weg ins Märkische fanden.

Das Problem bei ur- und frühgeschichtlichen Funden ist aber, dass überwiegend Pfostenlöcher von der Vergangenheit zeugen, also nur schlecht eine Vorstellung vom Leben vor 1.800 Jahren vermittelt werden kann. Mit Abschluss der Ausgrabungsarbeiten gründete sich der Verein „Germanische Siedlung Klein Köris e. V.“, der zusammen mit den Denkmalbehörden und Archäologen die Initiative ergriff, an Ort und Stelle ein Freilichtmuseum zu errichten.

Die Entstehung des Freilichtmuseums ist natürlich ein fortdauernder Prozess. Der Besucher wird immer wieder neue Rekonstruktionen finden. Aktuell sind etwa ein Grubenhaus, ein Langhaus sowie eine Schmiede als Gebäude rekonstruiert. Daneben wurden ein Kastenbrunnen und zwei Backöfen wiederhergestellt.

Offenbar ein besonderes Anliegen war dem Verein die Anlage eines Schaugartens, in dem die in Klein Köris nachgewiesenen Getreidesorten, aber auch Hülsenfrüchte und andere Nutzpflanzen wie Flachs, der zur Textilproduktion diente, anzubauen. Die Textilproduktion kann man bei Vorführungen im Grubenhaus bestaunen.

Literatur

S. Gustavs, E 22 Klein Köris, in: J. Herrmann (Hrsg.), Archäologie in der Deutschen Demokratischen Republik (1989) S. 548–550.

Eingebettet in eine malerische Wald- und Seenlandschaft liegt das einstige märkische Dörfchen Sacrow. Das Naturschutzgebiet „Sacrower See und Königswald" lädt Wanderer zu Erkundungstouren ein und dabei ein eindrucksvolles Zeugnis menschlichen Schaffens zu entdecken: die „Römerschanze".

12 POTSDAM – SACROW: DIE „RÖMERSCHANZE", EINE EINDRUCKSVOLLE WALLANLAGE MIT LANGER GESCHICHTE

Sacrow ist von der Einwohnerzahl her der kleinste Ortsteil Potsdams. Schon die preußischen Könige hatten seit dem 19. Jh. die romantische Landschaft für sich entdeckt. Zahlreiche Zeugnisse aus jener Zeit haben nicht nur überlebt, sondern haben in den 25 Jahren nach der Wende eine Wiedergeburt erfahren. Zu dieser versteckten Perle gehört aber auch die „Römerschanze" im Norden Potsdams, die heute über einen Wanderweg zu erreichen ist.

Die Wallanlage liegt auf einem Geländesporn an der Havelenge zwischen dem Lehnitz- und Jungfernsee. Der Sporn ist mit einer Höhendifferenz von 19 m deutlich vom Ufer abgesetzt.

Forschungsgeschichte und Ausgrabungen

Eine der frühesten Erwähnungen der Wallanlage als „Königswall" datiert in das Jahr 1683, weniger aus einem archäologischen noch historischen Interesse heraus. Vielmehr ging es darum, dass der Große Kurfürst, Friedrich Wilhelm (reg. 1640–1688), von seiner Mark Brandenburg genaue Karten haben wollte. Daher beauftragte er Samuel von Suchodoletz mit der Landesaufnahme, der dabei auch die Wallanlage in seine Karten eintrug.

Im 18. und 19. Jh. wurde mehrfach über die Anlage und ihren Ursprung spekuliert, doch erst 1881 beschäftigten sich der Jurist, Politiker und Leiter des Märkischen Provinzialmuseums in Berlin Ernst Friedel (1837–1918) sowie der berühmte Rudolph Virchow ernsthaft mit dem Ort. Allerdings sollte erst der bedeutende Ur- und Frühgeschichtler Carl Schuchhardt in den Jahren 1908/1909 sowie 1911 größere archäologische Untersuchungen durchführen.

Durch die historischen Ereignisse der darauf folgenden acht Jahrzehnte – unter anderem auch der Umstand, dass die Gegend Grenzgebiet und damit auch Sperrgebiet der DDR war – ließ kaum weitere Forschungen zu. Immerhin wurde die Wallanlage 1956 als Bodendenkmal regis-

Wallanlage
Sacrower See und Königswald
Krampnitzer Straße
14476 Potsdam

Abb. 20 Potsdam-Sacrow. Blick auf die Wallkrone der „Römerschanze".

triert. Aber die Forschung hat die „Römerschanze" keineswegs vergessen, wie jüngst eine Bachelorarbeit an der Freien Universität zu Berlin belegt.

Funde und Befunde

Basierend auf den Forschungen Schuchhardts ergibt sich folgendes Bild: Die Wallanlage umschließt eine Siedlungsfläche von 175 × 125 m, weist also eine Fläche von 21.875 m^2 auf; das entspricht etwa der Größe von drei Fußballfeldern. Aufgrund der Fläche wird gelegentlich etwa spekulativ behauptet, hier hätten etwa 1.000 Menschen Platz gefunden.

Sowohl Virchow und Friedel als auch Schuchhardt kamen zu dem Ergebnis, dass es an dem Ort zwei zeitlich unterschiedliche Besiedlungsperioden gab; die ältere datiert in die Bronzezeit, die jüngere in die slawische Zeit.

Schuchhardt stellte bei seinen Ausgrabungen fest, dass für die bronzezeitliche Siedlung im Ostteil des Sporns Geländeaufschüttungen vorgenommen wurden. Der Holz-Erde-Wall war etwa 6 m hoch und 3,30 m breit (Abb. 20). Aufgrund der Funde kann man davon ausgehen, dass sowohl die frühe Siedlung als auch der Wall von 1300 v. Chr. bis in das 6. Jh. v. Chr. hinein bestand, bis sie einer Brandkatastrophe zum Opfer fiel.

Der Zugang erfolgte über drei Tore (Abb. 21). Das „Seetor“ war 5 m breit und eine Erdbrücke führte über einen umlaufenden Innengraben; dieser könnte aber auf eine landschaftsgestalterische Maßnahme des 19. Jhs. zurückzuführen sein. An der Ostseite konnte ein Hallentor mit einer Breite von 6,5 m festgestellt werden. Die Torwangen waren 10 m lang. Das südwestliche Tor wurde zwar erkannt, durch Schuchhardt aber nicht untersucht.

Von der Innenbebauung der bronzezeitlichen Siedlung fand Schuchhardt sehr viele, sich überscheidende Pfostenlöcher und Gruben. Daraus erschloss er eine lange Besiedlungszeit, die er in drei Bauphasen unterteilte. Anhand der Pfostenlöcher war er auch in der Lage, ein Ständerpfostenhaus von 11,6 × 6,6 m mit Herdstelle zu rekonstruieren. Der zweiten Periode rechnete er Hausgruben, Herdstellen und Abfallgruben zu.

Weiter konnte Schuchhardt die slawische Besiedlung belegen, die etwa im 8. oder 9. Jh. einsetzte. Der zerstörte bronzezeitliche Wall wurde durch einen neuen Wall ersetzt. Auch das Osttor wurde erneuert, war jedoch deutlich kleiner. Es hatte nur eine Breite von 3,5 m und war 5,3 m lang. Hausgruben konnten im Inneren der Umwallung beobachtet werden. Außerdem entstand eine Vorburg-Siedlung. Die Burganlage wurde wohl schon im 10. Jh. wieder aufgegeben, während die archäologischen Funde die Belegung der Vorburg-Siedlung bis etwa 1200 dokumentieren.

Literatur

I. Hörnicke, Die Römerschanze bei Potsdam-Sacrow. BA-Arbeit an der TU Berlin (2015); E. Probst, Deutschland in der Bronzezeit (1999) S. 373; R. Breddin, C 18 Sarcow, in: J. Herrmann (Hrsg.), Archäologie in der Deutschen Demokratischen Republik (1989) S. 455.

Abb. 21 Potsdam-Sacrow. „Römerschanze“. Toranlage.

Ein Glücksfall für die Archäologie und eine Entdeckung für den an Geschichte interessierten Besucher ist Freyenstein. Für die einen ermöglicht dieser Ort tiefschürfende akademische Erkenntnisse über das Mittelalter, für die anderen gewähren die Ausgrabungen in ihrer denkmalpflegerischen Aufbereitung anschauliche Einblicke in diese Zeit.

13 WITTSTOCK (DOSSE) – FREYENSTEIN: EINES DER BEDEUTENDSTEN BODENDENKMÄLER BRANDENBURGS UND EINZIGARTIGE STADTWÜSTUNG IN DEUTSCHLAND

In der Ostprignitz, zwischen Wittstock und Meyenburg gelegen, befindet sich Freyenstein mit seiner von mittelalterlichen Bauten geprägten Altstadt. An deren Rand ist aber eine archäologische Sensation zu bestaunen: die Ausgrabungen der aufgegeben Vorgängerstadt.

Geschichte

Das Stadtwesen in Deutschland war über viele Jahrhunderte hinweg durch das Fortführen der römischen Siedlungen bestimmt. Verschiedene Faktoren führten schließlich im 12. und 13. Jh. zur Entstehung neuer Städte in Deutschland und auch darüber hinaus. Aber oft waren die ausgewählten Plätze für die neuen Siedlungen ungeeignet, weil die naturräumlichen Bedingungen nicht stimmten oder die neu gegründeten Orte Begehrlichkeiten der Nachbarn weckten. Ließ sich keine Lösung der Probleme finden, so wurden diese Orte aufgegeben; sie fielen wüst.

Freyenstein gehört in die Neugründungswelle des 13. Jhs. Eine Vorgängersiedlung gab es nicht. Wer die Stadt gründete und auch wann, lässt sich den erhaltenen Urkunden nicht sicher entnehmen. Sicher ist aber ein Datum vor 1244.

Die archäologischen Befunde legen nahe, dass der Stadtgründer mit seiner Neugründung große Hoffnungen verband. Die Stadt mit ihrer Fläche von 25 ha – das sind rund 35 Fußballfelder – war für eine mittelalterliche Stadt recht groß.

Das an kriegerischen Konflikten reiche Mittelalter fand auch in der Region statt. Bestimmend waren die Auseinandersetzungen der Mecklenburger mit den Markgrafen in Brandenburg. Im Zuge dieser Konflikte ließ sich Freyenstein als Siedlung nicht mehr halten; sie wurde aufgegeben und in der Nähe neu gegründet. Urkundlich lässt sich dies für das Jahr 1287 belegen. Damit hatte also die alte Stadt gerade einmal eine Lebensdauer von zwei bis drei Generationen.

Archäologischer Park Freyenstein

Altstadt 11
16909 Wittstock OT Freyenstein
Tel.: 033967-60057
http://www.park-freyenstein.de
http://www.freyen-stein.de

Forschungsgeschichte und Ausgrabungen

In mancherlei Hinsicht ist die Wüstung ein Glücksfall. Zwar war sie immer im Gedächtnis der Bevölkerung geblieben, doch blieb der Ort von Überbauung oder größeren Bodeneingriffen verschont. Auch die Archäologen übersahen diese Stätte lange Zeit. Erst als 1980 bei Schachtarbeiten Mauerreste gefunden wurden, rückte die Wüstung in das Interesse der Forschung. Bis 1987 sollten Untersuchungen erfolgen, die vielversprechende Befunde und Funde erbrachten.

Weil die Stätte aber nicht bedroht war, verzichtete man auf weitere Ausgrabungen. Allerdings wurden Untersuchungen zwischen 2000 und 2004 mit geophysikalischen Methoden durchgeführt, sodass man sich ein recht gutes Bild von der Siedlung machen kann.

Da ein so bedeutendes Bodendenkmal einer entsprechenden Präsentation bedarf, begann man im Jahr 2007 mit der Einrichtung eines archäologischen Parks; während dieser Arbeiten erfolgten nochmals Bodeneingriffe. Die freigelegten Befunde sind im Gelände mit Informationstafeln versehen. Auffällig sind darüber hinaus Figuren und Gruppen, die aus Metallplatten geschnitten sind und dem Besucher die Nutzung des Aufstellungsortes anschaulich machen sollen. Abgerundet wird das Konzept durch einen Erlebnis- und Aktionsbereich mit einigen Rekonstruktionen.

Ergebnisse

Aufgrund der verschieden Forschungsmethoden – Spatenforschung und Geophysik – hat sich das Bild der mittelalterlichen Stadt recht gut rekonstruieren lassen.

Feststeht, dass die Stadt geplant war und eine entsprechende Vermessung erfolgte. Die Straßen waren im rechten Winkel zueinander angelegt. An einigen Stellen konnten die Archäologen sogar Straßenpflaster (siehe Abb. 1, S. 9) freilegen, das heute auch sichtbar ist. Kleinere Straßen waren aber wohl bestenfalls mit Holzbohlen befestigt.

Weiter konnte als Zentrum ein großer Marktplatz (130 × 87 m, das entspricht etwa eineinhalb Fußballfeldern) identifiziert werden, der an allen Seiten von einer dichten Bebauung begleitet wurde. Daraus schloss man, der Ort habe vornehmlich eine Marktfunktion besessen und von Handel und Handwerk gelebt.

In der Mitte des Marktplatzes konnten einige Keller ausgemacht werden, die sich aber nicht sicher mit bestimmten Gebäuden verbinden lassen. Im Gespräch ist etwa ein Kaufhaus oder das Rathaus.

Eine ganz wichtige Sache in einer mittelalterlichen Stadt konnte von den Ausgräbern aber noch nicht identifiziert werden: die Kirche. Dem mittelalterlichen Menschen ging es sehr um sein Seelenheil, sodass ein

Abb. 22 Wittstock (Dosse) / Freyenstein. Ein aus Feldsteinen errichteter Keller unter einem Schutzbau im Archäologischen Park.

Sakralbau unabdingbar war und schließlich mussten die Toten in geweihter Erde beigesetzt werden.

Als Gegenpol zum bürgerlichen Zentrum fanden die Archäologen den Standort der Burg, die nicht nur zum Schutz, sondern auch Ausdruck der landesherrlichen Macht diente. Die Fläche wurde bislang noch nicht ausgegraben. Jedoch kann festgehalten werden, dass sie sich aus einer Vor- und Hauptburg zusammensetzte, die insgesamt von einem 7 m breiten und 3 m tiefen Graben umschlossen war. Zusätzlich war die Hauptburg durch einen Graben gesichert.

Soweit es sich augenblicklich sagen lässt, wohnten die mittelalterlichen Freyensteiner in Häusern, bei denen es sich um Holz-Lehm-Konstruktionen handelte. Wie im Einzelnen die Häuser ausgesehen haben, bleibt noch offen. Erhalten haben sich aber die Keller, die aus Feldstein errichtet waren (Abb. 22). Allerdings gab es auch Keller, die lediglich über eine Auskleidung mit Holz verfügten.

Literatur

Th. Schenk, Die „Altstadt" von Freyenstein, Lkr. Ostprignitz-Ruppin. Rekonstruktion der brandenburgischen Stadtwüstung des 13. Jhs. auf der Grundlage archäologischer Grabungen und Prospektionen und Grundzüge eines denkmalpflegerischen Konzeptes. Materialien zur Archäologie in Brandenburg 2 (2009).

Ausstellung

Im Laufe der Jahre sind natürlich viele Funde gemacht worden, so etwa aus Metall und Keramik. Sie spiegeln das Alltagsleben der Menschen im 13. Jh. wider. Der überwiegende Teil der Funde wird durch das Landesamt für Denkmalpflege / Archäologisches Landesmuseum in Brandenburg (siehe S. 178) aufbewahrt. Eine kleine Auswahl findet sich jedoch im Informationsbüro des Archäologischen Parks.

Ein sensationeller Fund wird geborgen und erlaubt weitreichende Schlussfolgerungen zur Wirtschafts- und Technikgeschichte Europas am Ende des Mittelalters.

14 BREMEN – DIE KOGGE VON 1380 UND DER NEUE BLICK AUF DEN HANDEL IM MITTELALTER

Die Hanse, ursprünglich Vereinigung von Kaufleuten, entwickelte sich im Laufe der Zeit zu einer Großmacht in Europa. Bei Handel und Kriegführung spielte ein Schiffstyp eine überaus gewichtige Rolle: die Kogge. Als im 15. Jh. neue Schiffstypen entstanden, überlebte sie nur noch auf Siegeln oder in Darstellungen und barg daher Fragen, die der Bremer Fund beantworten konnte.

Die Fundgeschichte

Man schrieb den 8. Oktober 1962. Ein Baggerschiff war damit beschäftigt, während der Ebbe in einem Hafenbecken eine störende Landzunge abzuräumen, als plötzlich Teile eines hölzernen Wracks zum Vorschein kamen. Es schien sowohl den Arbeitern als auch dem damaligen Leiter des Hafenbauamtes so ungewöhnlich, dass man das Bremer Landesmuseum verständigte. Der zuständige Abteilungsleiter, Siegfried Fliedner, eilte herbei. Das, was er sah, überraschte ihn: Er stand vor dem Wrack einer Kogge, die er sonst nur als schematische Darstellung auf Siegeln oder aus anderen mittelalterlichen Darstellungen kannte. Festlegen, ob es sich wirklich um eine Kogge handelte, wollte er sich aber erst am nächsten Tag bei Ebbe. Zusammen mit den zuständigen Stellen im Hafen ließ er den Fund sichern.

Bevor es zur Bergung des Schiffswracks kam, galt es eine Vielzahl von bürokratischen Hindernissen zu überwinden. Es gelang Fliedner, Kollegen zur Mitarbeit an der Bergung zu bewegen und an bremischen Bürgersinn zu appellieren, sodass auch Gelder zur Verfügung standen.

Angesichts des nahenden Winters barg man so schnell es ging das Wrack stückweise. Dies war eine harte Arbeit, weil die technischen Mittel, die heute zur Verfügung stehen, damals noch in den Bereich des Science Fiction gehörten.

Da bis zu diesem Zeitpunkt keine datierbaren Funde ans Tageslicht gekommen waren, ließ sich das Alter des Wracks nicht feststellen. Bei der Bergung stellte sich auch sofort die Frage, warum Funde so rar waren.

Deutsches Schiffahrtsmuseum

Hans-Scharoun-Platz 1
27568 Bremerhaven
Tel.: 0471-482070
http://www.dsm.museum

Die Antwort, die man schließlich fand, war überraschend: Das Schiff war zum Zeitpunkt seines Untergangs noch nicht ganz fertiggestellt.
Eine Datierung in das Mittelalter war aber unabdingbar, um weitere Mittel für die Bergung, Erforschung und Konservierung des Wracks zu gewinnen. Eine dendrochronologische Untersuchung zeigte endlich, dass die Bäume im Jahr 1378 gefällt wurden. Eine Kiellegung dürfte dann wohl in das Jahr 1380 fallen, weil Holz etwa zwei Jahre trocknen musste, bevor es verbaut werden konnte. So gelang es, weitere Mittel zu beschaffen, die es erlaubten, im Sommer 1963 mit Helmtauchern nach weiteren Teilen des Wracks zu suchen. Dies war wenig erfolgreich. Erst zwei Jahre später gelang dieses Vorhaben durch den Einsatz einer Taucherglocke. Dabei wurden mehr als 2.000 Teile geborgen.

Die Konservierung

Nachdem die Bedeutung des Fundes erkannt worden war, stellte sich nun die Frage, wie die hölzernen Schiffsreste konserviert werden sollten. In den 1960er-Jahren hatte man noch nicht so viele Erfahrungen mit dem Erhalt großer Fundstücke aus Holz gesammelt. Zunächst wurden die Funde in Wasser aufbewahrt, um den Zerfall zu verhindern. Parallel dazu wurden die Funde wissenschaftlich bearbeitet und – soweit es möglich war – wieder zu einem Schiff zusammengesetzt.
Inzwischen war im „Deutschen Schiffahrtsmuseum" in Bremerhaven die „Koggenhalle" entstanden, in der sich ein sehr großes Becken mit einem Fassungsvermögen von 800.000 l befand. Dieses war mit einem Gemisch aus Wasser und Polyethylenglykol gefüllt. Das sich im Holz befindliche Wasser sollte nach und nach durch die Chemikalie ersetzt werden und so das Holz stabilisieren. Im Mai 2000 war dieser Prozess abgeschlossen und die Kogge konnte im Museum ausgestellt werden. Wer sich eine Vorstellung von dem Schiff machen möchte, kann etwa im Focke-Museum (siehe S. 178) dieses im Modell sehen (Abb. 23).

Die Kogge

Was aber brachten die ganzen Mühen als Erkenntnis und was sieht der Besucher letztendlich? Das Schiff stellt sich heute wieder in seiner ganzen Größe dar. Es besitzt eine Länge von 23,23 m, eine Breite von 7,78 m und eine maximale Rumpfhöhe von 7,04 m am typischen Achterkastell, das für diesen Schiffstyp charakteristisch ist. Damit ist die Bremer Kogge etwas größer als die durchschnittliche dieser Zeit. Das Schiff konnte eine Ladung von rund 90 t tragen.
Bautechnisch gesehen vereint das Schiff, wie andere zwischenzeitlich gefundene Koggen auch, zwei unterschiedliche Bautraditionen, die z. T.

Abb. 23 Bremen. Modell der Kogge von 1380 im Focke-Museum.

bis in das frühe Mittelalter zurück reichen. Der flache Boden wird durch Planken gebildet, die aneinander stoßen, während diese im weiteren Rumpfaufbau einander überlappen. Gegenüber älteren Schiffen, deren Planken durch Spalten der Baumstämme gefertigt wurden, sind sie bei der Kogge gesägt. Diese Fertigungsweise ist weitaus schneller und – bedingt durch den Material sparenden Umgang mit dem Holz und einer kürzeren Arbeitszeit – weitaus günstiger, was also der hansischen Kaufmannsmentalität entgegen kam. Absolut innovativ war aber der Umstand, dass hier eine neuartige Steueranlage vorhanden war. Fand sich diese bei älteren Modellen an der Seite, so gab es hier ein Ruder, das dem heute bekannten entspricht.

Was dem Befund nicht zu entnehmen war, ist die Höhe des einzigen Mastes. Aus schriftlichen Quellen ist aber bekannt, dass die Masthöhe etwa der vierfachen Breite des Rumpfes entsprach. Die Kogge führte ein Rahsegel, das sich natürlich nicht erhalten hat.

Alle Geheimnisse, die sich mit der Kogge allgemein verbanden, konnte das Wrack nicht klären. Jedoch bot es die Möglichkeit, die ersten verlässlichen Nachbauten auszuführen, mit denen etwa Segeleigenschaften ermittelt werden konnten. Sicherlich eines der wichtigsten Ergebnisse war, dass eine Kogge nur mit Ladung wirklich seetauglich war, weil grundsätzlich kein Ballast mitgeführt wurde. Dieser kostete nur kostbaren Stauraum.

Literatur

H.-W. Keweloh, Die Bremer Hansekogge von 1380 im Deutschen Schiffahrtsmuseum – Ein Jahrhundertfund – vor 50 Jahren wurde in der Weser in Bremen die Hansekogge entdeckt, Niederdeutsches Heimatblatt 754 (2012) S. 1 f.; G. Hoffmann/U. Schnall (Hrsg.), Die Kogge – Sternstunde der deutschen Schiffsarchäologie, Schriften des Deutschen Schiffahrtsmuseums 60 (2003).

Wenn Geschichte nicht belegbar ist, ist das der Nährboden für die Entstehung von Mythen. Genau das lässt sich in Hamburg bei der spannenden Frage nach den Ursprüngen der Stadt – der Hammaburg – beobachten.

15 HAMBURG – DIE HAMMABURG: KEINE GRÜNDUNG KARLS D. GROSSEN, ABER IM POLITISCHEN VISIER DER KAROLINGER

Hamburg

Heute kennen wir die Freie- und Hansestadt Hamburg als weltoffene Metropole, geprägt vom größten Hafen Deutschlands. Geht der Besucher aber auf Spurensuche, so findet er eindrucksvolle Kirchenbauten und glanzvolle, überwiegend aus dem 19. und frühen 20. Jh. stammende Häuser. Reste aus früherer Zeit haben die Archäologen mühsam ausgraben müssen, häufig genug, um sie anschließend der Vernichtung preiszugeben. Besonders der Frage nach den Ursprüngen der Stadt galt das Interesse, um das Geflecht von Mythos und Geschichte zu entwirren.

Am Zusammenfluss von Bille und Alster befindet sich ein Geländesporn, der an drei Seiten von Wasser umgeben ist und sich so als Siedlungsraum anbietet. Im Altsächsischen bezeichnet man so eine Lage als „Hamm".
Bereits im Neolithikum (2900–1900 v. Chr.) bewog dieser Ort Menschen, sich hier niederzulassen. Aber es sollte noch viele Jahrhunderte dauern, bis das entstand, was die Keimzelle Hamburgs werden sollte: die Hammaburg. Sowohl die Kenntnis über ihre genaue Lage als auch ihre Entstehungszeit waren im Dunkel der Geschichte verschwunden.

Forschungsgeschichte

Aus den schriftlichen Quellen war Einiges über den Ort bekannt, doch die darin enthaltenen Informationen ließen zu viele Fragen offen. Im 19. Jh. – mit der Entwicklung der Archäologie als Wissenschaft – begann man damit, zufällige Funde zu registrieren und zu deuten. Systematische Ausgrabungen begannen aber erst nach dem Zweiten Weltkrieg; der Bombenhagel, der auf Hamburg niederging, hatte in der Innenstadt Freiflächen geschaffen, die größere Ausgrabungen ermöglichten. Weitere Untersuchungen in den 1980er-Jahren folgten. Erst in den Jahren 2005 und 2006 gelang es, auf dem Domplatz großflächige Untersuchungen durchzuführen, die endgültig die Lage der Hammaburg und ihre Geschichte klären konnten. Und die Ergebnisse waren überraschend (Abb. 24).

Funde und Befunde

Vorausgeschickt werden kann, dass an diesem Ort drei Befestigungsanlagen unterschiedlicher Zeitstellung vorhanden waren; in der Forschung werden sie als Hammaburg I bis III bezeichnet.

Abb. 24 Hamburg. Die Hammaburg als Modell im heutigen Stadtbild.

Die Hammaburg I war die älteste Anlage und stellt die Geschichte etwas auf den Kopf. Man entdeckte eine Grabenanlage mit leicht ovalem Grundriss und den Maßen 50 × 57 m, also 2.850 m² Fläche. Als die Archäologen die Funde aus dem verfüllten Graben analysieren, kamen sie zu dem Ergebnis, dieser sei bereits um 800 zugeschüttet worden. Zieht man jedoch den historischen Kontext mit heran, ließe sich dieses Datum auch bis in die 20er-Jahre des 9. Jhs. verschieben. Aufgrund der geringen Größe dürfte sie wohl von einer Palisade umschlossen gewesen sein. Eine fränkische Anlage könne das hier nicht sein, sondern vielmehr ein spätsächsischer Herrenhof. Der Mythos von der Gründung Hamburgs durch Karl den Großen löste sich in Luft auf.
Der Platz schien aber nicht aus dem Blickfeld der damaligen Politik verschwunden zu sein. Unter Ludwig dem Frommen (reg. 813–840), einem Sohn Karls des Großen, wurde die fränkische Politik in der Region neu aufgestellt. Ein wichtiger Aspekt war die Fortführung der Christianisierung. Dazu gab Ludwig 834 eine Urkunde heraus, die als Gründungsurkunde des Bistums Hamburg verstanden werden kann, aber in der Forschung auch anders gedeutet wird. Entscheidend ist aber die erstmalige Nennung der Hammaburg.
Mit der Missionierung wurde der Benediktiner Ansgar (801–865) beauftragt. Dieser sollte später Erzbischof von Bremen und Hamburg werden. Mit ihm fällt die Hammaburg II zusammen, die die erste Anlage überlagert. Die Archäologen konnten bei den Ausgrabungen feststellen, dass es sich ebenfalls um eine etwa kreisförmige Anlage mit einem 2,5 m tiefen und 4,75 m breiten Graben handelte. Die Innenfläche betrug 65 × 75 m. Wie schon bei ihrem Vorgänger lässt sich nichts über die weitere Befestigung sagen. Mindestens zwei Tore waren vorhanden. Zur Burg gehörte auch eine Siedlung mit lockerer Streubebauung.
Eine spannende Frage war für die Archäologen nun, wo die Kirche des Ansgar stand, die für die Hamburgische Geschichte von Bedeutung ist. Ältere Vermutungen hatten sich als nicht belastbar erwiesen, sodass man bis zu den jüngsten Untersuchungen über deren Lage nichts wusste. Bei den Ausgrabungen fand man innerhalb der Grabenanlage keine Spuren einer Kirche. So kam die These auf, es handele sich hier nicht um die Hammaburg. Jedoch zeigte sich im Vergleich mit anderen zeitgenössischen Befestigungen, dass die Kirche nicht zwangsläufig innerhalb der Burg liegen müsse. Schließlich solle das Haus Gottes allen zugänglich sein. Akzeptiert man diese Theorie, so könnte sich die Kirche unter St. Petri verbergen.
Für die Hammaburg II und die zugehörige Siedlung sollte das Jahr 845 zur Katastrophe werden: Wikinger griffen den Ort an, plünderten und zerstörten ihn.

Schon bald danach setzten Aufräumarbeiten ein und das Leben kehrte zurück. Erstaunlicherweise nahm der Ort einen enormen Aufschwung, sodass man in der zweiten Hälfte des 9. Jhs. sogar von einer Großsiedlung sprechen kann.

Die Überreste der Burganlage waren zunächst abgetragen und der Graben verfüllt worden. Um das Jahr 900 herum wurde eine neue Befestigung angelegt, die Hammaburg III. Sie wies einen ovalen Grundriss auf und bot im Innenraum eine Fläche gut 6,5 ha bei einem Durchmesser von 85 × 95 m. Ein gewaltiger Wall entstand; er war 14–16 m breit und gut 5 m hoch. Außerdem war ein Graben vorgelegt. Die archäologischen Forschungen zeigten, dass die Burg zwei Bauphasen besaß. Dabei wurden in der zweiten Phase, die sich nicht datieren lässt, die Verteidigungsanlagen verstärkt. Das erhöhte Sicherheitsbedürfnis kann durch verschiedene Aufstände in dieser Zeit erklärt werden.

Diese Maßnahmen konnten aber nicht verhindern, dass die Burg im 11. Jh. zerstört wurde. Lokaler Adel, der Interesse an einem Wiederaufbau gehabt haben könnte, war wohl nicht vorhanden. Als Ersatz entstand ein Abschnittswall, der „Heidenwall", der das ganze Siedlungsareal sicherte. Auf der Fläche der Burg entstand der Dom zu Ehren der Gottesmutter Maria, der im Laufe der Zeit mehrfach erneuert bzw. umgebaut wurde, bis er 1807 abgerissen wurde.

Die eindrucksvollen Funde aus den Ausgrabungen haben im Helms-Museum (siehe S. 179) ihren Platz gefunden. Sie vermitteln einen Eindruck vom mittelalterlichen Leben im frühen Hamburg.

Literatur

R.-M. Weiss/A. Klammt (Hrsg.), Mythos Hammaburg. Archäologische Entdeckungen zu den Anfängen Hamburgs (2014).

Abb. 25 Hamburg. Bei den Ausgrabungen der Hammaburg kamen auch so kostbare Funde wie diese Kreuzfibel zum Vorschein.

Im Dreiländereck Deutschland, Tschechien und Polen liegt die „Große Kreisstadt" Löbau, deren Stadtbild noch heute von vielen historischen Bauten geprägt ist und zu einem entspannten Bummel oder der Begegnung mit der Vorgeschichte um 1100 und 1000 v. Chr. einlädt.

16 LÖBAU – SCHAFBERG: EINE WALLANLAGE DER FRÜHGESCHICHTE IN DER LAUSITZ

Sachsen

Das Städtchen Löbau liegt etwa 75 km nördlich von Dresden am Ostrand des Lausitzer Berglandes. Ein wichtiges historisches Zeugnis für die Region ist aber die große vorgeschichtliche Wallanlage auf dem Schafberg, eigentlich die nordöstliche Kuppe des Löbauer Berges (Abb. 26).

Ausgrabungen

Die ersten wissenschaftlichen Untersuchungen auf dem Schafberg fanden in den Jahren 1899 bis 1906 statt. Sie beschäftigten sich mit den Wallanlagen. Weitere Forschungsarbeiten erfolgten aber erst 1964 wieder. Wie so oft wurden wirtschaftliche Interessen – die gab es im Sozialismus schließlich auch – vor den Erhalt eines wichtigen Denkmals gestellt. Es wurde noch in den 60er-Jahren des 20. Jhs. ein Teil des Walls und ein kleiner Teil der Innenfläche durch Bauarbeiten zerstört. Die Archäologen führten neue Ausgrabungen dann erst wieder ab 1985 durch.

Funde und Befunde

Durch die verschiedenen archäologischen Untersuchungen konnten die Forscher ein recht genaues Bild dieser Siedlung zeichnen. Die Lage der Siedlung auf einem Plateau 449 m über dem Meeresspiegel und gegenüber der unmittelbaren Umgebung etwa 150 bis 200 m abgesetzt, bot bereits einen gewissen Schutz. Doch dieser reichte den Bewohnern der Siedlung nicht. So entstand ein Steinwall mit einer Länge von 1.610 m und einer Höhe bis zu 1,76 m. Damit war eine Gesamtfläche von etwa 5,2 ha – das entspricht der von gut sieben Fußballfeldern – umschlossen. Die Befestigung bestand aus einer ca. 6 m breiten Schalenmauer, die eine Füllung aus Steinen, Lehm und Erde aufwies. Zusätzlich war sie mit einer Holzkonstruktion verstärkt. Unterhalb dieses Walles konnte eine Brandschicht beobachtet werden, in der es Befunde gab, die auf einen möglichen provisorischen Wall hindeuteten.

Stadtmuseum Löbau
Johannisstraße 3–5
02708 Löbau
Tel.: 03585-450363
http://www.loebau.de/home/stadtmuseum/stadtmuseum-lbau--geschichte_1.html

Abb. 26 Löbau. Blick auf die Berge.

Auch wenn nur ein kleiner Teil der Innenfläche untersucht werden konnte, zeigte sich doch eine dichte Besiedlung. Bei den Häusern handelte es sich nicht um einfache Hütten. Die Archäologen konnten relativ große, zweischiffige Rechteckhäuser ausgraben. Galt es Höhenunterschiede auszugleichen, baute man Steinpackungen ein, die bei manchen Häusern auch an der Oberfläche sichtbar sind. Weitere Mauern deuten darauf hin, dass die Hauswände – eine Konstruktion aus Holz, Lehm und Grassoden – auf soliden Sockeln errichtet waren. Häuser, die in unmittelbarer Nähe zueinander standen, wiesen die gleiche Ausrichtung und Bauart auf.

Zwischen den Häusern fanden sich Gruben mit einer senkrechten Längswand. Die Ausgräber schweigen sich über ihre Funktion leider aus, deuten sie aber zusammen mit den Häusern als Zeichen für ein Siedlungskonzept, das bereits erste städtebauliche Ansätze beinhaltete. Auch die Wasserversorgung spricht für einen derartigen Ansatz: Auf dem Plateau selbst fanden sich mehrere Quellen und die Ausgräber konnten sogar innerhalb der Befestigung eine sorgfältig gebaute Zisterne nachweisen.

Zur Datierung lässt sich aussagen, dass die Siedlung nicht sehr lange bestanden hat. Die Ausgräber konnten nämlich keine Überschneidungen bei den Hausgrundrissen entdecken, die bei längerer Besiedlung fast zwangsläufig vorkommen. Außerdem sprach das ganze Fundmaterial seine eigene Sprache; das Material stammte aus der Zeit zwischen 1100 und 1000 v. Chr. Die Bewohner werden der „Lausitzer Kultur" zugeordnet.

Im Museum werden die Funde vom Schafberg aufbewahrt. Daneben bietet es einen Querschnitt durch die Stadt- und Regionalgeschichte, Volkskundliches, sakrale Kunst u. v. m.

Literatur

E. Probst, Deutschland in der Bronzezeit (1999) S. 368; K. Simon, C 33 Löbau, in: J. Herrmann (Hrsg.), Archäologie in der Deutschen Demokratischen Republik (1989) S. 477–479.

Nördlich von Meißen im lieblichen Elbtal liegt das Örtchen Diesbar-Seusslitz. Hier locken nicht nur die sächsische Weinstraße mit ihrer Weinvielfalt, sondern auch Denkmäler aus mehr als drei Jahrtausenden.

17 NÜNCHRITZ – DIESBAR-SEUSSLITZ: BRONZEZEIT TRIFFT BAROCK

Sachsen

Die bronzezeitliche Höhensiedlung auf der Goldkuppe gilt als bedeutendste im sächsischen Elbgebiet. Was sie sie aber darüber hinaus deutlich von anderen Denkmälern dieser Art abhebt, ist die Kontinuität der Nutzung von der Ur- und Frühgeschichte bis hin zum Barock.

Geschichtlicher Abriss

Die frühesten Spuren menschlicher Besiedlung reichen in Diesbar-Seusslitz bis in die Bronzezeit zurück. Aber von einer Siedlungskontinuität kann man natürlich nicht sprechen. Die erste schriftliche Überlieferung stammt aus dem Jahr 1205, die einen Otto von Suselitz nennt und mit dem sich die Reste einer Turmhügelburg verbinden lassen. Im Jahr 1268 entstand ein Kloster, das aber schon 1541 aufgelöst und in den folgenden Jahrhunderten massiv verändert wurde. Große Geschichte ging an dem Ort vorbei. Schon im Mittelalter wurde hier Weinbau betrieben, der noch heute von Bedeutung ist. Die Gemeinden Diesbar und Seussitz wurden im Jahr 1952 zusammengeschlossen sowie 2003 bei der kommunalen Neuordnung nach Nünchritz eingemeindet.

Was zu sehen ist

In Diesbar-Seusslitz finden wir Denkmäler aus vielen Jahrhunderten. Vor wenigen Jahren wurde ein Rundweg mit vier Stationen angelegt, der Besucher zu den einzelnen Denkmälern führt. Der Weg startet im barocken Schloss, das von einem überaus prominenten Architekten gestaltet wurde, nämlich George Bähr (1666–1738), dessen berühmtestes Werk die aus Ruinen auferstandene Frauenkirche in Dresden ist.
Vom Schlosspark aus führt eine Treppe hinauf zur zweiten Station des Rundwegs. Dabei handelt es sich um die Reste einer mittelalterlichen Turmhügelburg, deren Entstehung mit dem oben genannten Otto von Seuselitz in Verbindung gebracht wird. Besonders interessant ist, dass die Anlage in den bronzezeitlichen Wall eingeschnitten wurde.

Die bronzezeitliche Befestigungsanlage bildet aber das Highlight in Diesbar-Seusslitz; sie befindet sich auf der „Goldkuppe“, einem Hochplateau (Abb. 27). Diese Lage zeigt eine kluge Wahl durch die bronzezeitlichen Erbauer, weil die steil abfallenden Hänge zum Elb- und Laubachtal hin sowie die Lage auf einem Geländesporn bereits einen massiven natürlichen Schutz boten. Allerdings erschien dieser Schutz damals als nicht ausreichend – und wir wissen mittlerweile, dass die Bronzezeit keineswegs eine friedensbewegte Epoche war. Man errichtete daher einen Ringwall, dessen Form in der Literatur als von unregelmäßig ovaler Form beschrieben wird. Er umfasste mindestens eine Fläche von 18 ha, also etwa der von 25 Fußballfeldern. Von der Wallanlage ist im Laufe der Zeit Einiges verschwunden. Zum Elbtal hin gab es einen Steinbruch und im Süden und Südwesten des Sporns waren es Weinberge, denen der Wall zum Opfer fiel.

Trotz all der Einbußen, die die Befestigung erfahren hatte, haben sich davon noch gewaltige Reste erhalten (Station 3). Der Wall im Osten zeigt etwa einen Höhenunterschied von 18 m zwischen der Sohle eines vorgelegten Grabens und der Wallkrone. Vergleichbar ist diese Höhe etwa mit der eines siebenstöckigen Hauses. Auch die Breite des Walls mit 50 m zeigt dessen Monumentalität.

Abb. 27 Nünchritz / Diesbar-Seusslitz. Blick auf das barocke Schloss und die Wallanlage auf der „Goldkuppe“.

Der Hauptwall bestand aus einer Konstruktion aus Holz und Erde; die Literatur spricht von Lehm. Vom Aufbau her muss man sich vorstellen, dass zunächst Holzkästen gezimmert wurden, die dann mit Erde verfüllt wurden. Zufällig stieß man bei Wegearbeiten auf eine hölzerne Kammer im Wall, in der verschiedene Gefäße mit Speiseresten gefunden wurden. Die Archäologen interpretieren diesen Befund als Bauopfer.

Aber den bronzezeitlichen Bewohner erschien auch diese Befestigung nicht ausreichend; sie errichteten etwa 50 m vor dem Hauptwall einen zusätzlichen Wall. Der Zugang erfolgte wohl von der Südseite her, soweit sich dies trotz der Wallschäden beurteilen lässt.

Natürlich benötigt jede Befestigung eine Wasserversorgung, so auch diese Anlage. Daher bezogen die bronzezeitlichen Bauherren in der Nähe des „Eckholz“ (Station 4) eine Quellmulde in die Wallanlage ein. Um den Bedarf dauerhaft abdecken zu können, ließen sie eine noch heute teilweise mit 11 m Höhe erhaltene Staumauer aus Holz und Lehm errichten. So entstand ein Wasserspeicher mit einer Grundfläche von maximal 80 × 90 m; bei einer Füllhöhe von nur 1 m würde der Speicher 7.200 m^3 Wasser – das sind 7.200.000 l – fassen. Nach heutigen Verbrauchswerten in Deutschland könnten davon ca. 162 Menschen ein Jahr ihren Bedarf decken. Allerdings sollte man den Bedarf in Bronzezeit eher mit dem von heutigen Entwicklungs- oder Schwellenländern vergleichen. In Indien etwa würden 789 Menschen damit ein Jahr auskommen. Nach wohl nicht ganz gesicherten Angaben soll hier bis in das 19. Jh. hinein Wasser ausgetreten sein.

Über die Innenbebauung lässt sich bis heute nur wenig sagen. Als vor wenigen Jahren alte Rebstöcke abgeholzt wurden, konnte man allerdings erkennen, dass einige Flächen Siedlungsspuren aufwiesen. Dazwischen gab es jedoch fundleere Bereiche.

Aufgrund der Funde geht man von einem Entstehungsdatum der Anlage in der späten Bronzezeit (etwa um 1300 v. Chr.) aus. Ihr Ende scheint sie in der Latènezeit in einer Brandkatastrophe gefunden zu haben.

Literatur

E. Probst, Deutschland in der Bronzezeit (1999) S. 368. 374; W. Coblenz, C 37 Diesbar-Seußlitz, Ot. Löbsal, in: J. Herrmann (Hrsg.), Archäologie in der Deutschen Demokratischen Republik (1989) S. 484 f.

Die vorgeschichtliche Schanze von Ostro ruft bei Lokalpatrioten überschwängliche Vergleiche hervor: Ein sächsisches Troja sei hier zu finden. Es mag zwar etwas übertrieben sein, doch der Besucher trifft tatsächlich auf mächtige Wälle und bestaunt die Weite der Landschaft.

18 PANSCHWITZ-KUCKAU – OSTRO: EINE GEWALTIGE BEFESTIGUNG AUS DER BRONZEZEIT

Sachsen

In der Oberlausitz liegt das Dörfchen Ostro, auf Sorbisch Wotrow, das 1994 seine Eigenständigkeit verlor. Alte sorbische Traditionen und die Sprache werden hier noch heute gepflegt. Aber die Geschichte reicht viel weiter zurück: eine riesige Wallanlage der Bronzezeit und bedeutende Funde belegen dies eindrucksvoll. Sie liegt auf einem Geländesporn über dem Tal des Klosterwassers etwa 200 m südöstlich des Ortes.

Ausgrabungsgeschichte

Die Wallanlage war über Jahrtausende hinweg so prägnant, dass schon zu Beginn des 19. Jhs. hier Funde gemacht wurden. Eine erste Beschreibung der Anlage gab Karl Benjamin Preusker (1786–1871) im Jahr 1843, der sich neben vielen anderen Dingen auch als Archäologe betätigte. Die eigentliche Grabungsgeschichte liegt etwas im Dunklen: Die ersten Untersuchungen scheinen schon 1905 durchgeführt worden zu sein, systematische Forschungen aber erst zwischen 1909 und 1922 sowie 1927. Von den Grabungsdokumentationen hat sich jedoch nur wenig erhalten.

Funde und Befunde

Durch die alten Untersuchungen lässt sich ein spannender Befund beschreiben, der eine lange Geschichte dokumentiert, die bis in die Bronzezeit zurückreicht und vier Bau- oder Nutzungsphasen besitzt.
Am Anfang stand wohl eine unbefestigte Siedlung, die um das Jahr 1000 v. Chr. angelegt wurde. Sie wird der „Lausitzer Kultur" zugerechnet, die zwischen 1400–500 v. Chr. datiert wird. Bei den Ausgrabungen fand man nämlich unter den jüngeren Befestigungsanlagen deutliche Siedlungsspuren.
Eine grundlegende Veränderung erfolgte im 7. Jh. v. Chr., als Angehörige der „Billendorfer Kultur" den Platz besetzten. Es entstand die rie-

Abb. 28 Panschwitz-Kuckau. Blick auf die bronzezeitliche Wallanlage in Ostro.

sige Wallanlage, die 260 × 160 m groß ist und eine Fläche von 41.600 m² oder 4,16 ha – das sind fast sechs Fußballfelder – bedeckte (Abb. 28–29). Der Grundriss wird als birnenförmig beschrieben. Der Zugang erfolgte durch ein Tor im Nordwesten, jener Seite, die den steilsten Abhang aufweist. Von der Konstruktion her war es mit Torwangen versehen.

Während die ältere Forschung bei der Befestigung an eine Mauer in der Form des *murus gallicus* dachte, ergaben spätere Untersuchungen ein anderes Bild; sie habe aus waagerecht verlegten Balken bestanden, die kreuzweise verlegt gewesen seien. Die Zwischenräume seien mit Erde und Steinabfällen verfüllt gewesen.

Um 500 v. Chr. wurde die Anlage aufgeben. Eine Neubesiedlung des Platzes sollte erst Jahrhunderte später erfolgen. Irgendwann zwischen dem 8. und 10. Jh. – hier schwanken die Angaben – besetzten Sorben den Geländesporn. Man geht davon aus, dass der westslawische Stamm der Milzener hier ihren Hauptort einrichtete.

Für die Schanze slawischer Zeit, deren größte Fläche bei 2,5 ha liegt, geht die Forschung von zwei Bauphasen aus. In der ursprünglichen Anlage wurden ein Zwischenwall und ein tiefer Vorgraben angelegt. Parallel dazu verstärkte man Befestigungsteile der Oberburg. Zur Konstruktion des Walls lässt sich anführen, dass es sich in dieser Zeit im Wesentlichen um einen Lehmwall mit Versteifungen aus Holz gehandelt habe. Später sei noch eine Trockenmauer aus flachem Gestein zugefügt worden.

Innerhalb der Befestigung konnten die Archäologen eine recht mächtige Kulturschicht beobachten. Daraus schlossen sie eine dichte Innenbebauung, die auf alle Nutzungszeiten zu beziehen sei.

Den Schlusspunkt bildet eine hochmittelalterliche Turmhügelburg, die in das 12./13. Jh. datiert wird. Dies lässt sich wohl mit der zweiten deutschen Ostsiedlung in Verbindung bringen. Für diese Burg nutzte man den höchsten Punkt des slawischen Zwischenwalls. Das nötige Baumaterial ließen die Bauherren aus dem alten Bestand nehmen.

Sowohl aufgrund der Befunde und des historischen Kontextes geht die Forschung davon aus, dass diese Burg nicht lange Bestand hatte und zugunsten anderer Burgen aufgegeben wurde.

Literatur

W. Coblenz, Ostro und seine Schanze. Veröffentlichungen des Museums der Westlausitz Kamenz, Sonderheft (1991); W. Coblenz, C 29 Ostro, in: J. Herrmann (Hrsg.), Archäologie in der Deutschen Demokratischen Republik (1989) S. 469–471.

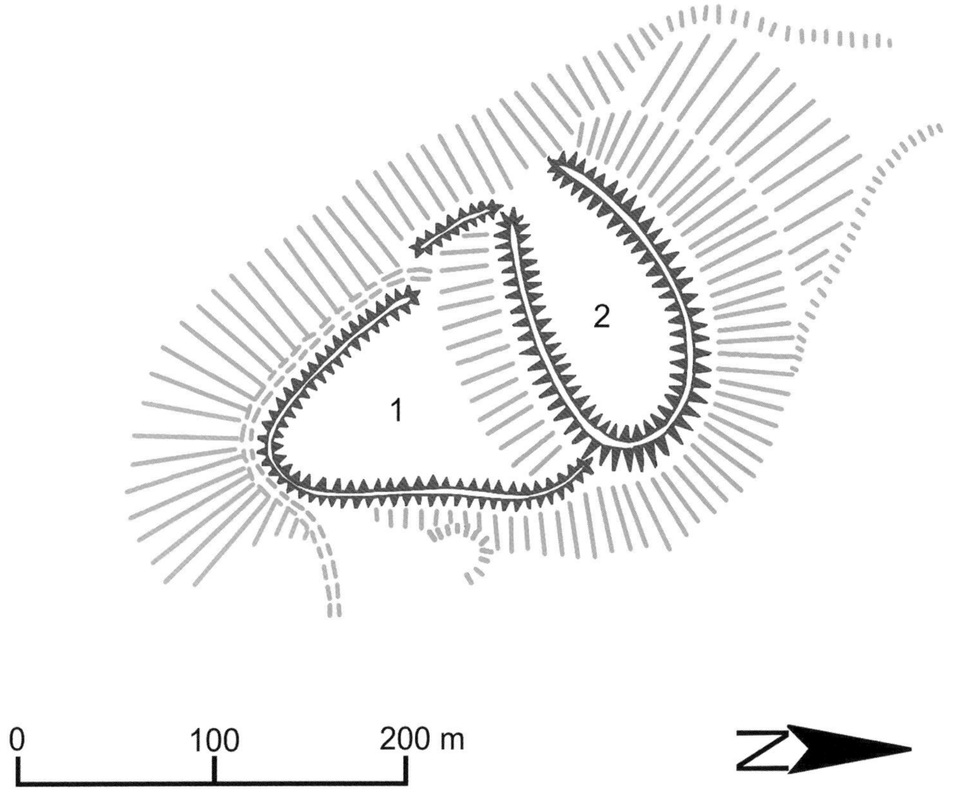

Abb. 29 Panschwitz-Kuckau. Ostro. Plan des Burgwalls: 1 Vorburg, 2. Hauptburg.

Wandern und Erholen – das kann man in der Region um die Gleichberge ganz hervorragend. Doch bieten die Berge auch spannende Einblicke in längst vergangene Zeiten, in denen es nicht einmal den Menschen gab.

19 RÖMHILD (LANDKREIS HILDBURGHAUSEN/MEININGEN) – EIN BERG MIT ZWEI GIPFELN UND ZWEI ARCHÄOLOGISCHEN FUNDSTELLEN: DIE GLEICHBERGE

Thüringen

Unweit der Kreisstadt Römhild erhebt sich ein Mittelgebirgszug aus Basaltgestein, der den Namen Gleichberge trägt. Das Gebirge besitzt zwei Gipfel, den Großen und den Kleinen Gleichberg. Der Große Gleichberg weist eine Höhe von 679,1 m auf, der Kleine Gleichberg eine von 641,5 m. Beide Gipfel sind durch einen Sattel miteinander verbunden, der immerhin auch noch eine Höhe von 380 m aufweist. Beide Gipfel tragen Spuren früherer Siedlungen.

Großer Gleichberg

Der Große Gleichberg diente seit dem 19. Jh. als Steinbruch. Durch diese Arbeiten drang man in Zeiten vor, die jenseits der menschlichen Existenz lagen: Man entdeckte die Skelette von Sauriern, die sich heute im Museum für Naturkunde in Berlin befinden.

Darüber hinaus machte man Funde, die auf menschliche Siedlungsspuren hinwiesen und zu Beginn des 20. Jhs. das Interesse der Archäologen weckte. Widrigkeiten der Zeitgeschichte setzten der Forschung aber enge Grenzen, weil u. a. die Sowjet-Armee zwischen 1968 und 1991 hier eine Radarstation unterhielt. Immerhin war es möglich, von 1978 bis 1980 Vermessungsarbeiten durchzuführen. Im Vergleich zu den Befunden des Kleinen Gleichbergs sind die Befunde bislang eher bescheiden.

Es zeigt sich, dass auf dem Großen Gleichberg eine Befestigungsanlage bestand, die sich in zwei Bereiche gliedert. Einmal existiert ein Vorwall, der ca. 6 ha umschließt. Der Hauptbereich, der von der „Rentmauer" eingeschlossen wird, ist mit rund 21 ha deutlich größer. Der Vorwall ist undatiert, während die „Rentmauer" in die Urnenfelderzeit (12. – 8. Jh. v. Chr.) gehört.

Für die Rentmauer ist eine Mauerstärke von 2,5 m belegt; die Höhe ist nicht mehr feststellbar. Von der Konstruktion her handelte es sich um eine Fassade, die aus großen Basaltblöcken errichtet war. Dahinter war

Steinsburgmuseum
Waldhaussiedlung 8
98631 Römhild
Tel.: 036948-20561
http://www.thueringen.info/roemhild-steinsburgmuseum.html

Geröll angeschüttet, das durch eine Holzkonstruktion stabilisiert wurde.
Innerhalb der Befestigungsanlagen konnten eindeutige Siedlungsspuren nachgewiesen werden. Als Siedlungsindikatoren werden u. a. Reste von Mahlsteinen angeführt.

Der Kleine Gleichberg („Steinsburg")

Die „Steinsburg" liegt auf dem Kleinen Gleichberg. Die Forschungsgeschichte setzt hier schon im 18. Jh. ein, als die Befestigungsanlagen als solche erkannt wurden. Jedoch erst in der 2. Hälfte des 19. Jhs. nahmen sich die Archäologen der Wälle an. Es war höchste Zeit, weil die Überreste akut durch einen Steinbruch bedroht waren, der im Jahr 1900 geschlossen wurde.
Aufgrund der archäologischen Forschungen lässt sich für die „Steinsburg" ein recht differenziertes Bild zeichnen. Die ältesten Siedlungsreste stammen aus spätneolithischer Zeit. Daneben konnten Siedlungsspuren aus der Übergangsphase zwischen der frühen zur mittleren Bronzezeit beobachtet werden. Im 13. Jh. v. Chr. endete diese Phase. Erst mit Beginn des 10. Jhs. v. Chr. fand der Berg neue Bewohner, die ihre Siedlung wohl mit einer Ringmauer aus anstehendem Basaltgestein schützten. Diese Besiedlung hatte mindestens 200 Jahre Bestand. In der 2. Hälfte des 6. Jhs. v. Chr. wurde der Berg wieder besiedelt und entwickelte sich zu einem Zentrum der Bronzeverarbeitung. Dies wird durch viele Funde belegt. Ihren Höhepunkt erreicht die Siedlung aber im 5. Jh. v. Chr. Dies spiegelt sich in der Errichtung von Verteidigungsanlagen wieder (Abb. 30). Die Befestigung war zweigeteilt. Sie bestand

Abb. 30 Römhild. Kleiner Gleichberg, Außenwall der keltischen Steinsburg.

aus einem Innenring und einer Hauptmauer. Bei der Mauer handelte es sich um zwei parallel verlaufende Fassaden, deren Zwischenraum mit Geröll aufgefüllt wurde. Diese Konstruktion lässt sich an der Hauptmauer zum Teil noch erkennen.

Diese Blütezeit endete im 4. Jh. v. Chr.; die Siedlung scheint aber nicht gänzlich aufgegeben worden zu sein, weil die Archäologen vereinzelte Funde machten, die über das 4. Jh. v. Chr. hinausgehen.

Im 2. Jh. v. Chr. sollte der Platz wieder an Bedeutung gewinnen. Die Siedlung erhielt ihre größte Ausdehnung mit 68 ha; das entspricht der Fläche von 95 Fußballfeldern. Aufgrund ihrer Lage vermittelte sie wohl eher den Eindruck einer Festung und nicht den eines Wirtschaftszentrums. Mit einem Wagen konnte sie nur von der Nordseite erreicht werden. Der Außenring der Befestigung wies sicher vier Tore auf, die sich an den Himmelsrichtungen orientierten. Unmittelbar hinter dem Wall lagen Schmieden und Töpfereien. Die Wohnbebauung befand sich hinter einer weiteren Befestigung auf einer höheren Ebene.

Die Bewohner des Ortes lebten aber nicht nur vom Handwerk. Ein Großteil der Menschen muss, wie Funde belegen, wohl von der Landwirtschaft gelebt haben. Die Handwerker waren sicherlich so spezialisiert, dass sie sich nicht mehr unbedingt um Ackerbau und Viehzucht kümmern wollten und daher mit Lebensmitteln versorgt werden mussten.

Will man den Ort hinsichtlich seines Charakters bewerten, so kann man sich beruhigt der Meinung der Archäologen anschließen, die ihn als Oppidum bezeichnen. Seine bedeutende Rolle spiegelt sich noch in einem anderen Umstand wider: der Geograf Ptolemäus (2, 11, 14) erwähnt einen Ort mit dem Namen Bikourgion und die Forscher schließen nicht aus, dass die „Steinsburg“ mit diesem zu identifizieren sei. Die Siedlung auf dem Kleinen Gleichberg ging schließlich im 3. Viertel des 1. Jhs. v. Chr. unter. Danach wurde der Platz nicht mehr belegt, sieht man einmal von den Resten einer kleinen mittelalterlichen Kapelle ab.

Das Museum versteht sich selbst als Spezialmuseum für Ur- und Frühgeschichte. Diese Einschätzung lässt sich angesichts der in unmittelbarer Nähe gelegenen Fundstellen gut verstehen. In insgesamt fünf Räumen werden die materielle Kultur und die Lebensweise der Menschen in der Region vom Mesolithikum bis etwa in das 9. Jh. n. Chr. dargestellt.

Die Räume 1 und 2 umfassen die Steinzeit, die Bronzezeit und die ältere Eisenzeit, also bis zum 6. Jh. v. Chr. Die zwei darauf folgenden Räume haben ihren Schwerpunkt in der Latène-Zeit, in der das naheliegende Oppidum seine Blütezeit erfuhr. Der letzte Ausstellungsraum ist der Sachkultur der Germanen und des Mittelalters gewidmet.

Neben originalen Funden vermitteln große Modelle, Pläne und Informationstafeln einen Eindruck vom Leben in vergangener Zeit.

Literatur

S. Ostritz/H. Worliczek (Hrsg.), Das Gleichberggebiet und das Steinsburgmuseum bei Römhild. Archäologischer Wanderführer Thüringen (2004); E. Probst, Deutschland in der Bronzezeit (1999) S. 265; K. Peschel, D 15 Römhild (Forstbezirk), in: J. Herrmann (Hrsg.), Archäologie in der Deutschen Demokratischen Republik (1989) S. 516–521.

Das Örtchen Leubingen mit seinen knapp 900 Einwohnern, unweit der malerischen Unstrut und der kleinen Losse gelegen, birgt einen wahren archäologischen Schatz, ein Fürstengrab aus der Bronzezeit. Dank dieses beeindruckenden Fundes ist das Dörfchen weit über seine Grenzen hinaus bekannt.

20 SÖMMERDA – GOLD: DAS FÜRSTENGRAB VON LEUBINGEN

Thüringen

Gräber sind immer ein wichtiger Bestandteil der Kultur. Einige Gräber sind aber bedeutender als andere, sei es durch die in ihnen bestatteten Personen, ihre Architektur oder ihre Ausstattung. Das Grab von Leubingen gehört eindeutig zu den bedeutenderen.

Ausgrabungen

Im Jahr 1877 drohte dem Grabhügel von Leubingen, zwischen den Orten Leubingen und Stödten gelegen, das Schicksal vieler anderer Denkmäler dieser Art, die Zerstörung. Jedoch bekam der Jenaer Professor Friedrich Klopfleisch (1831–1898) die Gelegenheit, den Grabhügel auszugraben und zu dokumentieren. Diese Untersuchungen erbrachten überraschende Ergebnisse. Nach Abschluss der Ausgrabungen wurde der Hügel wieder aufgeschüttet und so als Denkmal erhalten (Abb. 32).

Funde und Befunde

Klopfleisch fand einen Hügel vor, der mit 8 m Höhe und einem Durchmesser von 34 m erhalten war (Abb. 31); der Umfang betrug 145 m: ein gewaltiger Hügel. Als er mit seiner Arbeit begann, stieß er im oberen Bereich auf zahlreiche Bestattungen, die mit der ursprünglichen

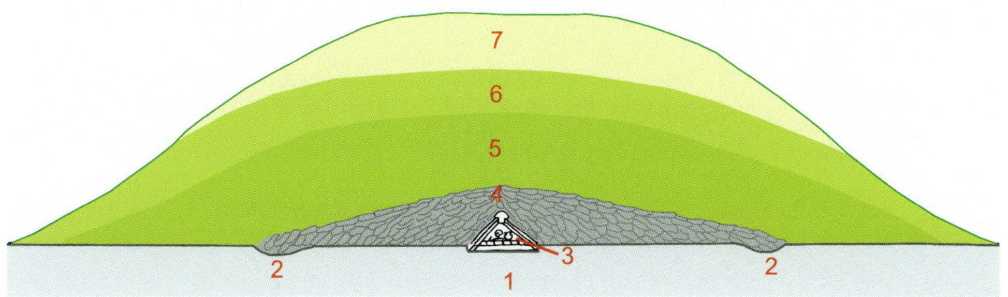

Abb. 31 Sömmerda. Fürstengrab von Leubingen, schematisierter Schnitt durch den Grabhügel: 1 gewachsener Boden; 2 Kreisgraben; 3 Grabkammer; 4 Steinpackung; 5 stärker verdichtetes Erdmaterial; 6 verdichtetes Erdmaterial; 7 lockerer Sand mit Nachbestattungen.

Abb. 32 Sömmerda. Das Fürstengrab von Leubingen.

Nutzung zeitlich überhaupt nichts zu tun hatten. Sie gehörten in das 8. bis 11. Jh. und waren slawischen Ursprungs.

In den oberen Bereichen bestand der Hügel aus einer lockeren Sandaufschüttung, die mit zunehmender Tiefe verdichtet war. Als er in die unteren Schichten des Grabhügels vorstieß, fand er eine rund 2 m starke Steinpackung. Zusätzlich konnte außerdem einen flachen Graben beobachten. Diese sorgfältig angelegte Konstruktion ließ sicher das Herz des Ausgräbers höher schlagen, weil sie unversehrt war und eine unberührte Grabkammer erwarten ließ.

Als die Ausgrabungen schließlich das ursprüngliche Bodenniveau erreicht hatten, entdeckte man die zentral gelegene Grabkammer, die als eine zeltförmige Totenhütte aus Eichenholz angelegt war. Auf der Holzkonstruktion konnte eine Lage aus Schilf, die zusätzlich mit einem Kalkmörtel versehen war, nachgewiesen werden. Die Kammer wies eine Grundfläche von 3,90 × 2,10 m auf. Der Boden war mit Steinplatten belegt, auf denen zusätzlich Bohlen lagen. Die eindrucksvolle Grabkammer lässt sich als Rekonstruktion heute mehrfach bewundern: in der Leubinger Heimatstube und dem Museum für Ur- und Frühgeschichte in Weimar.

Was die Skelettfunde betraf, war der Ausgräber nur wenig kritisch. Er ging davon aus, dass es sich hier um eine Doppelbestattung handelte, bestehend aus einem älteren Erwachsenen und einem Kind. Dabei hat-

ten sich von letzterem nur wenige Knochenreste gefunden, sodass hier Zweifel angemeldet werden müssen. Selbst wenn hier ein Kind mitbestattet wurde, ist dieser Befund mehrdeutig.
Das Grab barg ein reiches Inventar. Neben etwas Keramik waren Waffen aus Kupfer und Bronze sowie Werkzeuge vorhanden. Was das Grab aber besonders auszeichnete, waren die Objekte aus Gold. Dazu zählten ein massiver Armring, zwei verzierte „Ösenkopfnadeln", zwei „Noppenringe" und ein Spiralröllchen. Das Gesamtgewicht des Goldes beträgt etwas mehr als 256 g.
Nicht nur der gewaltige Grabhügel, sondern auch die reiche Ausstattung, die sich gegenüber anderen Gräbern der „Aunjetizer Kultur", zu der dieses Grab gehört, abhebt, lässt die Frage aufkommen, welche Rolle der dort Bestattete einnahm. Zu dieser Frage wird noch heute eine heftige Diskussion geführt, die an dieser Stelle keinen Platz finden kann. Sicher scheint, dass der Tote einer Elite angehörte, wie immer sie auch definiert sein mag. Die traditionelle Bezeichnung als „Fürstengrab" spiegelt die Situation sicherlich wider.
Während Klopfleisch seine Datierung in die frühe Bronzezeit nur aus den Funden ablesen konnte, kann diese heute weitaus präziser erfolgen, weil wir inzwischen über die dendrochronologische Methode verfügen und das Grab datierbares Holz – die Grabhütte – enthielt. Es ergab sich ein Datum von 1942 v. Chr., das aber um zehn Jahre schwanken kann, weil ein wichtiges Kriterium zur Analyse, die „Waldkante" nicht vorhanden war.

Auf rund 200 m² Ausstellungsfläche mit insgesamt 13 Räumen werden in der Heimatstube fast 5.000 Exponate ausgestellt. Das Fürstengrab bildet dabei einen Schwerpunkt: Die Grabkammer ist rekonstruiert und die Funde sind als Repliken vorhanden. Weitere Themen sind Wohnkultur und Handwerk in der Region.

Literatur

H. Meller/F. Bertemes (Hrsg.), Der Griff nach den Sternen – Wie Europas Eliten zu Macht und Reichtum kamen. Tagungen des Landesmuseums für Vorgeschichte Halle (Saale) 5 (2010); T. L. Kienlin, Der „Fürst" von Leubingen: Herausragende Bestattungen der Frühbronzezeit als Bezugspunkt gesellschaftlicher Kohärenz und kultureller Identität, in: Ch. Kümmel/B. Schweizer/U. Veit (Hrsg.), Körperinszenierung – Objektsammlung – Monumentalisierung: Totenritual und Grabkult in frühen Gesellschaften (2008) S. 181–206; B. Zich, Die Fürstengräber von Leubingen und Helmsdorf, in: H. Meller (Hrsg.), Der geschmiedete Himmel. Die weite Welt im Herzen Europas vor 3600 Jahren. Begleitband zur Sonderausstellung, Halle (Saale) (2004) S. 156–159.

Heimatstube

Werner-Seelenbinder-Straße 4
99610 Sömmerda
Tel.: 03634-608527
http://www.heimatfreundeleubingen.de/heimatstube.html (von dort Wegweiser zum Fürstengrab)

Das in historischer Kulisse eingerichtete Museum in Bad Bederkesa stellt für sich genommen bereits einen Höhepunkt für Archäologieinteressierte dar. Denn hier locken spektakuläre Funde den Besucher. Darüber hinaus aber lassen sich archäologische Zeugnisse in der Region erschließen.

21 BAD BEDERKESA – MUSEUMSORT UND SCHLÜSSEL ZU EINER HISTORISCHEN LANDSCHAFT

Niedersachsen

Museum Burg Bederkesa
Amtsstraße 17
27624 Bad Bederkesa
Tel.: 04745-7302
http:// www.burg-bederkesa.de

Das Museumsgebäude selbst ist ein interessanter Bau, weil es zu den wenigen erhaltenen mittelalterlichen Profanbauten im Landkreis Cuxhaven gehört. Die Burganlage – ursprünglich als Turmhügel-Burg errichtet – reicht bis in das 12. Jh. zurück. Im Laufe der Zeit wurde die Anlage mehrfach verändert und anderweitig genutzt. Nach einer wechselvollen Geschichte befand sich die Burg in den 1970er-Jahren in einem sehr schlechten baulichen Zustand. Ein Nutzungskonzept des letzten Privateigentümers stieß in der breiten Öffentlichkeit auf heftigen Widerstand, sodass dieses nicht realisiert werden konnte. Im Jahr 1975 ging die Burg in den öffentlichen Besitz über. Der Landkreis Cuxhaven sanierte den vorhandenen Baubestand und ließ darüber hinaus Teile des Nordflügels und des Treppenturms aus dem 17. Jh. rekonstruieren. So konnten das Museum und die Archäologische Denkmalpflege des Landkreises Cuxhaven hier ihre Heimstatt finden (Abb. 33).

Das Museum beherbergt heute eine umfangreiche Sammlung, die sich thematisch auf Archäologie konzentriert, aber hier durchaus verschiedene Bereiche anspricht. Besonders hervorzuheben sind dabei die Funde aus Feddersen Wierde, Fallward und Flögeln.

Feddersen Wierde, eine Wurt mit einer germanischen Siedlung, die vom 1. Jh. v. Chr. bis zum 4./5. Jh. n. Chr. bestand und zwischen 1955 und 1963 fast vollständig ausgegraben wurde, ist für die Ur- und Frühgeschichtsforschung ein ausgesprochen wichtiger Platz, weil aufgrund der Umgebungsbedingungen zahlreiche Holzfunde gemacht wurden. Sie gaben tiefe Einblicke in germanisches Leben über mehrere Jahrhunderte hinweg.

Die Gräberfelder von Fallward, unweit von Feddersen Wierde gelegen, führen in die Welt der Toten. Die Ausstellung im Museum zeigt die verschiedenen Bestattungsformen, von denen besonders ein Bootsgrab hervorzuheben ist. Aus den Gräbern stammen aber auch zahlreiche Möbelfunde, die in das 4. und 5. Jh. n. Chr. datieren. Sie bestätigen schriftliche Quellen über die Lebensweise der Germanen, wie sie etwa der römische Historiker Tacitus um das Jahr 100 n. Chr. in seiner *Germania* (22) beschreibt: *„ein jeder habe beim Frühstück einen besonderen Platz und einen eigenen Tisch."* Vielleicht das eindrucksvollste und wohl einzigartige Exponat ist der „Thron", ein Prunksessel, der aus einem Baumstamm gefertigt wurde.

Literatur

M. D. Schön, Feddersen Wierde, Fallward, Flögeln. Archäologie im Museum Bederkesa (1999).

Abb. 33 Museum Burg Bederkesa in Bad Bederkesa.

Rom und Germanien – diese Beziehung lässt an Dramatik und Emotionen kaum zu wünschen übrig. Expansionsdrang auf der einen und Widerstand auf der anderen Seite haben auch in Norddeutschland ihre Spuren hinterlassen. Ein Zeugnis dafür sind Überreste römischer Lager in Hedemünden (heute ein Ortsteil von Hann. Münden), die zu den bedeutendsten Bodendenkmälern in Niedersachsen zählen.

22 HEDEMÜNDEN – EIN WICHTIGES MOSAIKSTÜCK IN DER EROBERUNGSGESCHICHTE GERMANIENS

Niedersachsen

Römerlager – so mag man meinen – seien doch alle irgendwie gleich. Die Ausgrabungen in Hedemünden zeigen aber, dass es auch hier Unterschiede zu anderen Lagern gab. Ohne auf Rekonstruktionen zurückgreifen zu müssen, findet der Besucher durch Informationstafeln Zugang zum spannenden Bodendenkmal.

Auf einer Hochterrasse oberhalb der Werra, nur knapp 2 km nordwestlich des Ortszentrums von Hedemünden, stieß man im 19. Jh. auf die Überreste einer großen Wallanlage (Abb. 34–35). Sie war an strategisch bedeutender Stelle errichtet worden, weil von hier aus eine Furt über den Fluss kontrolliert werden konnte. Aufgrund der damaligen Kenntnisse wurde sie zunächst als frühgeschichtliche oder mittelalterliche Befestigung gedeutet. Noch Carl Schuchhardt deutete die Befunde im Jahr 1894 entsprechend und führte die Bezeichnung „Hünenburg“ ein, obwohl zu dieser Zeit im Umland bereits römische Funde gemacht worden waren. Auch eine kleine Ausgrabung im Jahr 1965 schien auf einen germanischen Ursprung hinzuweisen. Diese Deutung geriet aber ins Wanken, nachdem in den 1990er-Jahren durch Raubgräber römische Münzen und verschiedene militärische Ausrüstungsgegenstände ans Tageslicht gekommen waren. Die alarmierten Denkmalbehörden führten daraufhin mit Metalldetektoren Untersuchungen und Geländebegehungen durch. Die Funde ließen aber nur einen Schluss zu: Hier war ein römisches Lager. Ausgrabungen in den folgenden Jahren bestätigten diese Vermutung. War schon ein Lager eine Sensation, so sollten sich weitere anschließen. Man entdeckte nicht nur ein Lager, sondern weitere, die durch zusätzliche militärische Bereiche ergänzt waren.

Einen Schwerpunkt stellt das Lager I dar. Von seinem Grundriss her handelt es sich um eine länglich ovale Anlage mit den Maßen 300 × 125 m und einer daraus resultierenden Fläche von 3,2 ha. Das entspricht etwa der Größe von etwa viereinhalb Fußballfeldern. Aufgrund der to-

Die Römerlager

http://www.roemer-lager-hedemuenden.de/ http://www.goettingerland.de/roemerlager/

pografischen Bedingungen war die Innenfläche nicht eben, sondern wies bereits in römischer Zeit einen flach gewellten Boden auf.

Typisch für ein römisches Lager ist das Verteidigungssystem, bestehend aus einem 760 m langen Wall mit vorgelegtem Graben. Man geht davon aus, dass der Wall eigentlich eine Holz-Erdmauer mit einer Höhe von ca. 3,50 m war. Diese Mauer war von Toren an der West-, Ost- und Südflanke sowie im Südosten unterbrochen. Ein Nordtor konnte hingegen nicht nachgewiesen werden, weil hier ein alter Weg die Befunde gänzlich zerstörte. Rechteckige Steinsetzungen deuten auf eine Verstärkung der Mauer durch drei Türme hin.

Neben den eindrucksvollen Resten der Verteidigungsanlagen haben sich im Innenbereich des Lagers Reste der Bebauung in Form von steinernen Fundamenten erhalten, die dann eine Fachwerk- oder Bohlenarchitektur trugen. Dass auch auf einem vorgeschobenen Posten das römische Militär nicht auf Repräsentation und damit wohl auch auf einen gewissen Luxus nicht verzichten wollte, erbrachten Prospektionen mit dem Magnetometer. Die *principia* als auch das *praetorium*, mit einer Fläche von 400 bzw. 1.500 m² konnten lokalisiert werden. Daneben konnten die Ausgräber Gruben nachweisen, die sie als Keller, Zisternen oder auch Kloaken deuten.

Abb. 34 Hedemünden. Wall des römischen Lagers I.

Städtisches Museum Hann. Münden

Schloßplatz 5 / Welfenschloss
34346 Hann. Münden
Tel.: 05541-75202
E-Mail: museum@hann.muenden.de

Wichtige Informationen zum Alltagsleben der hier untergebrachten Soldaten gaben zahlreiche Scherben, Münzen, Mühlsteine, aber auch Werkzeuge und Waffen. Besonders von den Metallobjekten fand man eine große Menge, die sich heute im Städtischen Museum in Hannoversch Münden und im Landesmuseum Hannover befinden. Interessant waren außerdem Spuren von Metallverarbeitung (Eisen, Blei und Bronze) innerhalb des Lagers. Römische Soldaten haben ja nicht nur gekämpft, sondern betätigten sich in vielerlei Weise wirtschaftlich, sei es zur Eigenversorgung oder bei der Durchführung großer staatlicher Projekte wie etwa dem Straßenbau.

Das Lager II, direkt südlich an das Lager I anschließend, gleicht in mancherlei Hinsicht jenem, obwohl es mit 1,3 ha (das entspricht knapp der Fläche von zwei Fußballfeldern) deutlich kleiner ist als Lager I. Die wesentlich schlechter erhaltene, rechteckige Umwallung bestand wohl ebenfalls aus einer Holz-Erde-Mauer mit vorgelegtem Spitzgraben.

Im Graben fand sich Brandschutt, der zur Altersbestimmung herangezogen werden konnte. Mittels C^{14}-Analysen kam man zu Daten in augusteischer Zeit, die – koppelt man sie mit den überlieferten historischen Fakten – sich auf das letzte Jahrzehnt des 1. Jhs. v. Chr. eingrenzen lässt. Vom Fundmaterial her unterschied sich Lager II nicht groß von Lager I.

So kurios es auch klingen mag, das dritte nachgewiesene Lager wird unter der Nummer IV geführt. Dies ist darauf zurückzuführen, dass die Ausgräber im Lauf ihrer Tätigkeit das Gelände in unterschiedliche Bereiche gliederten und dies durchnummerierten. Die Bereiche III, V und VI bezeichnen überwiegend Lagervorfelder, zum Teil auf Terrassen gelegen, mit militärischem Fundgut.

Vom Lager IV, bei dem man von einer Fläche von etwa 20 ha bzw. 28 Fußballfeldern ausgeht, ist im Gelände durch die landwirtschaftliche Nutzung nichts zu sehen. Mit Hilfe geophysikalischer Methoden konnten ein Tor und Spuren einer Innenbebauung festgestellt werden. Gedeutet wird der Komplex als Marschlager.

Auch wenn die Römer hier als Eroberer auftraten, scheint es doch eine friedliche Koexistenz mit den Einheimischen gegeben zu haben. Bei großräumigen Untersuchungen stießen die Archäologen etwa 800 m östlich der Lager I und II auf Siedlungsflächen der Germanen.

Aber in welchen Kontext müssen diese Lager eingeordnet werden? Vor allem die Münzfunde und die Altersbestimmungen auf naturwissenschaftlicher Basis lassen eine Datierung in augusteischer Zeit zu. So können die Lager mit den Feldzügen des Drusus zwischen 11 und 9 v. Chr. in Verbindung gebracht werden. Der tragische Tod des Drusus – ein Sturz vom Pferd – führte zum vorläufigen Einstellen weiterer Feldzüge in Germanien. Die Ausgräber gehen daher davon aus, die nunmehr unnützen Lager seien kurz darauf, in den Jahren 8 oder 7 v. Chr. aufgegeben worden.

Das städtische Museum informiert in seinen Ausstellungen über verschiedene Bereiche der Stadtgeschichte. So präsentiert die Abteilung „Stadtarchäologie“ Funde aus dem Mittelalter und der frühen Neuzeit. Darüber hinaus erfährt der Besucher in weiteren Abteilungen etwas über die Wirtschaftsgeschichte der Stadt sowie über Kunst des 19. und 20. Jhs.
Die Entdeckung des römischen Lagers führte zur Einrichtung einer eigenen Abteilung. Rund 200 Objekte – Leihgaben des Niedersächsischen Landesmuseums, in dem die übrigen Funde aufbewahrt werden – und verschiedene Rekonstruktionen gewähren Einblicke in das Leben römischer Soldaten vor mehr als 2.000 Jahren.

Literatur

Niedersächsisches Landesmuseum Hannover (Hrsg.), Römerlager Hedemünden: der augusteische Stützpunkt, seine Außenanlagen, seine Funde und Befunde (2012).

Abb. 35 Hedemünden. Blick von der Werra auf die Hochterrasse mit den römischen Lagern.

Als Pompeji unterging, baute man im tiefen Germanien gerade eine neue Befestigung für eine Siedlung, die so bedeutend war, dass sie sogar in die antike Literatur einging.

23 SIEVERN – EINE WALLANLAGE AM ENDE DER WELT UND DENNOCH IM BLICKFELD ANTIKER GEOGRAFIE

Niedersachsen

Über Jahrhunderte hinweg hatten sich bei Sievern und Flögeln mehrere große vor- und frühgeschichtliche Denkmäler erhalten, die heute durch zwei archäologische Pfade erschlossen sind. Sie als Ganzes darzustellen, würde den Rahmen an dieser Stelle sprengen. Ein Schwerpunkt liegt auf der „Heidenschanze" in Sievern. Vergleichbar mit dieser Anlage ist die „Heidenstadt", sowohl von der Art der Befestigung als auch von ihrer zeitlichen Stellung. Zu erwähnen ist die „Pippinsburg", eine Ringwallanlage, die vermutlich um 1000 n. Chr. entstanden ist. Ein jungsteinzeitliches Großsteingrab vervollständigt den Pfad. Der Flögelner Pfad ist durch vergleichbare Gräber bestimmt.

Archäologische Untersuchungen an der Heidenschanze

Zu Beginn des 19. Jhs. gab es die ersten Ansätze, diesen Komplex zu erfassen. Archäologische Forschungen erfolgten aber erst ab 1906. Moderne Ausgrabungen wurden in den Jahren 1958 und von 1999 bis 2001 durchgeführt. Schnell hatte man erkannt, dass hier eine der größten Befestigungsanlagen Norddeutschlands vorlag. Dafür gab es gute Gründe: Hier kreuzten sich zwei vorgeschichtliche Handelswege und die Sieverner Auge, heute ein Flüsschen, war in jener Zeit schiffbar.

Funde und Befunde

Durch die verschiedenen Ausgrabungen ließ sich das Aussehen und die Baugeschichte der Ringwallanlage klären (Abb. 36). Vom Grundkonzept her handelte es sich um zwei konzentrische Wälle. Die Gesamtfläche der Anlage umfasste 10 ha; dies entspricht der Größe von 14 Fußballfeldern. Die vom inneren Wall umschlossene Fläche ist hingegen mit 2 ha – also der Fläche von knapp drei Fußballfeldern – deutlich kleiner.

In seiner ersten Bauphase bestand der äußere Wall aus einem Graben und einem Zaun. Eine veränderte Sicherheitslage erforderte später ei-

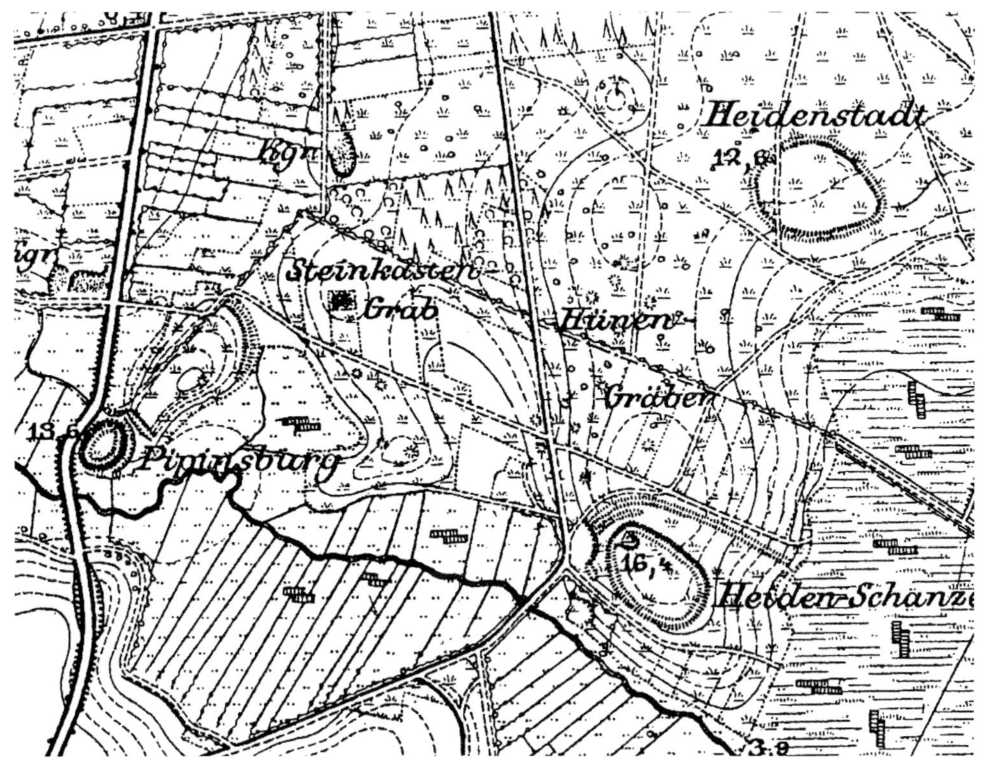

Abb. 36 Sievern. Heidenschanze und andere früh- und vorgeschichtliche Denkmäler in der Preußischen Landesaufnahme von 1893.

nen Umbau dieses Befestigungsrings: Der alte Zaun wurde aufgegeben, ein Wall aufgeschüttet und mit einer Palisade versehen. Die Archäologen gehen davon aus, dass der Wall und damit auch die Palisade eine Länge von 1.400 m besessen habe und etwa 4.200 Holzplanken verbaut worden seien. Die letzten Baumaßnahmen am äußeren Ring datieren in das Jahr 79 n. Chr.

Der feuchte Untergrund bereitete den damaligen Bauherren sicherlich Kopfschmerzen. Es musste viel Arbeit in die Gründung des Walls gesteckt werden; eine Steinschüttung oder Pflasterung war notwendig. Andererseits sollten sich 1.900 Jahre später die Archäologen über den feuchten Boden freuen, denn unter solchen Bedingungen hatte sich datierbares Holzmaterial erhalten.

Weil dem Wall ein Graben vorgelegt war, musste dessen Vorderseite durch Bohlen gegen das Abrutschen in den Graben verhindert werden. Ein weiterer hölzerner Verbau fand sich an der Innenseite des Walls.

Ein wichtiger Aspekt bei der Betrachtung der Befestigung betrifft die Tore, die besonders bei den Ausgrabungen von 1958 mit im Zentrum des Interesses standen. Beim äußeren Wall konnte ein Kammertor festgestellt werden, das über mehrere Bauphasen verfügte. Bei den Ausgrabungen von 1906 wurde ein Kammertor am inneren Wall beobachtet.

Mangels einer entsprechenden Dokumentation lässt sich wohl kaum etwas über die Lage oder die Datierung sagen.
Während der erste Ausgräber, Carl Schuchhardt, die Anlage als „sächsische Volksburg“ – wir bezeichnen diese Anlagen heute als Fliehburgen – interpretierte, ergaben die Untersuchungen von 1958 ein anderes Bild. Es konnten nämlich Reste von Innenbebauung schon im Bereich der äußeren Befestigung beobachtet werden, die für eine dauerhafte Nutzung sprechen.

Datierungsfragen

Bei der Datierung der Anlage gab es im Lauf der Zeit sehr unterschiedliche Angaben. Schuchhardt wollte die Befestigung in das 4. bis 7. Jh. n. Chr. datieren. Die modernen Ausgrabungen mit ihren verbesserten Methoden ließen eine deutlich abweichende Datierung zu: Bereits die Grabungen von 1958 erbrachten Keramikfunde, die in den Zeitraum von 50 v. Chr. bis zum Ende des 1. Jhs. n. Chr. stammen. Mit den letzten Ausgrabungen wurde Material gefunden, das sich für eine C^{14}-Analyse eignete, sowie Holzreste, deren Fälljahr dendrochronologisch in das Jahr 79 n. Chr. datiert werden muss.
Was spricht aber für den Bau dieser Anlage? Mit der Eroberung Galliens durch Caesar war auch Germanien in das Blickfeld Roms gerückt. Die schriftlichen Quellen berichten über mindestens drei römische Flottenoperationen (12 v. Chr., 5 n. Chr. und wohl 15 n. Chr.). Diese führten zwar nicht zur römischen Besetzung, aber sie könnten den Warenaustausch zwischen den germanischen Stämmen beeinträchtigt haben. So kann man daran denken, dass die „Heidenschanze“ zum Schutz des Handels ausgebaut wurde. An Bedeutung gewann der Ort aber auch aufgrund innergermanischer Konflikte; die Auseinandersetzung zwischen den Markomannen und den Cheruskern im Jahr 17 n. Chr. mögen ein Übriges getan haben, die Anlage aufzuwerten.
Die Nutzung der Befestigung endete noch im 1. Jh. n. Chr. Jedoch scheint sie im Gedächtnis antiker Geografen fest verankert gewesen zu sein. Claudius Ptolemäus erwähnte nach Ansicht der neueren Forschung den Ort mit dem Namen Phabiranum.

Literatur

A. Kleineberg/Ch. Marx/E. Knobloch/D. Lelgemann (Hrsg.), Germania und die Insel Thule. Die Entschlüsselung von Ptolemaios´ „Atlas der Oikumene“ ^{2}(2011); M. D. Schön, Die Heidenschanze bei Sievern – Eine fast 2000 Jahre alte Befestigung, Archäologie in Niedersachsen 3 (2000) S. 57–59.

Ein friedliches Dorf 2400 v. Chr. in der Nähe des heutigen Eulau: Die Bewohner gehen ihrem Alltagsgeschäft nach, als plötzlich der Tod über sie hereinbricht – ein Kriminalfall aus der Kupfersteinzeit.

24 EULAU (SAALE) – MORD IN DER JUNGSTEINZEIT

Sachsen-Anhalt

In der Saaleaue liegt das Dörfchen Eulau, heute ein Teil der Stadt Naumburg. Berühmt wurde der Ort durch einen spektakulären archäologischen Fund, der durch Harald Meller entdeckt wurde. Wieder war es eine Rettungsgrabung, der eine Auswertung von Luftbildern voraus ging. Doch vor Ort findet sich von den sensationellen Funden heute nichts mehr. Sie können aber im Landesmuseum in Halle bestaunt werden. Dort sind drei Gräber ausgestellt.

Funde und Befunde

Bei den Ausgrabungen von 2005 stießen die Archäologen auf ein Gräberfeld mit zwölf Gräbern, das der „Schnurkeramik-Kultur" zugerechnet wird. Zunächst einmal war das nichts Besonderes, wenn nicht vier Gräber aus dem Rahmen gefallen wären. Es zeigte sich nämlich, dass in diesen Gräbern jeweils mehrere Leichen zu finden waren. Insgesamt 13 Tote wurden in diesen auffälligen Gräbern beigesetzt.

Bei näherer Betrachtung der Skelette entwickelte sich ein erschreckendes Bild vor den Augen der Ausgräber. Frauen und Kinder, aber auch einige ältere Männer, waren durch Gewalteinwirkung zu Tode gekommen. Weil sie aber richtig bestattet wurden, ließ sich das Überleben eines Teils der Bevölkerung vermuten.

Soweit ließen die Befunde das Offensichtliche erkennen. Durch eine DNA-Analyse konnten die Forscher aber tiefer in die Zusammenhänge blicken. Bei den Toten handelte es sich um Personen, die eng miteinander verwandt waren. Ein Schluss bot sich an: Hier lagen wohl die ersten Bestattungen von Kleinfamilien vor (Abb. 37).

Aber die naturwissenschaftlichen Untersuchungen erbrachten noch ganz andere Ergebnisse; es zeigte sich nämlich, dass die weiblichen Individuen wesentliche Teile ihres Lebens in einer ganz anderen Region verbracht hatten. Sie kamen aus der Vorharz-Region, etwa 70 km von Eulau entfernt.

Aus dieser Beobachtung heraus konnten die Archäologen ein mögliches Tatmotiv rekonstruieren. Die oben schon kurz erwähnten Spuren der

Abb. 37 Eulau. Das Grab einer Kernfamilie während der Ausgrabungen.

Literatur

A. Hesse (Hrsg.), Deutschlands Supergrabungen (2012) 44–51; A. Muhl/H. Meller/K. Heckenhahn, Tatort Eulau – Ein 4.500 Jahre altes Verbrechen wird aufgeklärt (2010).

Gewalteinwirkung waren auf Waffen (Beile und Pfeile) zurückzuführen, wie sie in der „Schönfelder Kultur" vorkamen. Diese Kultur war in der Harzregion beheimatet. Aus dem Umstand heraus, dass hier Frauen – ebenfalls aus dem Harz kommend – und Kinder umgebracht worden waren, ließ die Vermutung aufkommen, es handele sich um eine Racheaktion, weil die Frauen entweder geraubt oder vielleicht sogar freiwillig den Männern nach Eulau gefolgt waren. Gekränkter Stolz und die Auswirkungen, wie man sie noch heute in vielen Gesellschaften beobachten kann!

Was man alles in der Heide so findet: Gräber aus unterschiedlichen Kulturen, Befestigungen aus grauer Vorzeit und einen Menhir.

25 HALLE (SAALE) – DÖLAUER HEIDE: GROSSSTEINGRÄBER PRÄGEN EINE LANDSCHAFT

Am Westrand der Stadt Halle, einer Großstadt mit mehr als 200.000 Einwohnern, findet sich ein Waldgebiet mit einer Fläche von 740 ha, die den Namen Dölauer Heide trägt. Heute ist sie ein Landschaftsschutzgebiet, das seit vielen Jahrzehnten den Hallensern als grüne Oase dient. Denkt man an Heide, was der Name ja vorgibt, so stellt sich der Besucher eine große Fläche vor, die mit flacher Vegetation – etwa Heidekraut oder Büsche – bedeckt ist und in der man im Idealfall Schafe weiden sieht. Die Dölauer Heide weicht aber von diesem Bild deutlich ab. Sie ist heute weitgehend von Mischwald bedeckt, besitzt aber auch noch im Baumbestand Monokulturen.

Die Bezeichnung als Heide geht wohl darauf zurück, dass im Mittelalter die Einwohner Halles den ursprünglichen Baumbestand abholzten, um Brennmaterial für die Salzsiederei zu gewinnen. Salz war ein wichtiges Wirtschaftsgut.

Forschungsgeschichte

Bereits im 19. Jh. waren Hügelgräberfelder bekannt. Archäologische Forschungen sollten aber erst 1916 – mitten im Ersten Weltkrieg – einsetzen. Größere Untersuchungen fanden mit unterschiedlichen zwischen 1933–1935, 1955 und 1962–1981 durch das Museum für Vor- und Frühgeschichte in Halle statt.

Funde und Befunde

Innerhalb der Dölauer Heide gibt es mehrere Fundplätze, die unterschiedlichen vorgeschichtlichen Kulturen zugeordnet werden können. Dabei handelt es sich um die Hochflächen der „Bischofswiese“ und des „Langen Berges“ sowie den „Tonberg“ und den „Schwarzen Berg“.

Die Bischofswiese zeigt die Reste eines Befestigungssystems, das von zwei unterschiedlichen vorgeschichtlichen Kulturen, der „Baalberger Kultur“ und „Bernburger Kultur“, angelegt wurde. Das umfasst eine Zeitspanne von etwa 4100 bis 2800 v. Chr. Kultur- und wirtschaftsgeschichtlich von Bedeutung ist, dass hier die ältesten Zeugnisse der Salzgewinnung in Mitteldeutschland gefunden wurden, die mit der Bernburger Kultur in Verbindung stehen, also zwischen 3300–2800 v. Chr. Zwischen 2800 und 2200 v. Chr. entstanden auf dem Tonberg und dem Schwarzen Berg mindestens 36 Grabhügel (Abb. 38). Die Anzahl an Gräbern und andere Siedlungsspuren könnte deutlich größer gewesen sein, doch wurde in der Heide ab im 19. Jh. Braunkohle abgebaut, sodass viele Fundstellen unbeobachtet verloren gingen.

Die Nutzungskontinuität lässt sich aber mit weiteren Befunden belegen. In den Grabhügeln fanden sich Nachbestattungen, die der frühen Bronzezeit zugerechnet werden müssen. Damit kommen wir in die Zeit von 2200 bis 1600 v. Chr.

Obwohl wir damit alle zeitlichen Grenzen sprengen, die hier gesetzt wurden, gilt es hier doch, auf eine weitere Befestigung hinzuweisen: die „Schwedenschanze“, die im Gegensatz zu vielen anderen „Schwedenschanzen“ diese Bezeichnung zu Recht trägt. Im Jahr 1636, inmitten des Dreißigjährigen Krieges (1618–1648), versuchten schwedische Truppen, die Stadt aus katholischer Hand zurückzuerobern. Die Schanze diente dabei als Beobachtungspunkt.

Wohl nicht unmittelbar der Dölauer Heide zugerechnet werden kann ein riesiger Menhir, der den Namen „Steinerne Jungfrau“ trägt (Abb 39).

Abb. 38 Halle (Saale). Dölauer Heide, Grabhügel.

Noch heute gilt er mit seinen 5,5 m Höhe als zweithöchster Deutschlands. Bis 1890 betrug seine Höhe von ca. 7,5 m; durch Erosion brachen dann Teile ab.
Was sich heute als einzelnes Monument darstellt, war bis in das Jahr 1840 hinein eine Gruppe aus drei Steinen. Eine Karte aus dieser Zeit legt dies nahe. Es lässt darauf schließen, dass hier eine Kultstätte existierte, die bis etwa 2000 v. Chr. zurückreicht.
Eine mittelalterliche Tradition kann sicher mit dem Menhir verbunden werden. Er diente als „Nagelstein", mit dem sich ein gewisser Übel abwehrender Aberglaube verbindet. Darüber hinaus steht er auch im Zusammenhang mit Gottesurteilen.

Das Denkmal ist relativ schwierig zu erreichen. In Dölau fährt man die Neuragoczystraße nach Norden. Am Ende einer Kleingartenanlage biegt man rechts ein. Diesem Weg ist bis zum Ende zu folgen. Dort steht etwas erhöht der Menhir.

Literatur

B. Wemhöner/R. Schwarz, Halle und der Saalekreis, in: Landesamt für Denkmalpflege und Archäologie/ Landesmuseum für Vorgeschichte (Hrsg.). Routen der Archäologie 1 (2006) S. 84–105. 123–126; E. Schröter, B 20 Dölauer Heide, in: J. Herrmann, Archäologie in der Deutschen Demokratischen Republik (1989) S. 419–422.

Abb. 39 Halle (Saale). Dölauer Heide, Menhir „Steinerne Jungfrau".

Die Pfalzanlage auf dem Pfingstberg in Tilleda ist nicht nur die besterforschte Pfalz, sondern auch ein Zeugnis glanzvoller deutscher Geschichte, das sich mit so eindrucksvollen Persönlichkeiten wie der byzantinischen Prinzessin Theophanu, der Gemahlin Kaiser Ottos II. und Kaiserin, verbinden lässt.

26 TILLEDA – DIE KAISERPFALZ, EIN WICHTIGES MONUMENT DEUTSCHER GESCHICHTE

Sachsen-Anhalt

Etwa 250 m südlich von Tilleda liegt auf dem Pfingstberg eine der bestdokumentierten Pfalzanlagen Deutschlands. Archäologen konnten hier ungestört forschen, weil der Platz kaum neuzeitlichen Störungen ausgesetzt war.

Geschichte

Die ältesten archäologischen Spuren führen zurück bis in die späte Bronzezeit. Eine große Höhensiedlung, die sich über die gesamte Fläche der späteren Pfalz erstreckte, ließ sich nachweisen. Deren Bewohner hatten nämlich die günstige Lage des Platzes erkannt. Es gab aber keine Siedlungskontinuität.

Es sollte bis in 8. Jh. n. Chr. dauern, bis der Pfingstberg wieder in den Blick der Großen und Mächtigen geriet. Es entstand eine fränkische Befestigung, die sicherlich in Verbindung mit einer Landwehr, dem „Sachsengraben“, zu sehen ist.

Einen großen Sprung in der Entwicklung nahm der Platz, als er im 10. Jh. – wohl auf Anregung Heinrichs I. (ab 912 Herzog von Sachsen und von 919–936 König des Ostfränkischen Reiches) ausgebaut wurde. Dies fällt in eine Zeit der großen Unsicherheit, weil durch Einfälle der Ungarn immer wieder große Landstriche verwüstet wurden.

Endgültig aus dem Dunkel der Geschichte trat der befestigte Platz Tilleda im Jahr 972. Aus dem Ostfränkischen Reich war inzwischen das römisch-deutsche Kaisertum entstanden: Otto I. (ab 926 Herzog von Sachsen und König des Ostfränkischen Reiches), der Sohn Heinrichs I., war 951 König von Italien und 962 in Rom zum römisch-deutschen Kaiser gekrönt worden. Damit flammte ein Problem auf, das schon bei der Kaiserkrönung Karls des Großen im Jahr 800 entstanden war. Das byzantinische Kaisertum vertrat die Auffassung, es könne nur einen Kaiser geben, der in Konstantinopel residierte. Die Beilegung des Konfliktes bot sich letztendlich in einer Eheschließung zwischen dem Sohn Ottos I., Otto II., und einer byzantinischen Prinzessin, Theophanu. Mit

dieser Wahl hatte man aber eine bittere Pille schlucken müssen, weil Theophanu nicht „purpurgeboren“, sondern nur eine Nichte des Kaisers war. Für Theophanu musste der Umzug aus dem strahlenden Konstantinopel mit seinen prächtigen Bauten nach Deutschland auch nicht unbedingt die Erfüllung eines Traums gewesen sein.
Für die Ottonen sollte die Ehe ein Glücksfall werden; Otto II. verstarb früh und hinterließ einen unmündigen Erben. Jedoch gelang es der Kaiserin, mit den Mitteln der byzantinischen Politik wohl vertraut, den Herrschaftsanspruch für ihren Sohn zu bewahren.
Da die Eheschließung im Jahr 972 einem Staatsakt gleichkam, wurden die Einzelheiten in einer noch heute erhalten prunkvollen Heiratsurkunde vertraglich geregelt. Angesichts der damaligen Methoden der Politik, aber auch der geringen Lebenserwartung war es nötig, Theophanu für ihren Witwenstand abzusichern. In der Urkunde wurden ihr daher zahlreiche Güter, die über das ganze Reich verteilt waren, übereignet. Dazu zählte auch Tilleda. So kam es in der Folgezeit immer wieder zu Kaiseraufenthalten in der Pfalz.
Das Ende der Pfalzanlage zeichnete sich ab der Mitte des 12. Jhs. langsam ab. Zwar hielt sich Kaiser Friedrich I. Barbarossa 1147 noch einmal in Tilleda auf und sein Sohn Heinrich IV. versöhnte sich 1194 mit seinem Rivalen Heinrich dem Löwen. Jedoch hatte schon Barbarossa die nahegelegene Burg Kyffhausen ausbauen lassen, die die Funktionen von Tilleda übernahm. Als Konsequenz wurde der Ort von den Bewohnern verlassen, die in den heutigen Ort Tilleda umsiedelten. In der zweiten Hälfte des 13. Jhs. wurde der Ort vollständig aufgelassen und die vorhanden Bauten ausgeschlachtet. Statt höfischem Leben sollten nun Ackerbau und Viehhaltung das Antlitz des Platzes bestimmen.

Die Ausgrabungen

Der Platz war fast gänzlich aus dem Gedächtnis verschwunden. Erst 1871 lokalisierte der Heimatforscher Karl Meyer den Standort der Pfalz. Aber erst zwischen 1935 und 1939 wurden die ersten Ausgrabungen durchgeführt; der Zeitgeist beförderte das Projekt sicherlich. Nach einer längeren Unterbrechung durch den Zweiten Weltkrieg und die daraus resultierenden Folgen begann man 1958 mit neuen Untersuchungen, die bis 1979 dauern sollten. Das Resultat war einmalig, weil praktisch die ganze Pfalzanlage ausgegraben werden konnte.

Funde und Befunde

In ihrer Blütezeit umfasste die Pfalz eine Gesamtfläche von 6 ha, also von fast achteinhalb Fußballfeldern, die sich auf die untere Vorburg,

Abb. 40 Tilleda. Pfalzanlage, rekonstruiertes Zangentor.

die Vorburg und die Hauptburg verteilte. Einer der Ausgräber, P. Grimm, differenzierte hier. Er sah nämlich noch eine Mittelburg, für die ein kleinerer Teil der Vorburg abgetrennt wurde. In diesem Bereich konnte ein größeres Haus mit einer Fußbodenheizung freigelegt werden und wurde daher als Sitz eines Burgverwalters gedeutet. Interessant ist die Verteilung der Flächen: Auf die beiden Vorburgen entfallen nämlich 70 Prozent, die der Hauptburg ist hingegen mit nur 9 Prozent verschwindend gering. Die restliche Fläche wird von den Vereidigungsanlagen eingenommen.

In dieser Verteilung spiegelt sich auch die Funktion der Pfalz. In den beiden Vorburgen war der Raum für die Wirtschaftsbetriebe, die für die Hofhaltung des Reisekaisertums nötig waren.

Blickt man auf die Topografie, so wird schnell deutlich, dass die Verteidigungsanlagen recht unterschiedlich ausfallen konnten. Im Norden und Osten gibt es Steilhänge, im Süden findet sich ebenfalls ein Hang. So musste nur im Westen eine massive Befestigung angelegt werden, eine Mauer, die 2,5 m stark und wohl 5 m hoch war.

Der Hauptzugang lag im Nordwesten und bestand aus einem „Fang-“ oder „Zangentor“. Dabei begrenzen Mauern den Zugang nach innen, die zusätzlich die Breite des Durchgangs um fast die Hälfte (von 4,70 m auf 2,4 m) reduzierten. Den Abschluss bildete ein heute rekonstruierter Torturm (Abb. 40).

Ein weiterer Zugang zur Burg fand sich im Südwesten. Es handelte sich dabei um eine kleine Pforte, die durch ein Wachhaus gesichert war. Sie

wurde zur Wasserversorgung benötigt, denn innerhalb der Befestigung gab es keinen Brunnen, eine Schwachstelle der Anlage. Das Wasser musste aus der am Fuße des Hangs fließenden Wollweda entnommen werden.
Entlang der Wehrmauer konnte eine Reihe von mindestens fünf Häusern ausgegraben werden, die als Wachhäuser und Arsenale gedeutet werden. Diese auf einem Steinsockel in Holz-Lehm-Bauweise errichteten Gebäude sind heute ebenfalls als Rekonstruktion zu sehen.
Sowohl die untere Vorburg als auch die Vorburg darf man sich nicht als leere Fläche vorstellen. Der südöstliche Teil der unteren Vorburg scheint aber nicht so dicht besiedelt gewesen zu sein wie der Rest. Bei den 214 ausgegrabenen Gebäuden handelt es sich überwiegend um Grubenhäuser, die sowohl als Wohn- als auch Wirtschaftsgebäude dienten. Sie stammen aus dem 10./11. Jh. Aufgrund der hier gemachten Funde können auch Aussagen über das Wirtschaftsleben gemacht werden. Es wurden Tuchmachereien freigelegt, eine Töpferei und Zeugnisse der Eisenverarbeitung. Ein höfisches Umfeld spiegelt sich in der Produktion von Elfenbeingegenständen.
Spätere Wohngebäude, die in die zweite Hälfte des 12. Jhs. gehören, sind im Gegensatz zu den älteren oberirdisch angelegt. Ihr Grundriss ließ sich aber nicht eindeutig klären.
Deutlich vom Vorburgbereich abgesetzt war ursprünglich die Hauptburg, die über ein komplexes Graben-Wall-System verfügte. Der Zugang zur Hauptburg erfolgte über ein heute ebenfalls rekonstruiertes Kammertor, einer Holz-Stein-Konstruktion.
Größere Gebäudekomplexe in der Hauptburg sind der Palas, das herrschaftliche Wohngebäude, eine Kirche sowie eine Festhalle. Daneben konnten aber auch fünf Grubenhäuser nachgewiesen werden, die im Zuge von Umbau- bzw. Neubauarbeiten verfüllt und überbaut wurden.

Ein wichtiger Schritt zur Präsentation des Platzes erfolgte aber erst 2001. Die damals noch selbständige Gemeinde Tilleda beschloss die Errichtung eines Freilichtmuseums. In diesem Rahmen wurden mehrere Gebäude rekonstruiert, in denen die Lebenswelten des Hochmittelalters vorgestellt werden (zum Beispiel Weber). Darüber hinaus finden sich verschiedene Informationstafeln direkt bei den beschriebenen Objekten.

Freilichtmuseum Königspfalz Tilleda

Ernst-Thälmann-Straße 4c
06537 Kelbra
OT Tilleda
Tel. 034651-2923
http://m00011.unimy-hosting.de/pfalz-tilleda.de/cms/1/?i=1

Literatur

M. M. C. Dapper, Die ottonische Pfalz Tilleda, in: K. G. Beuckers (Hrsg.), Die Ottonen: Kunst – Architektur – Geschichte [2](2006) S. 265–266; H. Eberhardt/P. Grimm, Die Pfalz Tilleda am Kyffhäuser. Ein Führer durch Geschichte und Ausgrabung [6](2001).

Das mittelalterliche Städtchen mit seiner intakten Altstadt – aber auch bekannt durch das Outlet-Center in den malerischen Bauten im Stadtzentrum – lockt viele Besucher an. Wer sich aber darüber hinaus für Geschichte interessiert, muss unbedingt den Ortsteil Nöthen besuchen. Hier findet er eines der bedeutendsten römischen Heiligtümer des Landes.

27 BAD MÜNSTEREIFEL – NÖTHEN: DAS BESTERHALTENE MATRONENHEILIGTUM IN NORDRHEIN-WESTFALEN

Nordrhein-Westfalen

Zwischen Bad-Münstereifel-Nöthen und Nettersheim-Pesch liegt die als Addig bezeichnete Anhöhe, auf der sich das Heiligtum befindet. Aufgrund dieser Lage wird es in der Literatur gelegentlich auch der Gemeinde Nettersheim zugerechnet.

Ausgrabungen

Eine systematische Erforschung des Platzes erfolgte in den Jahren 1913–1918 durch Hans Lehner (1865–1935) in seiner Funktion als Direktor des damaligen Provinzialmuseums in Bonn, heute das Rheinisches Landesmuseum Bonn. Bei den umfassenden Ausgrabungen konnten die Strukturen eines Heiligtums freigelegt und teilrekonstruiert werden. Nachgrabungen im Jahr 1962 ermöglichten detaillierte Blicke auf die Geschichte des Ortes.

Funde und Befunde

Schon bei den Ausgrabungen Lehners wurde die Dimension des Heiligtums deutlich. Seine größte Ausdehnung betrug 100 × 34 m. Der Komplex wies eine Reihe von Gebäuden auf, die mit den Buchstaben A-N gekennzeichnet wurden. Von Bedeutung ist dabei aber, dass diese Bauten nicht alle gleichzeitig bestanden und in insgesamt drei Phasen unterteilt werden mussten. Die Phasen I und II wurden zugunsten der letzten Bauphase abgetragen. Die Rekonstruktion trägt diesem Umstand Rechnung, indem nur diese abgebildet wurde.
Die Periode I wird in die Mitte oder in die zweite Hälfte des 1. Jhs. n. Chr. datiert. In der Forschung wird aber vermutet, hier habe bereits vorher eine Kultstätte bestanden, die ohne Gebäude ausgekommen sei. Vielleicht handelte es sich um einen Baumkult.
In dieser Zeit existierte ein annähernd rechteckiger Platz, an dessen Westseite zwei kleine quadratische, umgangslose Tempel und ein

Speicherbau standen. Für diese Phase konnte außerdem ein Brunnen nachgewiesen werden. Insgesamt war das Heiligtum mit einer Art Zaun eingefriedet.

Die Periode II fällt mit ihrer Entstehung in die zweite Hälfte des 2. Jhs. n. Chr. Es setzte eine gewisse Monumentalisierung ein: der kleinere Tempel der Periode I wurde durch einen größeren Neubau ersetzt und der engere Tempelbezirk erhielt eine Umfassungsmauer, von der aber nur ein kleiner Abschnitt nachgewiesen werden konnte.

Ein grundlegender Wandel im Aussehen des Heiligtums folgte in Periode III, die auch als Endperiode angesprochen werden muss. Sie datiert in das zweite Viertel des 4. Jhs. n. Chr. Der gesamte ältere Baubestand wurde abgetragen, um Platz für die Neugestaltung zu schaffen.

Der nördlichste Bau war ein gallo-römischer Umgangstempel, dessen Cella 5,6 – 6,52 m maß und ausgemalt war (Abb. 41). Einen Eindruck, wie so etwas ausgesehen haben kann, vermittelt etwa der Tempel in Tawern (siehe Seite 113). Der Eingang war nach Osten orientiert. Um die Cella herum verlief ein Umgang, dessen Säulen eine Höhe von 3 m aufwiesen.

Nach Süden hin schloss sich ein großer, langgestreckter Hof an, der durch Mauern begrenzt war. Er wies eine beachtliche Größe von 22 × 27 m auf. Innerhalb dieses Bereiches fanden sich nur geringe Spuren einer Bebauung. In den Ecken im Nordosten und Südosten gab es

Abb. 41 Bad Münstereifel-Nöthen. Matronenheiligtum, gallo-römischer Umgangstempel. Die aufgestellten Weihesteine sind Kopien von Exemplaren aus Nettersheim.

wohl kleinere Räume und im nördlichen Hofbereich ein sehr kleines sechseckiges Gebäude, bei dem es sich vielleicht um einen Tempel handelte.

Der letzte Großbau in der Flucht, auch wieder nach Süden hin, ist ein ebenfalls fast quadratisches Gebäude mit einer Seitenlänge von 13,65 m, das im Westen um eine Apsis erweitert war. Wie schon beim Umgangstempel ließen sich Spuren von Wandmalerei beobachten. Darüber hinaus war der Innenraum durch Säulen dreischiffig gestaltet. Gedeutet wird dieser Bau als Basilica.

Weitere Gebäude, aus Fachwerk bestehend, sind nicht konserviert worden. Dies gilt auch für die Portikus, die mit ihrer Länge von 120 m den östlichen Abschluss des Heiligtums bildete. Sie ist jedoch durch Bepflanzung deutlich gemacht worden. Neben ihrer eigentlichen Funktion kann sich der Besucher sicher vorstellen, dass hier ein blühender Handel mit Andenken getrieben wurde, wie man es auch aus vielen anderen Heiligtümern kennt.

Literatur

A. Reis, Ein farbiger Weihaltar aus dem Matronenheiligtum bei Pesch, Bonner Jahrbücher 210/211 (2010/2011) S. 139–147; F. Biller, Kultische Zentren und Matronenverehrung in der südlichen Germania inferior. Osnabrücker Forschungen zu Altertum und Antike-Rezeption 13 (2010) S. 198–240; H. G. Horn, Bad Münstereifel-Nöthen. Römischer Tempelbezirk, in: H. G. Horn (Hrsg.), Die Römer in Nordrhein-Westfalen (2002) S. 342–345; W. Hilgers, Pesch. Römischer Tempelbezirk, in: W. Sölter (Hrsg.), Das römische Germanien aus der Luft (1983) 236–237.

Kult und Besucher

Haben wir uns bislang mit den baulichen Überresten des Heiligtums beschäftigt, bleiben noch zwei Fragen offen, von denen eine sicherlich elementar ist: Wer wurde hier verehrt?

Während der Ausgrabungen konnten rund 300 Bruchstücke von Inschriften geborgen werden, die zumeist zwischen 150–250 n. Chr. datieren. Sie bezeichnen die *Matronae Vocallinehae* oder *Vacallinae* als hier verehrte Gottheiten. Bei Matronen handelt es sich um mütterlicher Fruchtbarkeitsgöttinnen, die besonders in den westlichen Teilen des Römischen Reiches verehrt wurden. Ihre Beinnamen leiten sich oft von Gewässer- oder Stammesnamen ab.

Eine Analyse der Stifter von Altären und anderen Inschriftenträgern ließ auch auf die Benutzer schließen. Sie waren einheimischen Ursprungs und lebten in den Villen des Umlandes. Stärker frequentiert wurde das Heiligtum von den Bewohnern des *vicus* von Nettersheim.

Am Anfang stand ein Pfarrer, der sich aufgemacht hatte, das Aliso-Rätsel zu lösen. Statt des geheimnisvollen römischen Lagers entdeckte er eines der größten Militärlager römischer Zeit in Deutschland.

28 BERGKAMEN – OBERADEN: EIN RÖMISCHES LAGER AN DER LIPPE

Nordrhein-Westfalen

Oberaden, am östlichen Rand des Ruhrgebietes gelegen, ist heute ein Stadtteil von Bergkamen. Bis in das 19. Jh. hinein war es landwirtschaftlich geprägt. Danach bestimmte der Bergbau das Bild des Ortes bis zum Ende des 20. Jhs. Renaturierte Halden tragen mit dazu bei, dass sich Oberaden heute wieder als eher ländlich geprägt darstellt.

Forschungsgeschichte

In mehreren antiken Quellen wurde ein römisches Lager mit dem Namen Aliso erwähnt, das bei den Militäroperationen des Drusus eine wichtige Rolle spielte und von dem man kaum mehr wusste, als das es an der Lippe lag. Der evangelische Pfarrer Otto Prein (1867–1945), der sich leidenschaftlich für Archäologie interessierte, stieß bei der Suche nach Aliso im Jahr 1905 auf Spuren eines großen römischen Lagers. Erste systematische Untersuchungen fanden zwischen 1906 und 1914 statt, denen Grabungskampagnen in den 1930er- und 1960er-Jahren folgten. Im Jahr 1976 setzten neue Grabungen ein, die bis heute fortgeführt werden.

Funde und Befunde

Im Laufe der mehr als 100 Jahre währenden Forschungsgeschichte stießen die Archäologen auf einer Anhöhe südlich der Lippe auf ein römisches Lager, dessen Grundriss als Siebeneck angelegt war und damit topografischen Besonderheiten Rechnung trug. In der Literatur spricht man von Seitenlängen mit 840 × 680 m, also einer Gesamtfläche von ca. 56 ha – das entspricht gut der Fläche 78 Fußballfeldern. Damit war klar, dass hier nicht nur eine Legion gewesen sein kann, sondern mehrere hier stationiert waren. Man kann durchaus von zwei bis drei Legionen ausgehen. Eine genaue Angabe, wieviel Soldaten es wirklich waren, ist etwas problematisch: Die Sollstärke einer Legion betrug 6.000 Mann, doch muss diese Stärke nicht immer erreicht worden sein. Daneben gab es aber auch noch den für die Legionäre lebenswichtigen Tross,

Römerpark Bergkamen-Oberaden
Am Römerberg 1
59192 Bergkamen-Oberaden
http://www.roemer-park-bergkamen.de/

der für die hier stationierten Truppen durchaus 3.000 Mann stark gewesen sein könnte.

Die Befestigung des Lagers wies zwei Elemente auf. Die äußere Befestigungslinie bestand aus einem Spitzgraben mit einer Breite von 4 bis 5 m und einer Tiefe von 2 bis 3 m. Dem Graben folgte dann ein Holz-Erde-Mauer, die 3 m breit und zusätzlich alle 25 m mit einem Turm verstärkt war. Toranlagen fanden sich zu jeder Himmelsrichtung hin.

Weil die Fläche des Lagers bei den frühen Ausgrabungen noch nicht bebaut war, konnte man auch die Innenbebauung erforschen. Dabei zeigte sich, dass die Bebauung einem rechtwinkligen Muster folgte, wie man es bei einem römischer Lager erwarten konnte. Die Gebäude selbst bestanden aus einer Fachwerkkonstruktion, die schnell zu errichten war.

Gut erkennen ließen sich auch die einzelnen Gebäude des Lagers. Etwa im Zentrum der Anlage entdeckte man das *praetorium* mit einer Fläche von gut 2.400 m^2. Nach Süden hin – durch die *via principalis* vom Quartier des Kommandanten getrennt – erstreckte sich die riesige *principia*, die als Stabsgebäude das *praetorium* mit einer Fläche von 9.600 m^2, also deutlich mehr als die Fläche eines Fußballfeldes, übertraf.

Dass die höheren Offiziere auch im Lager nicht auf ihren gewohnten Komfort verzichten mussten, belegen fünf villenartige Häuser, die nach mediterranem Vorbild angelegt waren und sogar über von Säulenhallen eingefasste Gärten verfügten.

Die untergeordneten Offiziere und Mannschaften waren hingegen in Baracken untergebracht, die unmittelbar hinter der Umwallung gebaut worden waren.

Abb. 42 Bergkamen-Oberaden. Das Museum ist der Ausgangspunkt für den archäologischen Pfad zum Römerlager.

Sicherlich der Wohnsituation förderlich war auch die unterirdische Infrastruktur des Lagers. Weil der Boden aus Lehm besteht, stieß man bei den Ausgrabungen unter anderem auf hölzerne Drainagekanäle und Brunnen, deren Schacht durch Holzfässer gesichert war.
In all den Jahren, in denen die Archäologen in Oberaden geforscht haben, wurden nur wenige Funde gemacht, weil das Lager systematisch geräumt wurde. Die abrückenden Legionäre brannten die Gebäude nieder und vergifteten die Brunnen. Der Feind sollte nichts Nützliches mehr vorfinden.
Damit kommen wir auch zur Frage der Datierung. Die schriftlichen Quellen verweisen schon sehr deutlich auf Drusus und seine militärischen Operationen im Jahre 11 v. Chr. Diese Datierung konnte durch dendrochronologische Untersuchungen bestätigt werden. Der Zeitpunkt, wann das Lager aufgegeben wurde, dürfte in das Jahr 8 v. Chr. fallen, da sich nach dem Tod des Drusus ein Wechsel in der römischen Germanienpolitik einstellte.
Heute ist die Ausgrabungsstätte für den Besucher erschlossen (Abb. 42). Der „Römerpark", wie er offiziell bezeichnet wird, präsentiert anschaulich Teilrekonstruktionen der Befestigungen am früheren Nordtor und den Archäologischen Lehrpfad mit 15 Stationen.

Das Stadtmuseum zeigt in seinen Sammlungen verschiedene Schwerpunkte. Im Erdgeschoss werden römische Originalfunde, aber auch Rekonstruktionen, zum Beispiel die eines römischen Zeltes oder die Ausrüstung eines Legionärs, präsentiert. In der ersten Etage befindet sich die Stadtgeschichte und im Untergeschoss widmet sich das Museum dem Bergbau, der in der Region eine wichtige Rolle gespielt hat.

Stadtmuseum Bergkamen

Jahnstraße 31/
Museumsplatz
59192 Bergkamen
Tel.: 02306-3060210
http://www.stadtmuseum-bergkamen.de

Literatur

J.-S. Kühlborn, Oberaden, Stadt Bergkamen, Kreis Unna und Beckinghausen, Stadt Lünen, Kreis Unna. Römerlager in Westfalen 3 (2008).

Was in einer dunklen Zeit deutscher Geschichte begann, hat heute ein glückliches Ende mit eindrucksvollen Darstellungen zu Lebenswelten unserer Vorfahren gefunden.

29 OERLINGHAUSEN – VON EINER AUSGRABUNGSSTÄTTE ZUM ARCHÄOLOGISCHEN FREILICHTMUSEUM

Nordrhein-Westfalen

Oerlinghausen mit seiner reizvollen Altstadt liegt zwischen Bielefeld und Detmold innerhalb eines großen Naturschutzgebietes. Das Freiluftmuseum als einziges Museum der Stadt bietet dem Besucher die Möglichkeit, sich ein Bild von der Vergangenheit zu machen.

Entstehungsgeschichte

Am Anfang des Museums stand eine archäologische Ausgrabung: Im Jahr 1932 hatten Archäologen den Teil einer germanischen Siedlung freigelegt, die um die Zeitenwende existierte. Als in Oerlinghausen 1936 das 900-jährige Bestehen des Ortes vor der Tür stand, entschied man sich – ganz dem Zeitgeist entsprechend – die Siedlung wieder aufzubauen und mit dem Namen „Germanengehöft" zu versehen.
Zehn Jahre später mochte man sich mit dieser Geschichte nicht mehr zu identifizieren und beschloss den Abriss. Mit zunehmender zeitlicher Distanz, im Jahr 1961, kam es zu dem Beschluss, die Anlage erneut zu errichten. Archäologische Befunde, die diesen Wiederaufbau hätten rechtfertigen können, gab es aber nicht. Vielleicht war es ein Glücksfall, dass die Anlage im Jahr 1974 abbrannte und dann unter Berücksichtigung wissenschaftlicher Erkenntnisse neu entstand.

Was ist zu sehen – ein Überblick

Im Gegensatz zur früheren Gestaltung des Museumsgeländes, das 1,5 ha umfasst, werden verschiedene Zeitalter dargestellt. Am Anfang stehen dabei Rekonstruktionen einfacher Unterstände oder Hütten aus der Alt- und Mittelsteinzeit, die zusammen etwa den Zeitraum von etwa 10000–5500 v. Chr. umfassen. Welchen gewaltigen Sprung die Menschheit im Neolithikum, der Jungsteinzeit (ca. 5500–2200 v. Chr.), machte, spiegelt sich in einem eindrucksvollen Gebäude wider. Das Neolithikum darf man sicherlich als eine der spannendsten Phasen der Menschheitsgeschichte bezeichnen. Ackerbau und Viehzucht bildeten nun die Le-

Archäologisches Freilichtmuseum
Am Barkhauser Berg 2–6
33813 Oerlinghausen
Tel.: 05202-2220
http://www.afm-oerlinghausen.de/

Abb. 43 Oerlinghausen. Archäologisches Freilichtmuseum, Rekonstruktion eines sächsischen Langhauses aus dem 7./8. Jh.

bensgrundlage der Menschen. Jagd und Sammeln von Nahrung diente nur noch als Ergänzung.

Die Bronzezeit (ca. 2200–800 v. Chr.) war eine nicht minder aufregende Zeit, weil ein neuer Werkstoff, die Bronze, das Leben nachhaltig verändern sollte. Exemplarisch für diese Zeit in Westfalen rekonstruierte man ein Stallwohnhaus aus dem münsterländischen Telgte, das um 1500 v. Chr. datiert wird. Tier und Mensch teilten sich das Gebäude, eine Form, die noch viele Jahrhunderte lang genutzt wurde.

Die Eisenzeit – in Westfalen etwa 800 v. Chr. beginnend – findet im Museum ein eindrucksvolles Zeugnis: die Teilrekonstruktion einer Pfostenschlitzmauer, deren Vorbild vom nahegelegenen Tönsberg stammen. Dort finden sich die Reste einer gewaltigen Wallburg aus dem 3. Jh. v. Chr. mit einer Fläche von 15 ha. Wer von der Rekonstruktion beeindruckt ist, kann sich vom Museum aus zur Wallburg aufmachen und dort einem Lehrpfad folgen.

Das frühe Mittelalter – im Museum versteht man darunter die Zeit von etwa 430 bis 751 – spiegelt sich in einer Hofanlage wider, deren einzelne Bestandteile auf Befunden aus zwei Siedlungen basieren. Dabei handelt es sich um eine bedeutende Siedlung in Warendorf – vielen Reitsportbegeisterten als Sitz des Landgestüts NRW bekannt – und Halle-Künsebeck; beide Fundkomplexe stammen aus dem 7./8. Jh. Besonders beeindruckend ist etwa die Rekonstruktion eines sächsischen Langhauses (Abb. 43).

Literatur

K. Banghard, Archäologisches Freilichtmuseum Oerlinghausen – kompakt (2006).

„Das römische Volk revoltiert gegen den Papst", „Papst Leo ins Frankenreich geflohen – Karl empfängt den Papst wohlwollend in Paderborn!"– so hätten Schlagzeilen im Jahr 799 aussehen können. Was hier aber verhandelt wurde, sollte die europäische Geschichte nachhaltig beeinflussen.

30 PADERBORN – DIE KAISERPFALZ: EIN ORT AN DEM EUROPÄISCHE GESCHICHTE GESCHRIEBEN WURDE

Nordrhein-Westfalen

Paderborn – die schönste Großstadt in Ostwestfalen-Lippe: so sieht sich die Stadt selbst. Zahlreiche prächtige historische Bauten, der eindrucksvolle Dom und zahlreiche Museen laden zum Bummel und Verweilen ein.

Historischer Überblick

Grundlegend für die Geschichte Paderborns sind die Pfalz Karls des Großen und die Geschichte der Sachsenkriege. Die Sachsen, vom Norden kommend, siedelten sich im 7. Jh. hier an. Sie waren kein homogenes Volk; es handelte sich vielmehr um einzelne Stämme. Sie hatten natürlich auch nichts gemein mit dem heutigen Land Sachsen oder dessen Einwohnern. Wir wollen aber an dieser Stelle der Einfachheit halber den Begriff Sachsen verwenden.

Die Sachsen hielten nachhaltig an ihren alten Traditionen fest, sei es, dass sie an ihre alten Götter glaubten, oder dass sie immer wieder in fränkisches Reichsgebiet eindrangen. Im Jahre 772 hatte der fränkische König Karl genug von diesen Übergriffen und eröffnete eine Reihe von Kriegen, die sich bis 804 hinzogen. Auf die Einzelheiten der brutal geführten Kriege muss hier nicht eingegangen werden. Entscheidend ist, dass Karl an den Quellen der Pader in den 770er-Jahren eine Befestigung einschließlich Pfalz anlegen ließ. Diese wurde mehrfach zerstört. Daher gehen die karolingischen Überreste auf einen Wiederaufbau in den 90er-Jahren des 8. Jhs. zurück.

Dies war also der Ort, an dem im Jahre 799 europäische Geschichte geschrieben werden sollte. Papst Leo III. (795–816) war einer Verschwörung der Verwandten seines Vorgängers zum Opfer gefallen. Sie hatten versucht, ihn während einer Prozession zu verstümmeln. Nach den damaligen Vorstellungen machte ihn dies für das Amt unwürdig. Um aber ganz sicher zu gehen, dass er nicht zum Gegenschlag ausholte, kerkerten ihn die Verschwörer auch noch ein. Aber Leo konnte unter dramatischen Umständen fliehen. Sein Ziel war Karl, der schon König

der Langobarden war und der in den 70er-Jahren des 8. Jhs. zum Schutzherrn der Kirche avancierte.
Das Treffen zwischen Papst und König fand in der Paderborner Pfalz statt. So reibungslos wie Leo sich seine Rückführung vorgestellt hatte, sollte es allerdings nicht gehen. Entscheidend war das Resultat: Es wurde eine Einigung darüber erzielt, dass Karl zum römischen Kaiser gekrönt werden sollte. Dies erfolgte schließlich am Weihnachtstag 800 in Rom. Die politischen Implikationen ließen nicht lange auf sich warten. Nach dem Ende des weströmischen Kaisertums im Jahr 476 n. Chr. vertrat das oströmische Kaisertum den alleinigen Anspruch auf diesen Titel und sah in der Erhebung einen Affront. Erst 812 sollte der byzantinische Kaiser Michael (811–813) den Anspruch Karls anerkennen.
Noch während der Regierungszeit Karls sollte Paderborn aufgewertet werden, indem es zum Bischofssitz wurde. Dies wirkte sich über die Jahrhunderte hinweg auf die Stadt aus.
Unter den Nachfolgern Karls wurde die Pfalz weiter genutzt. Der karolingische Bau hatte bis ins Jahr 1000 Bestand und ging wie auch der Dom dann bei einem großen Stadtbrand unter. Es folgte ein Neubau der Pfalz unter Heinrich II., der vermutlich 1002 abgeschlossen gewesen sein dürfte, weil dessen Gemahlin Kunigunde hier gekrönt wurde. Der Dom sollte erst zwischen 1009 und 1015 wieder entstehen.
Zur weiteren Geschichte der Stadt lässt sich festhalten, dass sie weitgehend das Schicksal einer deutschen Stadt mit Stadtbränden, Seuchen und Kriegen durchlebte, in deren Verlauf die Lage der einst prächtigen Pfalzanlagen gänzlich aus dem Gedächtnis der Menschen verschwand.

Ausgrabungen

Aus den schriftlichen Quellen war ja längst bekannt, dass Karl der Große in Paderborn eine Pfalz errichten ließ und auch Heinrich II. hier residierte. Aber eindeutige archäologische Belege gab es dafür nicht; ein einziger Torbogen bot eine gewisse Möglichkeit, deren Existenz anzunehmen.
Anfang der 1960er-Jahre plante das Domkapitel zu Paderborn, die Fläche nördlich des Doms neu zu gestalten und 1963 sollte dann die Umsetzung erfolgen. So bot sich den Archäologen des Landschaftsverbandes Westfalen-Lippe die einzigartige Gelegenheit, nach Spuren der Vergangenheit zu suchen. Wilhelm Winkelmann als zuständiger Archäologe stieß dabei auf zahlreiche Mauerreste. Darunter befanden sich auch Strukturen, die er zunächst mit der Pfalzanlage Heinrichs II. in Verbindung brachte, dann aber weitere Mauern der Pfalz Karls des Großen zuordnen konnte. Diese Befunde lösten damals nicht nur in der Fachwelt, sondern auch in der breiten Öffentlichkeit großes Interesse

aus. Selbst die Politik eilte nach Paderborn: der damalige Bundespräsident Gustav Lübke und der Ministerpräsident des Landes Nordrhein-Westfalen, Hans Kühn, besuchten die Ausgrabungen.

Bei den Ausgrabungen, die erst 1978 abgeschlossen wurden, zeichnete sich ein sehr unübersichtliches Gewirr von sich überschneidenden Mauern aus vielen Jahrhunderten ab.

Aber wie das in der Archäologie häufig der Fall ist, sollte eine gründliche Aufarbeitung der Funde und Befunde noch viele Jahre auf sich warten lassen. Erst 1995 standen die finanziellen Mittel bereit, um die riesige Grabungsdokumentation mit schriftlichen Aufzeichnungen, Plänen und Fotos aufzuarbeiten. Dazu kam noch die eindrucksvolle Zahl von 100.000 Fundstücken, die in 5.500 Kisten lagerten. Abgeschlossen wurde das Projekt erst im Jahr 2005. Was bis dahin als gesichert angesehen wurde, musste teilweise revidiert werden.

In der breiten Öffentlichkeit erregte besonders ein Befund Aufmerksamkeit. Winkelmann glaubte nämlich, den Unterbau des in den Quellen genannten Throns identifiziert zu haben. Bei einer Ausstellung im Römisch-Germanischen Museum in Köln mit dem Titel *Ein neues Bild der Alten Welt* in der Mitte der 1970er-Jahre rekonstruierte man Po-

Abb. 44 Paderborn. Kaiserpfalz, im Vordergrund Reste der karolingischen Anlage, im Hintergrund die heute als Museum genutzte rekonstruierte Pfalz aus der Zeit Heinrichs II.

dium und Thron; dabei diente der Thron aus Aachen als Vorbild. Bei der Aufarbeitung der Befunde kam man allerdings zu dem Ergebnis, dass es sich bei dem Podium um eine Treppe zu einer Kirche des 9. Jhs. handelte.

Mit der Aufarbeitung wurde aber deutlich, dass die karolingische Pfalz im Laufe ihrer Geschichte fünf Bauphasen aufwies. Die erste Pfalzanlage entstand im Jahr 776. Das Land war nach dem ersten Sachsenkrieg verwüstet und musste dringend eine Machtbasis errichten.

Der zweiten Bauphase, die in das Jahr 799 gesetzt wird und Schauplatz des denkwürdigen Treffens zwischen Karl und Papst Leo ist, war geprägt von einem großem Kirchenbau, einem Vorgänger des heutigen Doms, einer Klausur – das ist etwas vereinfacht ein Kloster – und einer Aula, einem wichtigen Bestandteil des Palastes. Wie reich der Palast zu dieser Zeit ausgestattet war, lässt sich im *Paderborner Epos* – einer zeitgenössischen Schilderung der Ereignisse – nachlesen, auch wenn es sich dabei um ein Loblied auf Karl handelt. Die archäologischen Befunde jedenfalls spiegeln den Luxus wider: Es gab offenbar Glasfenster und die Wände waren mit Malerei geschmückt.

Gut eine Generation später – im Jahr 836 – sollte eine weitere Umgestaltung der Pfalzanlage erfolgen, die als dritte Bauphase verstanden wird. Anlass war dabei die Überführung der Reliquien des Heiligen Liborius von Le Mans nach Paderborn. Die Aula und die umgebaute Kirche verband man miteinander.

In der zweiten Hälfte des 9. Jhs. und im 10. Jh. wurden Teile der Pfalz aufgegeben (Bauphase IV). Dies wird als Indiz gesehen, dass Paderborn zu dieser Zeit im politischen Leben keine bedeutende Rolle spielte.

Erst gegen Ende des 10. Jhs. setzte eine erneute Bautätigkeit ein: Bischof Rethar ließ 983 Baumaßnahmen an der Kirche durchführen und eine neue Verbindung zur Aula herstellen. Für die karolingische Pfalz war dies die letzte, fünfte Phase, die im Jahr 1000 endete.

Ein teilweiser Wiederaufbau der Pfalz im Zusammenhang mit der Krönung Kunigundes im Jahr 1002 ist sicher. Wenige Jahre später erfolgten dann der Totalabriss der karolingischen Pfalzreste (Abb. 44) und der vollständige Neubau. Dessen Reste waren bei der Ausgrabung so umfangreich, dass man auf ihnen Teile der Pfalz rekonstruieren konnte und die heute als Museum dienen (Abb. 45).

Museum in der Kaiserpfalz

Am Ikenberg 2
33098 Paderborn
Tel.: 05251-105110
http://www.kaiser-pfalz-paderborn.de/

Das Museum in der Kaiserpfalz nähert sich einem der spannendsten Kapitel deutscher und europäischer Geschichte in sieben Abteilungen, die den Zeitraum vom 8. bis zum 17. Jh. abdecken. Dazu kommt ein Bereich, der sich mit den Ausgrabungen der Pfalz beschäftigt.

Die letztgenannte Abteilung macht den Anfang; sie ist im Museums-Foyer eingerichtet. Der Besucher sollte sich die Zeit nehmen, das große

Luftbild näher zu betrachten. So wird deutlich, was karolingischer und was ottonisch-salischer Bestand der Pfalz ist.
Die Ausstellung in der „Kleinen Aula" beschäftigt sich mit der Herrschaftsausübung während des Mittelalters. Kaiser und Könige reisten durch die Lande und regierten ihr Reich vom Pferd aus. In der Ausstellung wird die Bedeutung der Pfalzen für diese Art der Regierung dargestellt.
Das Zwischengeschoss ist den Funden aus der karolingischen Pfalz gewidmet. Neben Zeugnissen aus dem herrschaftlichen Bereich (wertvolle Gefäße, Fensterglas und bemalter Wandverputz) finden sich genauso Zeugnisse des Handwerks, so zum Beispiel Werkzeug.
Im Untergeschoss des Museums finden sich Themen, die etwa die Beziehung der Franken und Sachsen in Westfalen beleuchten. Ein Bereich, der einen Schatten auf Karl zu werfen scheint, ist die Problematik der Sachsenkriege und die Christianisierung der Sachsen; Karl hatte diese Kriege im Zeichen des Glaubens mit brachialer Gewalt geführt, wie man aus dem einen oder anderen Ausstellungsstück erkennen kann.
Zwei Bereiche beschäftigen sich mit dem Thema, wie die Menschen im Mittelalter lebten. Durch archäologische Funde wird im Museum ein Bild gezeichnet, unter welchen Bedingungen die Masse der Bevölkerung – Bauern – existierte.
Der andere Komplex betrifft die Stadtwerdung Paderborns. Aus dem Kernbereich der Pfalz und der Kirche heraus entwickelt sich im 10. und 11. Jh. städtisches Leben.
Schließlich gewährt die Abteilung Stadtarchäologie einen tiefen Einblick in das Leben der Paderborner Bürger im Spätmittelalter und in der frühen Neuzeit. Die ausgestellten Objekte – etwa kostbare Gläser oder Spielsteine – stammen aus Stadtkerngrabungen.

Literatur

S. Gai/B. Mecke/S. Käuper, Est locus insignis ... : die Pfalz Karls des Großen in Paderborn und ihre bauliche Entwicklung bis zum Jahre 1002; die Neuauswertung der Ausgrabungen Wilhelm Winkelmanns in den Jahren 1964–1978 (2004); M. Balzer, Die karolingische und die ottonisch-salische Königspfalz in Paderborn [2](1981).

Abb. 45 Paderborn. Museum in der Kaiserpfalz.

Im Weltkulturerbe Mittleres Rheintal liegt an den Gestaden des Rheins das vom Weinbau geprägte Städtchen Boppard. Dass schon die Römer die verschiedenen Vorzüge des Ortes zu schätzen wussten, zeigen eindrucksvolle Reste römischer Kastellmauern.

31 BOPPARD – DIE WACHT AM RHEIN IN RÖMISCHER ZEIT

Rheinland-Pfalz

Boppard – heute aus zehn Ortsteilen bestehend – bietet dem Reisenden mit romantischen Fachwerkbauten und Gässchen eine Idylle. Auch über das römische Erbe hinaus, lohnt sich ein Besuch.

Historischer Überblick

Ein sensationeller Fund im Jahr 2001 ließ Boppard gut 10.000 Jahre älter werden. Bis zu dem Jahr war man davon ausgegangen, Spuren menschlicher Aktivitäten ließen sich bestenfalls bis in keltische Zeit zurückverfolgen. Diese Ansichten mussten die Archäologen aber revidieren, weil in einer Baugrube Funde aus der jüngeren Altsteinzeit als Tageslicht kamen. So sensationell die Funde für Prähistoriker auch sein mögen, so erlauben sie aber nicht, hier von einer ständigen Anwesenheit des Menschen auszugehen.
Selbst eine Siedlungstradition in keltischer Zeit stützt sich auf Vermutungen: Der römische *vicus* im Gebiet des heutigen Boppard trug den Namen Baudobriga oder Bodobriga. Daraus schloss man auf eine keltische Siedlung.
Der *vicus* entwickelte sich während der Kaiserzeit im üblichen Rahmen. Vom Ortsbild her war er eine Straßensiedlung mit kleinen Häusern, die teilweise über ausgebaute Keller verfügten. Die archäologischen Befunde belegen derzeit dessen Existenz vom 1. bis zum 3. Jh. n. Chr. Dieser zeitliche Ansatz würde auch dem historischen Kontext entsprechen, weil nämlich um 260 n. Chr. Einfälle der Germanen in römische Territorium stattfanden und sich diese wiederholten.
Die Römer versuchten aber immer wieder, die Germanengefahr zu bannen. Kaiser Constantius II. (reg. 337–361 n. Chr.) und sein Nachfolger Julian Apostata, der von 360 bis 363 als Kaiser regierte, jedoch schon als Caesar ab 355 für die Sicherung der Grenzen verantwortlich war, schützten die Grenze, indem sie Kastelle anlegen ließen. In diesen Kontext gehört auch die Errichtung des Kastells in Boppard. Eine präzise Datierung ist aber nicht möglich, weil Funde und Befunde ein etwas

widersprüchliches Bild abgeben. Die Spanne reicht von 341 bis 359 n. Chr. Eine abweichende Datierung aufgrund eines Münzfundes, der bei Ausgrabungen am römischen Westtor gemacht wurde, geht von einer frühkonstantinischen Entstehungszeit des Kastells aus.
Aber unabhängig davon, wann das Kastell errichtet wurde, wissen wir, welche Truppen hier stationiert waren. Die *Notitia Dignitatum* benennt die Truppe als *milites balistarii*. Bei dieser Einheit handelt es sich um eine Art Festigungsartillerie.
An der Wende vom 4. zum 5. Jh. wurden die regulären Truppen am Rhein abgezogen. Die ansässige Zivilbevölkerung suchte den Schutz der Lagermauern, so auch in Boppard. Ziviles Leben dokumentierte sich u. a. in der Errichtung einer Kirche. Der weitere Verlauf der Stadtgeschichte wurde durch die fränkische Landnahme bestimmt: es entstand 643 ein Königshof. In der *Cosmographia* des Anonymus von Ravenna, die um 700 entstand, wird der Ort noch als befestigte Siedlung bezeichnet. Dieser Status wurde bewahrt und die römischen Kastellmauern boten noch viele Jahrhunderte lang bis in das 12. Jh. Schutz vor Angreifern.

Funde und Befunde

Das eindrucksvollste Zeugnis römischer Zeit sind die Kastellmauern, die mit zu den besterhaltenen nördlich der Alpen zählen (Abb. 46). An manchen Stellen besitzen sie noch heute eine Höhe von 9 m. Vom Grundriss her handelt es sich bei dem Kastell um ein Rechteck mit den Maßen 308 × 154 m. Das macht eine Fläche von 4,7 ha oder von gut 6 Fußballfeldern aus. Die Mauer wurde durch 28 Türme verstärkt, die in einem Abstand von 27 m angelegt wurden. Die Mauern, auf sorgfältig angelegten Fundamenten errichtet, bestehend aus einem Schalenmauerwerk mit Gussbeton. Die Mauerstärke liegt bei etwas über 3 m. Die Oberflächen der Mauern wurden im Mittelalter teilweise mit anderem Steinmaterial verblendet.
Während in der Vergangenheit oft recht großzügig mit den römischen Überresten umgegangen wurde, so hat sich heute ein neues Verständnis für die Vergangenheit herausgebildet: Es ist ein archäologischer Park entstanden. Informationstafeln geben Auskunft über die Anlagen. Aber nicht nur die Kastellmauern sind hier erfasst, auch Gräber wurden im Bereich des Parks konserviert.
Mauerreste lassen sich noch innerhalb der Altstadt beobachten. Viele Häuser nutzten früher die römischen Mauern, indem man die Gebäude an diese anlehnte und so Kosten sparen konnte. Vielleicht gibt es noch mehr Römisches zu sehen, wenn mal wieder ein altes Gebäude weichen muss.

Museum der Stadt Boppard
Burgplatz
56154 Boppard
Tel.: 06742-10369
http://www.museum-boppard.de/

Abb. 46 Boppard. Spätrömisches Kastell, Mauerabschnitt mit Türmen.

Von der Innenbebauung des Kastells hat sich nichts Sichtbares erhalten und es ist auch nur wenig erforscht. Als man zwischen 1963 und 1966 in der unmittelbar an der römischen Nordmauer gelegenen St. Severus-Kirche Arbeiten durchführte, stieß man auf das Kastellbad, dessen Grundriss geklärt werden konnte.

Zur Kirche selbst ließ sich festhalten, dass es sich um eine Saalkirche handelte, die 32 m lang und 9 m breit war. Die Apsis im Osten nutzte eine entsprechende römische Vorgängerkonstruktion als Fundament. Nachgewiesen werden konnten im Innenraum auch ein Bema oder Ambo mit einem schlüssellochförmigen Grundriss; beide Bezeichnungen stehen für eine Art Kanzel. Im Westen war von der eigentlichen Kirche ein Raum abgetrennt, der als Taufkapelle diente. In der Mitte wurde das Taufbecken mit einem Durchmesser von 1,30 m entdeckt, dessen äußerer Rand mit sieben halbkreisförmigen Ausnischungen versehen ist. Hier fanden sich auch die Einlassspuren für einen Überbau aus Holz. Eine Stufe im Inneren des Beckens erlaubte es dem Täufling, in das Becken zu steigen; im frühchristlichen Ritus gab es schließlich die Ganzkörpertaufe. Nach Abschluss von Renovierungsarbeiten im Jahr 2010 ist das Taufbecken für den Besucher zugänglich. Abgesehen von diesem frühen Zeugnis des Christentums stellt die Kirche ein bedeutendes Zeugnis spätromanischer Architektur dar und gehört zum Weltkulturerbe der UNESCO. Im Jahr 2015 erfuhr St. Severus eine kirchenrechtlich bedeutende Aufwertung: Papst Franziskus erhob sie zur *basilica minor*.

Das Museum befindet sich in der Kurfürstlichen Burg unmittelbar am Rheinufer und ist Zeugnis eines Engländers auf dem römisch-deutschen Königsthron, dem Neffen des legendären englischen Königs Richard II. Löwenherz, Richard von Cornwall (reg. 1257–1272). Der 1265 begonnene Bau wurde im Laufe der Jahrhunderte mehrfach verändert und unterschiedlich genutzt, bis er vor etwa 100 Jahren in ein Museum umgewandelt wurde. Eine gründliche Sanierung erfolgte zwischen 2009 und 2015 (Abb. 47).

Die Sammlungen des Museums umfassen Funde aus der Vor- und Frühgeschichte einschließlich römischer Objekte (unter anderem auch aus dem Kastellbad), Zeugnisse der Stadtgeschichte, Sakralkunst des Mittelalters und bildende Kunst. Ein Schwerpunkt der Sammlung wird von Thonet-Möbeln gebildet, von denen das berühmteste Modell wohl der Wiener Caféhaus-Stuhl ist. Dieser Schwerpunkt erklärt sich daher, dass der Firmengründer seine erste Werkstatt in Boppard hatte.

Literatur

H.-H. Wegner, Boppard SIM, in: H. Cüppers (Hrsg.), Die Römer in Rheinland-Pfalz (2002) S. 344–346 Abb. 235–236; H. E. Mißling (Hrsg.), Boppard – Geschichte einer Stadt am Mittelrhein (1997).

Abb. 47 Boppard. Blick auf die Stadt mit der Kurfürstlichen Burg direkt am Rhein, heute das Städtische Museum.

Auf dem höchsten Berg der Pfalz liegen eingebettet in die Tiefen des Waldes die Überreste einer großen keltischen Siedlung – ein ideales Ziel für geschichtsinteressierte Wanderer. Info-Tafeln führen zu den wichtigsten Punkten dieser ausgedehnten frühgeschichtlichen Siedlung.

32 DANNENFELS – DER DONNERSBERG: EIN KELTISCHES OPPIDUM DER SUPERLATIVE

Rheinland-Pfalz

In der Nähe des Örtchens Dannenfels, westlich von Worms gelegen, erhebt sich der Donnersberg mit einer Höhe von 685,5 m (Abb. 48). Von hier aus ließ sich die Kaiserslauterner Senke kontrollieren, was sicherlich zur Blüte der Siedlung beitrug.

Forschungsgeschichte

Archäologische Untersuchungen auf dem Donnersberg fanden schon gegen Ende des 19. Jhs. statt, die jedoch nur wenig Aufschluss über die Ort lieferten. Erst am Anfang des 20. Jhs. erfolgten Ausgrabungen, die die Funde als Reste eines keltischen Oppidums identifizierten. Wie bei vielen anderen archäologischen Stätten trugen wohl die Zeitumstände dazu bei, dass sich erst 1974 Archäologen wieder mit der Siedlung auf dem Donnersberg beschäftigten. Die Forschungen mit dem Spaten endeten 1983. Bei all diesen Untersuchungen setzten die Bedingungen vor Ort den Ausgräbern enge Grenzen: Die Bodenbedingungen, die Größe und der Erhaltungszustand der Anlage und der so romantische Wald ließen kaum Ausgrabungen im Innenbereich zu. Man musste sich weitgehend mit der Erforschung der Befestigungsanlagen begnügen. Aber die Ergebnisse der Ausgrabungen erlaubten es dennoch, nach 1985 dem Besucher durch Rekonstruktionen und die Anlage eines Rundwanderwegs ein anschauliches Bild des spätkeltischen Oppidums zu geben.

Abb. 48 Dannenfels. Blick von Osten auf den Donnersberg.

Funde und Befunde

Die archäologische Stätte auf dem Donnersberg weist eine komplexe Siedlungsgeschichte auf. Sie lässt sich grundsätzlich in zwei Phasen teilen: einmal in die Voroppida-Zeit und in die Oppidazeit. Es wäre logisch, wenn man mit der älteren Phase beginnen würde. Einen besseren Überblick gewinnt man aber, wenn mit dem Oppidum begonnen wird.

Zur Zeit des Oppidums

Um das Jahr 130 v. Chr. entstand auf dem Bergplateau das Oppidum mit einer Gesamtfläche von 240 ha; das entspricht der Fläche von 336 Fußballfeldern. Mit dieser Fläche zählt die Siedlung zu den größten ihrer Art. Nicht minder beeindruckend ist auch die Länge der Befestigungsanlagen mit 8,5 km. Das Siedlungsareal ist in ein West- und ein Ostwerk unterteilt, zu denen sich noch andere Strukturen gesellen, so der Zwischenwall. Generell lässt sich sagen, dass alle Befestigungsmauern als Pfosten-Schlitzmauern (Abb. 49) errichtet wurden.

Das Westwerk nimmt ungefähr die Hälfte der Fläche ein. Die Befestigungsanlage, die diesen Bereich umschließt, war bautechnisch wohl nicht so gut ausgeführt und maß – im Gegensatz zum Ostwerk – an der Basis

Abb. 49 Dannenfels. Donnersberg, rekonstruierte Pfosten-Schlitzmauer des Oppidums.

nur 6 m und wies vermutlich eine Höhe von 2 m auf. Man darf sich aber durchaus noch eine hölzerne Palisade oder Brustwehr darauf vorstellen. Der Zugang zum Westwerk erfolgte durch ein Zangentor im Südwesten; der Durchgang zum Ostwerk bestand aus einem einfachen Durchbruch.
Die Fundarmut und die geringe Dimensionierung der Befestigung lässt vermuten, dass hier Weiden vorhanden waren oder/und der Platz als Fluchtburg für die Landbevölkerung diente. Wenn die Landbevölkerung eine größere Zahl aufwies, dürfte es hier trotz der zur Verfügung stehenden Fläche recht ungemütlich gewesen sein: Die Menschen mussten sich diesen Raum mit ihren Tieren teilen, die sie einmal als Vorrat und zum anderen als ihr kostbarstes Gut mitbrachten.
Das Ostwerk setzt sich deutlich vom Westwerk ab. Seine Befestigung war größer dimensioniert: die Mauer wies eine Höhe von 4 m auf und die Wallschüttung erreichte eine Stärke von 7 m. Sie wies außerdem mehrere Bauphasen auf, bei denen jeweils eine Fassade vorgesetzt wurde. Der Zugang erfolgte über drei Zangentore, von denen das südöstliche 2011 ausgegraben wurde und einen guten Eindruck vom Typus vermittelt.
Veränderte Bedingungen im Siedlungsverhalten führten zum Einbau eines Zwischenwalls im Ostwerk. Parallel dazu wurde das Westwerk aufgegeben. Auf diese Weise wurde die gesamte Siedlungsfläche stark reduziert. Um die Mitte des 1. Jhs. v. Chr. scheint das Oppidum ganz aufgegeben worden zu sein.

Wer aber hat hier gelebt? Unsere schriftlichen Quellen, die uns gelegentlich auch Auskunft über frühgeschichtliche Orte bieten, schweigen zur Siedlung auf dem Donnersberg. Selbst die Namensforschung, die sonst oft Hinweise auf die Bewohner gibt, liefert keine Ansatzpunkte. Aber aufgrund der Gesamtsituation gehen die Altertumsforscher davon aus, ein Teilstamm der Treverer, deren Hauptort das vorrömische Trier war, habe hier gelebt.
Das Oppidum muss bedeutend gewesen sein. In seiner Blütezeit wohnten hier mehrere tausend Menschen. Eine genauere Schätzung ist aber nicht möglich. Ihren Lebensunterhalt verdienten sie mit Handel und Handwerk; der Wohlstand war so groß, dass auch Güter wie Wein importiert wurden. Die Rolle des Ortes und seiner Oberschicht spiegelt sich auch in einem Umstand wider: Man prägte seine eigenen Münzen.

Die Zeit vor dem Oppidum

War oben bereits angedeutet worden, dass der Donnersberg eine beherrschende Position einnahm. Funde belegen daher schon eine punktuelle Besiedlung im Neolithikum (ca. 4300–3700 v. Chr.) und der späten Bronzezeit (1300–800 v. Chr.). Zu den älteren Spuren auf dem Plateau gehört auch der „Schlackenwall“ im Bereich des Ostwerks, der Bestandteil einer kleinen Höhenbefestigung der Hallstattzeit (um 800–450 v. Chr.) gewesen sei. Die ältere Forschung war der Ansicht, es handelte sich hier um eine Befestigung aus Rhyolith, einem dem Granit nahekommenden vulkanischen Stein, und Holz. Diese sei durch Feuer zerstört worden. Neueste Forschungen hingegen kamen zu einem anderen Ergebnis; der „Wall“ habe aus nichtverbrannten Steinen und Erde bestanden, die Schlacken würden hingegen auf eine nicht näher bestimmbare industrielle Produktion hinweisen.

Ebenfalls in die Zeit vor Anlage des Oppidums gehört eine „Viereckschanze“, die im Bereich des Ostwerks zu finden ist. Die ältere Forschung interpretiert diese als Kultstätten; die neuere Forschung hingegen sieht die Schanzen als Gutshöfe in gehobener Stellung.

Hier auf dem Donnersberg konnte eine Anlage teilweise untersucht werden, die eine Größe von 65 × 97 m aufweist. Sie besteht aus einem 5 m breiten und 1,8 m tiefen Graben, der vor einem Tor an der Südseite sogar 2,5 m tief war. Es schloss sich ein Wall an, der heute zwar nur noch mit einer Höhe von etwa 1 m erhalten ist, dessen belegte Breite aber bei 4–5 m liegt. Daher dürfte der Wall auch recht hoch gewesen sein.

Von der Innenbebauung her konnte ein etwa 5 × 5 m großes Gebäude beobachtet werden. Hält man an der alten Interpretation der Schanze als Kultstätte fest, so würde es sich hier um die „Kulthütte“ handeln.

Literatur

H. Müller, Die Kelten in Süddeutschland (2012) S. 41–48; A. Zeeb-Lanz, Der Donnersberg. Eine bedeutende spätkeltische Stadtanlage (2008); A. Zeeb-Lanz, Donnersberg: Spätkeltisches Oppidum, in: West- und Süddeutscher Verband für Altertumsforschung e. V./ Generaldirektion Kulturelles Erbe Rheinland-Pfalz/ Museum der Stadt Worms (Hrsg.), Archäologie zwischen Donnersberg und Worms. Ausflüge in altes Kulturland (2008) S. 129–132.

In eindrucksvoller Lage, dort wo Saar und Mosel zusammenfließen, liegen die Reste eines ausgedehnten antiken Palastes. Hier verbrachten römische Kaiser mit Gefolge ihren Sommerurlaub.

33 KONZ – WO RÖMISCHE KAISER ENTSPANNTEN

Auf einem schmalen Bergsattel oberhalb der Saarmündung in die Mosel liegen die Ruinen einer großen Palastvilla. Noch heute zeugen die Reste von ihrer Bedeutung.

Ausgrabungen

Mit der Wiederentdeckung der Antike wuchs auch das Interesse an römischen Ruinen in Deutschland. So verwundert es nicht, dass die Relikte in Konz das Interesse des Luxemburger Jesuiten und Humanisten Alexander Wiltheim (1604–1684) weckten. Dieser verfasste eine Art Bestandsverzeichnis aller römischen Altertümer in Luxemburg und im Trierer Raum mit überaus akkuraten Zeichnungen, so auch der Reste in Konz, die heute zum Teil noch mit einer Höhe von 8 m erhalten sind.
Um die Mitte des 19. Jhs. nahm sich die Trierer Gesellschaft für nützliche Forschungen der Ruine an, indem sie eine Fläche südlich der damaligen Pfarrkirche erwarb und in den Folgejahren konnten bei einer Friedhofserweiterung die Thermenanlagen der Villa untersucht werden. Was aber über Jahrhunderte erhalten blieb, sollte zwischen 1959 und 1961 zum Teil zerstört werden: Für einen Kirchenneubau wurden einige der gewaltigen Mauern bis zu den Fundamenten abgetragen. Allerdings konnten die Archäologen noch die Befunde (30 Räume) untersuchen. Verschiedene Mauerzüge sind im Pflaster des Kirchplatzes gekennzeichnet.

Befunde und ihre Deutung

Was aber lässt sich heute zur Villa sagen? Vom Bautyp her handelt es sich um eine Portikusvilla mit Eck- und Mittelrisalit; das sind Baukörper, die über die Fassadenlinie vorspringen. Der Plan folgt dem Streben nach Symmetrie, die aber nicht gänzlich eingehalten wird. Im Westen ist nämlich ein Thermenbereich angegliedert.
Der Kernbau der Villa misst 84 × 38 m, weist also eine Fläche von 3192 m^2 auf. Wichtigster Bestandteil und im Zentrum des Baus ist ein großer Apsidensaal, der einst den übrigen Baukörper überragte. In gewisser

St. Nikolaus-Kirche
Gartenstraße
54329 Konz
Tel.: 06501-2312
(Pfarramt, Voranmeldung ist nötig für den Zugang zu den Räumen unter der Kirche).

Abb. 50 Konz. Kaiservilla, Apsis des Frigidariums auf dem Friedhof der St. Nikolaus-Kirche.

Weise erinnert der Raum an die großartige Palastaula in Trier. Auch wenn die Villa vielleicht nur in den Sommermonaten genutzt wurde, so verzichtete man dennoch nicht auf eine Heizungsanlage.

Über die Ausstattung der Villa geben die Funde ebenfalls Auskunft. Es fanden sich Reste von Marmorarbeiten und bemalte Putzreste von Wänden und Decken. Heinz Cüppers (1929–2005), Direktor des Rheinisches Landesmuseums Trier, bezeichnete die Bemalung aber als schlicht. Das bedeutet aber nicht zwangsweise, dass hier ein einfacheres Leben herrschte. So fand man das Fragment eines Diatretglases, eines ganz speziellen Glases, über dessen Herstellung man bis heute noch keine Klarheit gewonnen hat.

Auch wenn Manches heute zerstört ist, bietet die Villa dem Besucher noch Einblicke in die Architektur. Von dem Thermenkomplex haben sich noch hochstehende Mauerreste der Badekonchen des Frigidariums erhalten (Abb. 50). Zur Moselseite hin sind die Stützmauer mit Portikus (Abb. 51) und die Eingangsseite des Apsidensaals erhalten. Der Besucher sollte hier verweilen und die beeindruckende Sicht genießen: Mosel und Saar, das Trierer Tal mit seiner ganzen Weite, das von wald- und weinbestandenen Hängen und Bergen begrenzt wird.

Daneben kann der Besucher in die Unterwelt der Villa eintauchen. Dazu muss man sich unter die Kirche begeben. Ein Heizungskeller mit

Präfurnium ist zu sehen und ein Blick auf die Hypokaustenheizung ist möglich.

Die Villenanlage lässt sich von ihrer Entstehungszeit sicher in die erste Hälfte des 4. Jhs. n. Chr. datieren und hatte wohl rund 100 Jahre Bestand. Wir können diesen Sommerpalast mit einem Namen in Verbindung bringen: Valentinian I. (reg. 364–375 n. Chr.). Dieser hielt sich in den Monaten Juni bis August des Jahres 371 an einem Ort mit dem Namen *Contionacum* auf; hier ließ er mehrere Erlasse ausfertigen und unterschrieb sie. Die Forschung ist sich einig, in diesem Namen die Villa zu Konz wiederzufinden. Neben diesen Belegen ist es vor allem auch eine Stelle bei Ausonius (um 310–393/394 n. Chr.), der in seinen „Mosella" (367–369) eben diesen Palast erwähnt. Ausonius war ein guter Kenner der Region, weil er von 365 bis 383 n. Chr. am kaiserlichen Hof zu Trier u. a. als Erzieher der Prinzen tätig war.

Literatur

H. Cüppers, Konz TR, in: H. Cüppers (Hrsg.), Die Römer in Rheinland-Pfalz (2002) S. 425 f. Abb. 337–338; K.-P. Goethert/K. J. Gilles, 161 Die Kaiservilla von Konz, in: Rheinisches Landesmuseum Tier (Hrsg.), Trier. Kaiserstadt und Bischofssitz. Die Stadt in spätantiker und frühchristlicher Zeit [2](1984) S. 310–314.

Abb. 51 Konz. Kaiservilla, Andeutung der Portikus mit einer Stahlkonstruktion, rechts davon die St. Nikolaus-Kirche.

Archäologie und Denkmalschutz standen im frühen 19. Jh. nicht immer im Interesse der Öffentlichkeit. Auch in Otrang erlaubte erst Mäzenatentum von höchster Stelle die Bewahrung eines sensationellen Fundes.

34 FLIESSEM – DIE RÖMISCHE VILLA VON OTRANG: PREUSSISCHES MÄZENATENTUM RETTETE EINE ARCHÄOLOGISCHE SENSATION

Rheinland-Pfalz

Das in der Eifel gelegene Fliessem mit seinen verschiedenen Ortsteilen ist ein beschaulicher Ort an der Kyll, der als Siedlung bis in das frühe 9. Jh. zurückreicht. Besonderes Augenmerk aber sollte der Besucher auf den Ortsteil Otrang mit seiner römischen Villa richten.

Forschungsgeschichte

Wie bei vielen archäologischen Fundstellen begann die Forschungsgeschichte mit einer Zufallsentdeckung: ein Bauer stieß im Jahr 1825 beim Pflügen auf Teile eines römischen Mosaiks und gab dies den zuständigen Stellen zur Kenntnis. In den folgenden Jahren wurden die ersten Untersuchungen durchgeführt. Sie brachten erhebliche Ergebnisse, sodass der damalige preußische Kronprinz und spätere König Friedrich Wilhelm IV. (reg. 1840–1858, gest. 1861) im Jahr 1833 oder 1838 (hier variieren die Daten in der Literatur) die Überreste der Villa besichtigen konnte und der preußische Staat das Gelände daraufhin erwarb. Mit preußischer Gründlichkeit wurden 1843 Ausgrabungen und eine Geländeaufnahme durchgeführt und über den Befunden Schutzbauten errichtet. Weitere archäologische Untersuchungen erfolgten 30 Jahre später – 1873 bis 1874. Bei diesen Grabungen ging man über den Kernbereich der Villa hinaus. Größere Forschungen fanden 1929 und 1935 statt.

Nach dem Zweiten Weltkrieg mussten an den heute unter Denkmalschutz stehenden biedermeierzeitlichen Schutzbauten und Befunden Sanierungsarbeiten durchgeführt werden. Besondere Aufmerksamkeit erfuhren die großartigen Mosaiken, die 1962 umfassend konserviert wurden. Im Jahr 2004 entstand in einem der Schutzbauten eine kleine Ausstellung, die über römisches Leben in Villen informiert. Aktuell werden neue Untersuchungen durchgeführt.

Villa von Otrang

Otranger Straße,
D-54636 Fließem,
Tel.: 06569-807, http://villa-otrang.de/

Funde und Befunde

Das Bild, das sich heute von der römischen Villa zeigt, ist überaus eindrucksvoll. Im Befund teilt sich die Anlage in drei Bereiche: Am Anfang steht das Herrenhaus, dem sich unmittelbar der Wirtschaftsbereich anschließt. Außerdem gab es zwei Tempel südlich der Villa; die allerdings zu Beginn des 20. Jhs. zerstört wurden.

Die Gesamtfläche der Villenanlage, begrenzt durch eine Umfassungsmauer mit einer Seitenlänge von 379 × 132 m, beträgt 50.028 m²; das entspricht der Fläche von sieben Fußballfeldern. Sie gliedert sich in zwei Teile. Im Westen findet sich der etwa zwei Drittel der Fläche umfassende Wirtschaftsteil. Hier konnten neun Gebäude nachgewiesen werden. Dabei handelt es sich zu einem großen Teil um Stallungen, Scheunen und Vorratsräume. Ein Gebäude wird als Wohnhaus des Gutsverwalters gedeutet; dieses zeichnet sich durch einen Saalbau und ein eigenes Bad aus.

Das riesige Hauptgebäude, der *pars urbana*, weist insgesamt 66 Räume auf, die etwa eine Fläche von 3.600 m² einnehmen. Rechnet man dies auf die durchschnittliche Fläche eines Einfamilienhauses in Deutschland um, so fänden hier fast 24 Häuser Platz. Allerdings sollte man an dieser Stelle auch bedenken, dass in römischer Zeit ein anderer Familienbegriff existierte und daher andere Anforderungen an das Wohnen gestellt wurden.

Von der Architektur her handelt es sich bei dem Bau um eine Risalit-Villa, die aber über das Normale hinausgeht. Begnügt sich dieser Typus in seiner Grundform mit zwei vorspringenden Baukörpern, den Risali-

Abb. 52 Fliessem. Villa in Otrang, Reste der Wandheizung als Zeugnis des Wohnluxus.

ten, die durch eine Säulenhalle miteinander verbunden sind, so bildete die Otranger Villa von Anfang an vier Risalite aus.
Trotz der schwierigen Befundlage – die Ausgrabungsdokumentation ist aufgrund der im 19. und frühen 20. Jh. angewandten Standards nicht immer eindeutig – konnten drei Hauptbauphasen erkannt werden. Der ersten Bauphase wird der gesamte Kernbau zugerechnet und in das 1. Jh. n. Chr. datiert. Ein Bad, das zu einer großen herrschaftlichen Villa gehörte, entstand erst nachträglich in einem bestehenden Raum.
Eine veränderte Nachfrage hinsichtlich des Wohnluxus führte zur zweiten Bauphase, die wohl in die zweite Hälfte des 2. Jhs. n. Chr. datiert. Es entstand ein großes Bad, an den an den Risaliten wurden Veränderungen durchgeführt und teilweise entstanden neue Mosaikböden.
Die dritte Bauphase setzte wie schon die vorherigen auf eine Vergrößerung des Hauses. Vor allem die Süd- und Westfront waren davon betroffen. Die Risalite wurden erweitert und mit einer Portikus verbunden. Um dieses Bauvorhaben zu realisieren, bedurfte es eines Unterbaus, einer Kryptoportikus, die heute teilweise rekonstruiert ist. Mit dieser Bauphase lassen sich auch die meisten der Mosaiken verbinden.
Die Besitzer dieses Landgutes legten großen Wert auf die Qualität des Herrenhauses. Dies lässt sich noch heute an der hohen Qualität des erhaltenen Mauerwerks erkennen. Auch sonst sparte man bei der Ausführung nicht. Neben den Bädern gab es auch weitere Räume, die beheizt werden konnten; nicht nur Fußbodenheizungen waren vorhanden, sondern auch Heizungselemente, die in den Wänden verbaut waren (Abb. 52).
Neben den eher unsichtbaren Teilen einer Luxusausstattung konnten bei den archäologischen Untersuchungen andere, überaus prunkvolle Teile des Interieurs freigelegt werden. Das deutlichste Zeugnis dafür stellen die Mosaiken dar. Mindestens 13 Räume wiesen Mosaiken auf, von denen sich acht erhalten haben. Vier davon bewahrt das Rheinische Landesmuseum Trier auf, die übrigen befinden sich noch an ihrem ursprünglichen Platz. Darüber hinaus prägten einst viele Säulen – zu den verschieden Portiken gehörig – das Bild der Villa. Säulenreste und korinthische Kapitelle belegen dies.
Bei der Datierung der Villa geht Heinz Cüppers von der Existenz des Anwesens in vorrömischer Zeit aus. Ihre Blütezeit erfuhr sie aber im 2. und 3. Jh. n. Chr., ging dann aber wohl langsam ein, um schließlich um 400 n. Chr. aufgegeben zu werden. In den Ruinen entstand dann in fränkischer Zeit ein Friedhof, was sich oft beobachten lässt.

Literatur

S. Faust, Herrenhaus der römischen Villa Otrang, in: Rheinisches Landesmuseum Trier (Hrsg.), Führer zu archäologischen Denkmälern des Trierer Landes (2008) S. 106 f.; H. Cüppers, Fließem BIT, in: H. Cüppers (Hrsg.), Die Römer in Rheinland-Pfalz (2002) S. 367–371. Abb. 263–267.

Im beschaulichen Tawern, am Rande des Naturparks Saar-Hunsrück gelegen, finden sich eindrucksvolle Reste und Rekonstruktionen eines römischen Heiligtums. Nach kurzem Fußweg auf solider Straße durch den Wald erwartet den Besucher nicht nur das antike Denkmal, sondern bei gutem Wetter auch ein phantastischer Blick auf die Landschaft bis Trier.

35 TAWERN – HEILIGTUM UND VICUS

Rheinland-Pfalz

In der reichen Kulturlandschaft des Trierer Raums hebt sich Tawern etwas ab; seit mehr als 2.000 Jahren leben hier kontinuierlich Menschen. Der Umgang mit den archäologischen Zeugnissen – auch wenn Kompromisse getroffen werden müssen – zeigt eine tiefe Verbundenheit der Bevölkerung mit ihrer Vergangenheit. So finden sich allerorten Hinweisschilder auf das römische Erbe.

Ausgrabungen

Die Ausgrabungen in Tawern, das schon lange vorher als das römische *Tabernae* bekannt war, müssen in zwei unterschiedliche Phasen unterteilt werden. Zufällig war man bei Arbeiten an einem Weg auf dem Metzenberg auf Reste von Mauerwerk und eine Inschrift für den Gott Merkur gestoßen. Dies rief die Archäologen des Rheinischen Landesmuseums in Trier auf den Plan, die den Jahren 1986–1987 umfassende Untersuchungen durchführten. Dabei wurde ein gallo-römisches Heiligtum vollständig freilegt. Die zahlreichen Fundstücke, die ans Tageslicht kamen, ermöglichten eine teilweise Rekonstruktion des Tempelbezirks. Der Komplex, der ganzjährig frei zugänglich ist und vom Verein Römisches Tawern e. V. betreut wird, bietet ein anschauliches Bild einer Kultstätte im Trierer Raum in der römischen Kaiserzeit.
Wenige Jahre später, in den Jahren 1994–1997, wurden im Ortszentrum von Tawern in einem Neubaugebiet Teile des *vicus Tabernae* von den Archäologen des Trierer Museums untersucht. Jedoch konnten die Befunde im Freigelände nicht wie im Tempelbezirk rekonstruiert werden.

Funde und Befunde

Wie schon die Ausgrabungsgeschichte so unterschiedlich ist, so verschieden sind auch die Funde und Befunde sowie ihre Erhaltung.

Der Tempelbezirk

Der Tempelbezirk liegt auf einem leicht abfallenden Hang, der zur Talseite hin zum Steilhang wird. Daher mussten die römischen Bauherren hier eine massive Stützmauer anlegen.
Wie es für einen römischen Tempelbezirk durchaus zu erwarten war, umschloss eine Mauer das Areal. Die Archäologen konnten nachweisen, dass im Laufe der Zeit der Tempelbezirk mehrfach erweitert wurde. Angelegt wurde der Bezirk im frühen 1. Jh. n. Chr., wie man dem Fundmaterial entnehmen konnte. Die erste Erweiterung datiert in das 2. Jh. n. Chr., die zweite in das 3. Jh. n. Chr. In der Endgestalt weist das Heiligtum eine Größe von etwa 36 × 46 m in Trapezform auf.
Der moderne Eingang – prosaisch mit einer Schranke verschlossen, um das Befahren mit einem Auto zu verhindern – entspricht nicht der antiken Zugangssituation. Ein Eingang lag zur Talseite, also nach Osten hin, und war von einer Straße aus über eine nicht mehr vorhandene Treppenanlage zu erreichen. Dieser Eingang diente vom 2. bis zum 4. Jh. n. Chr. als Hauptzugang. Ein zeitgleicher schmucker Nebeneingang liegt an der gegenüberliegenden Seite und ist heute rekonstruiert.
Bei den Ausgrabungen fand man insgesamt vier Tempel, von denen drei eine Front bildeten. Während von den Tempeln II bis IV nur noch die Grundmauern zu sehen sind, wurde der Tempel I wieder aufgebaut (Abb. 53). Dabei handelt es sich um einen Umgangstempel, der in Gallien weit verbreitet ist und sich deutlich von klassischen Tempeln unterscheidet. Wesentliche Merkmale sind dabei eine Cella, die an allen vier Seiten von einem Säulengang umgeben ist. Dabei überragt die Cella diesen Umgang und zeigt an den Stirnseiten einen Giebel. In Tawern sieht es etwas anders aus; die Hallen sind nur an drei Seiten ausbildet, während die Frontseite von der Fassade der Cella geprägt ist.
Eine wichtige Rolle in antiken Heiligtümern spielen die Schatzhäuser; neben kostbaren Opfergaben und Geräten für den Kult, die sicher verwahrt werden mussten, deponierten oft Privatpersonen ihr Vermögen in den Tempeln, weil sie so unter den Schutz der Götter kamen. Ob in unserem Heiligtum dies so war, lässt sich nicht sagen. Jedoch konnten die Archäologen hier mehrere, in den Ecken des Tempelbezirks gelegene Schatzhäuser ausgraben, von denen einige rekonstruiert wurden. Auch bei ihnen ließen sich mehrere Bauphasen nachweisen; sie reichen bis in das 1. Jh. n. Chr. zurück.
Ein Schlüssel zur Erforschung des Tempelbezirks fand sich in einem quadratischen Schachtbrunnen mit einer beachtlichen Tiefe von etwa 15 m, der in den anstehenden Felsen geschlagen wurde. In Betrieb war er vom 2. bis 4. Jh. n. Chr. In seiner Verfüllung konnten die Ausgräber Inschriften, Weihereliefs und Bruchstücke von größeren Figuren, aber auch Ar-

Abb. 53 Tawern. Tempelbezirk auf dem Metzenberg, gallo-römischer Umgangstempel.

chitekturfragmente, ans Tageslicht befördern. Technikgeschichtlich barg der Brunnen einen besonderen Fund: Man stieß auf die Reste einer Kolbenpumpe, mit deren Hilfe das Wasser nach oben gefördert wurde.

Durch die oben erwähnten Inschriften sowie Skulpturenfunde- und Relieffunde zeigt sich, dass der Tempelbezirk nicht auf eine Verehrung des Merkur beschränkt war. Neben dem Altar für diesen Gott und Apollo fand man einen überlebensgroßen Merkurkopf, der sich heute in Kopie als Bestandteil der Kultfigur im gallo-römischen Umgangstempel findet. Daneben wurden aber auch ägyptische Götter – Serapis und Isis – verehrt. Eine kleine Tonfigur belegt, dass auch die die ephesische Artemis bekannt war.

Der Kult einheimischer Götter spiegelt sich in einem Relief mit der Darstellung der gallo-römischen Göttin Epona wider. Ihr kommt eine besondere Rolle zu, weil sie Schutzgöttin der Pferde, Ställe, Reiter, Fuhrleute und des Handels war. Daher wurde sie auch oft in Verbindung mit Merkur verehrt.

Verlässt man den Tempelbezirk durch den Nebenausgang, kommt man zu einem Gebäude, das schwierig zu interpretieren ist. Die Deutungen reichen von einem Quartier für die Priester bis hin zu Unterbringungsmöglichkeiten für Reisende, da die Fernstraße nicht weit weg war.

Auf den vorangegangenen Seiten war schon mehrfach auf das 4. Jh. n. Chr. verwiesen worden. Damit ist der Endpunkt für das Heiligtum gekennzeichnet. Dies lässt sich mit einer Verfügung des Kaisers Theodosius I. (reg. 379–395 n. Chr.) erklären, mit der er zu Beginn der 390er-Jahre die Ausübung aller heidnischen Kulte verbot und die Schließung aller Tempel verfügte. Für fanatische Christen war das eine Gelegenheit, diese verhassten Kultbauten zu zerstören.

Literatur

S. Faust, „Metzenberg": Römischer Tempelbezirk, in: Rheinisches Landesmuseum Trier (Hrsg.), Führer zu archäologischen Denkmälern des Trierer Landes. Schriftenreihe des Rheinischen Landesmuseums Trier 35 (2008) S. 178 f.; Dies., Pagane Tempelbezirke und Kultbauten, in: A. Demandt/J. Engemann (Hrsg.), Konstantin der Große. Imperator Caesar Flavius Constantinus (2007) S. 332.

Der vicus

Die archäologischen Forschungen ergaben, dass *Tabernae* um die Zeitenwende an der Straße von Trier nach Metz entstand. Aus der Lage heraus entwickelte sich ein Wirtschaftsleben, welches sich an den Bedürfnissen der Reisenden orientierte. Entsprechende Handwerke – es wurde etwa die Werkstatt eines Schmieds beobachtet – waren vorhanden. Eine *mansio*, eine Herberge, diente den Reisenden, besonders aber Staatsdienern, zur Rast und zum Wechsel von Reit- und Zugtieren. Ein großer Straßenbogen mit vier Durchgängen, ein *Quardrifrons*, von dem im Gelände nur sehr geringe Spuren zu sehen sind, zeugt von der einstigen Bedeutung des Ortes.

Die Ergebnisse der Vicus-Grabungen konnten zwar nicht alle konserviert werden. Jedoch finden sich auf einer Freifläche noch Gebäudereste (Abb. 54), die auf Informationstafeln erklärt werden. Darüber hinaus veranschaulicht ein Modell das Aussehen des Ortes. Das Gelände wird ebenfalls von dem Verein Römisches Tawern betreut.

Abb. 54 Tawern. Römischer *vicus*.

Mächtige Wallreste inmitten dichten Waldes lösen bei geschichtsinteressierten Wanderfreunden Begeisterung aus, sorgen zwischen Naturschutz und archäologischer Denkmalpflege aber oft für Konfliktstoff. So auch im Fall des keltischen Oppdium auf dem Dünsberg. Ein Besuch vor Ort lohnt sich!

36 FELLINGSHAUSEN – DÜNSBERG: EIN KELTISCHES OPPIDUM IM SPANNUNGSFELD VON DENKMALSCHUTZ UND NATURSCHUTZ

Etwa 7 km nordwestlich von Gießen liegt der Dünsberg mit einer Höhe von knapp 500 m, ein dicht bewaldeter Berg, der heute Bestandteil eines Naturschutzgebietes ist. Daher kommt ihm eine doppelte Bedeutung zu: einmal als Landschaftsdenkmal, zum anderen durch das keltische Oppidum auf dessen Kuppe als Kultur- oder Bodendenkmal.

Forschungsgeschichte

Die Erforschung des Berges und seiner Wallanlagen fand ihre Grundlage bereits im frühen 18. Jh., als sie erstmals 1730 durch Johann Georg Liebknecht (1679–1749) – man kann ihn durchaus als Universalgelehrten bezeichnen – erwähnt wurden. In den darauf folgenden Jahrhunderten fand man immer wieder antike Gegenstände, die in Pri-

Abb. 55 Dünsberg. Keltisches Oppidum, Ringwall am Südhang.

vatsammlungen landeten. Systematische Ausgrabungen erfolgten zu Beginn des 20. Jhs. durch die Reichslimeskommission. Eine Geländeaufnahme führte aber erst der Marburger Professor für Vor- und Frühgeschichte Wolfgang Dehn (1909–2001) im Jahr 1958 durch. Sporadische Forschungen erfolgten in den 60er- und 70er-Jahren des 20. Jhs. Als Wendepunkt bei der Erforschung des Dünsbergs stellt sicher das Jahr 1984 dar. Aufgrund von Vermessungsarbeiten an den Wällen durch die Fachhochschule Frankfurt wurden staatliche Mittel für die Forschungen freigegeben. Die archäologischen Untersuchungen durch die Römisch-Germanische Kommission begannen 1999 und dauern noch an. Neue Wege beschritt man, indem ein gemeinnütziger Verein, Archäologie im Gleiberger Land e. V., gegründet und in die Arbeit eingebunden wurde.

Funde und Befunde

In diesem Rahmen ist zunächst ein Blick auf die Gesamtanlage zu werfen. Auf der Kuppe des Dünsbergs konnten drei gewaltige Ringwälle beobachtet werden, die noch heute eine Höhe von 10 m aufweisen (Abb. 55). Ihnen waren Spitzgräben vorgelegt. Der innerste Wallring hat einen Durchmesser von 350 m, der mittlere 700 bis 900 m und der äußere einen von etwa 1.150 m. Legt man den zuletzt genannten Durchmesser zugrunde, so umfasste die Fläche etwa 90 ha, also einer Entsprechung von 126 Fußballfeldern.
Heute geht die Forschung davon aus, die Ringwälle seien nicht alle zeitgleich entstanden. Der älteste Wall gehört vermutlich in das 8. Jh. v. Chr. und lässt sich mit der Urnenfelderkultur in Verbindung bringen. Von der Konstruktion her handelte es sich um eine Holz-Erde-Mauer. Auch der mittlere Befestigungsring kann nicht präzise datiert werden; es anzunehmen, dass er in der Blütezeit der Siedlung fällt, die in das 3. Jh. v. Chr. gehört. Für den äußeren Ring konnten sichere Daten ermittelt werden. Dendrochronlogische Untersuchungen weisen in die Jahre 120–100 v. Chr.
Der Zugang zum Oppidum erfolgte über insgesamt 14 Tore, die recht prosaisch durchnummeriert sind. Eines der Tore (T 3) (Abb. 56) wurde rekonstruiert.
Die etwa 2.000 Menschen, die hier in der Blütezeit lebten, müssen natürlich auch über Wohnraum verfügt haben. Man kann sich unschwer vorstellen, wie schwierig es ist, in einer Hanglage Häuser zu bauen. Auf dem Dünsberg löste man das Problem auf eine relativ einfache, aber wahrscheinlich zeitaufwendige Art: Es wurden Terrassen angelegt. Die darauf errichteten Häuser bestanden aus Fachwerk.
Neben dem Bedürfnis ein angemessenes Quartier zu haben, spielte die Wasserversorgung eine nicht unbedeutende Rolle. Bereits bei den Un-

Abb. 56 Dünsberg. Keltisches Oppidum, rekonstruierte Toranlage.

tersuchungen zu Beginn des 20. Jhs. konnten zwei Quellfassungen erforscht werden. Diese Fassungen bestanden aus Holz. Damals konnte man sie nicht näher bestimmen – die Dendrochronologie war noch nicht erfunden. Für eine dieser Quellen konnte 2003 das Problem gelöst werden. Bei Nachuntersuchungen fand sich verwertbares Holz. Die Analyse ergab, dass diese Quelle, der Schulborn, seit dem 4./3. Jh. v. Chr. genutzt und bis in das 1. Jh. v. Chr. hinein gewartet, also auch genutzt wurde.

Nach diesen grundsätzlichen Betrachtungen zum Oppidum ist es interessant, einen Blick auf die gigantischen Fundmengen zu werfen. Über 11.000 Fundkomplexe kamen bei den neuen Grabungen ans Tageslicht. Erwartungsgemäß hatte die Keramik den größten Anteil mit etwa 60 Prozent daran. Rund 2.200 Objekte waren aus Metall und davon wiederum mehr als 80 Prozent aus Eisen. Dies belegt eindrucksvoll die Rolle der Eisenverarbeitung auf dem Dünsberg. Darüber hinaus ermöglichen die Funde, die aus einer sorgfältig durchgeführten Ausgrabung stammen, nähere Bestimmung der Objekte aus Raubgrabungen; so werden sie wenigstens teilweise für die Wissenschaft wieder nutzbar.

Neben diesen allgemein zu erwartenden Funden und Befunden stießen die Archäologen aber auch auf Außergewöhnliches. So fanden die Ausgräber vor Tor 4 mehrere Waffendeponierungen, die glücklicherweise nicht gestört bzw. beraubt waren. Neben den Waffen grub man auch Pferdeskelette und Goldmünzen aus. Schnell wurde dieser Befund als Kultplatz definiert.

Ein anderer Befund, ebenfalls aus dem Bereich vor Tor 4 stammend, könnte möglicherweise Rückschlüsse auf das Ende der Siedlung geben. Es fanden sich römische Schleuderbleie und Geschossbolzen, die auf

KeltenKeller – Museum für Archäologie im Gleichbarger Land

Am Mühlberg 9
35444 Biebertal-Rodheim
Tel.: 06409-2338
http://www.archaeologie-im-gleiberger-land.de

einen militärischen Konflikt deuten, der in die Regierungszeit des Augustus gehört. Leider lassen sich daraus keine Schlüsse ziehen, wer hier gegen wen kämpfte.
An dieser Stelle bietet es sich an, einen Exkurs zu den Einwohnern zu machen. Inzwischen hat sich wohl die Vermutung verdichtet, die Siedlung auf dem Dünsberg sei um die Mitte des 1. Jhs. v. Chr. aufgegeben worden. Wie kann man aber die Einwohner identifizieren, wenn keine schriftlichen Quellen vorliegen? Hier helfen uns die Münzen, die im Oppidum gefunden wurden. Sehr spezifisch unter den Fundmünzen war ein Typ, der als „Tanzendes Männlein" bezeichnet wird. Dieser endet schlagartig um 20 v. Chr., während er dann im Kölner Raum auftaucht. Dank der römischen Geschichtsschreiber wissen wir, dass Marcus Vipsanius Agrippa, Freund und Schwiegersohn des Augustus, die Ubier ins Rheinland umsiedelte. Sollten die Ubier vom Dünsberg kommen? Vielleicht – aber die Forschungskontroverse lässt sich an dieser Stelle nicht weiter verfolgen.

Etwas versteckt im Keller des Gebäudes der Gemeindeverwaltung hat das Museum seit 2007 seine Heimstatt gefunden. Der Schwerpunkt der Ausstellung wird durch die Funde vom Dünsberg aus jüngerer Zeit neben Altfunden gebildet. Der Besucher kann sich so in räumlicher Nähe zu den Ausgrabungen ein Bild vom Leben in einem keltischen Oppidum machen. Dazu dienen etwa Keramik, Bestandteile der Tracht, Schmuck und Waffen. Keltische Münzen, die Rückschlüsse auf das Wirtschaftsleben erlauben, sind ebenfalls ausgestellt.
Zum museumspädagogischen Inventar gehören neben den klassischen Führungen und Vorträgen auch moderne Medien; es finden sich etwa digitale Präsentationen.

Literatur

G. Leicht, Der Dünsberg. Ein Berg mit Geschichte (2013); C. Nickel, Der Dünsberg bei Biebertal, Kreis Gießen: archäologische Ausgrabungen einer keltischen Stadt (2006).

Die glitzernde Metropole am Main, in deren Hochhäusern im Bankenviertel sich alles um das Geld dreht, blickt auf eine lange Geschichte zurück. Wir erinnern daran, dass hier im Mittelalter römisch-deutsche Kaiser gekrönt wurden oder auch die Römer ihre Spuren hinterlassen haben.

37 FRANKFURT (MAIN) – BANKENMETROPOLE MIT EINER LANGEN GESCHICHTE

Hessen

Inmitten des historischen Zentrums der Stadt, am Römer und am Dom, findet sich eine archäologische Zone, die einen Schnitt durch die Geschichte der Stadt bis zur Gegenwart hin bietet. Sie zeigt aber auch, wie sich im Laufe der letzten 40 Jahre das Verhältnis zur eigenen Geschichte gewandelt hat.

Die Ausgangssituation

Im Zweiten Weltkrieg war Frankfurt durch die Alliierten schwer getroffen worden. Aus der Notsituation heraus, die damals bestand, verzichteten die Stadtväter weitgehend darauf, das historische Stadtbild während des Wiederaufbaus zu rekonstruieren: Neubauten ersetzten Historisches. Vor wenigen Jahren setzte sich nun die Ansicht durch, dass die Bausünden der Nachkriegszeit beseitigt und Anknüpfungen zum historischen Stadtbild wieder hergestellt werden sollten. Aber aus den vergangenen Jahrzehnten wusste man von der Existenz bedeutender Reste, die beim Bau des U-Bahnhofs Dom/Römer Anfang der 1970er-Jahre zum Teil zerstört, zum Teil aber auch in einem „Archäologischen Garten" konserviert wurden (Abb. 57).
Dieser Umstand wirkte sich auf die Planungen aus. Man beschloss, den „Archäologischen Garten" in den Neubau eines städtischen Gebäudes zu verlegen und die darin befindlichen Zeugnisse der Vergangenheit vor Witterungseinflüssen zu schützen. Bevor aber die notwendigen Schutzmaßnahmen für die antiken Überreste durchgeführt wurden, durften die Archäologen nochmals an die Arbeit: Bereits Bekanntes wurde 2012/2013 wieder freigelegt und die Befunde anschließend sorgfältig geschützt.

Archäologisches Museum

Karmelitergasse 1
60311 Frankfurt
Tel.: 069-21235896
http://www.archaeologisches-museum.frankfurt.de

Der „Archäologische Garten"

Die archäologische Forschung hatte bereits in den vergangenen Jahren den Nachweis einer Besiedlung in neolithischer Zeit im Bereich des

Domhügels erbracht. Jedoch konnten diese Spuren im Archäologischen Garten nicht dargestellt werden. Die Präsentation setzte mit Befunden aus römischer Zeit ein. Zwar war man sich schon lange der Tatsache bewusst, dass die Römer im Raum Frankfurt präsent waren; dies wurde nicht zuletzt durch die großartigen Funde aus Nida, heute der Frankfurter Stadtteil Heddernheim, belegt. Als die Archäologen am Dom auf Funde aus römischer Zeit stießen, glaubte man zunächst an Reste militärischer Anlagen. Die Befunde waren aber mehrdeutig. So gibt es Baureste, die auf eine Zivilsiedlung hindeuten, vielleicht aber auch auf eine Straßenstation, eine *villa rustica* oder doch auf ein *praetorium*.

Abb. 57 Frankfurt (Main). Archäologischer Garten, Aufsicht vor Beginn der Umgestaltung im Rahmen des Dom-Römer-Projektes.

Weitere Befunde führen in die Zeit der Merowinger. Dabei handelt es sich nicht um einfache Hütten, sondern um Reste eines Königshofes, die vermutlich in das 6. Jh. gehören. Ein Königshof, der in den lateinischen Quellen als *villa* bezeichnet wird, war in jener Zeit der Sitz eines königlichen Beamten, der für die Fiskalverwaltung zuständig war. Die Bedeutung dieses Hofes spiegelt sich auch in Gräbern und Gebäuderesten wieder, die unter dem Dom ausgegraben wurden.

Von der merowingischen Bebauung ist insgesamt nur wenig bekannt, da die Pfalzanlage aus der karolingischen Zeit, die 794 sicher belegt ist, tief in die vorhergehende Bausubstanz eingriff. Die Baugeschichte der karolingischen Anlage ist sehr komplex; die Ausdehnung greift deutlich über die Zone des „Archäologischen Gartens" hinaus.

In ottonischer Zeit wurde die Pfalz weiter genutzt und ergänzt. Man wird sehen müssen, wie die Pfalzgeschichte in der neuen Präsentation erfolgt.

Im Hochmittelalter ging die Pfalz durch eine Brandkatastrophe unter. Die Fläche wurde neu bebaut. In der Zone wurden spätmittelalterliche Befunde freigelegt.

Dommuseum Frankfurt

Domplatz 3
(Haus am Dom)
60311 Frankfurt
Tel.: 069-13376186
(Museumskasse)
http://www.dommuseum-frankfurt.de/museum.htm

n

Fest im Leben stehen

Krankmachende Lebensmuster

Überforderung, Überlastung, Hyperaktivität, Hektik, „alles ist zu viel", Willensschwäche, Beeinflussbarkeit, Unklarheit, Wankelmut, unbeständig, unentschlossen, Zerstreutheit, Konzentrationsschwäche.

Heilsame Lebensmuster

Energie, Stärkung, Erdung, Standhaftigkeit, Urvertrauen, Durchhalten, Beständigkeit, Stabilität, Durchsetzungskraft; Fähigkeit, die eigenen Ziele zu verwirklichen , Unternehmenslust, Entschlossenheit, Erdverbundenheit, Selbstachtung, Klarheit, Vitalität.

Hildegard

- Unbeständigkeit (inconstantia)
- Umherschweifen (vagatia)

- Beharrlichkeit, Standhaftigkeit (constantia)
- Beständigkeit (stabilitas)

Positive Lebensprogramme

Ich meistere Herausforderungen mit
Durchhaltevermögen und Stärke.
Ich stehe fest im Leben.
Ich bekomme die Energie, die ich für meine Aufgaben brauche.
Ich entscheide mich, ganz hier zu sein.
Ich habe die Kraft, meine Ziele zu verwirklichen.

Die Neugestaltung des „Archäologischen Gartens“

Folgt man den bislang vorgestellten Entwürfen für Neugestaltung des „Archäologischen Gartens“, so wird der sich künftig als offener, großzügiger Erlebnisraum im Stadthaus darstellen. Die Besucher sollen die Möglichkeit haben, sowohl zwischen den Zeugnissen der Vergangenheit zu wandeln als auch von Emporen einen Gesamteindruck zu gewinnen. Darüber hinaus soll ein ausgefeiltes Lichtkonzept zu einer Inszenierung der Ruinen beitragen.

Das Archäologische Museum der Stadt Frankfurt hat seine Heimstatt in der Kirche eines ehemaligen Karmeliterklosters und eines Neubaus gefunden. Die Sammlungen reichen von der Altsteinzeit, dem Paläolithikum, bis in das Mittelalter hinein. Einen Schwerpunkt findet das Museum in der Präsentation der Funde aus Nida, das im 19. Jh. als Pompeji Deutschlands verstanden, aber in den 1960er-Jahren weitestgehend zerstört wurde.
Diese bestehenden Sammlungen befinden sich in einem Prozess des ständigen Wachstums, weil durch die Ausgrabungen des städtischen Denkmalamtes immer neue Funde aus Frankfurt und Umgebung in das Haus gelangen.
Das Museum überrascht insofern, weil es als städtisches Museum über umfangreiche Sammlungen klassischer Antiken und Objekten aus dem Alten Orient verfügt. Angesichts der heutigen Lage im Nahen Osten kommt der altorientalischen Abteilung vielleicht künftig weitaus größere Bedeutung zu.
Neben den Aktivitäten im Stammhaus betreut das Museum auch verschiedene Außenstellen. Dazu zählen die Präsentation der Funde aus dem jüdischen Ghetto im Museum Judengasse am Börneplatz sowie des Archäologischen Gartens am Dom. Außerdem werden ein Ausstellungsraum im Heddernheimer Schloss und verschiedene archäologische Denkmäler in der Nordweststadt betreut, die über einen Rundweg erschlossen sind.

Das Dommuseum zeigt überwiegend sakrale Kunst. Hervorzuheben sind aber die archäologischen Funde aus der Domgrabung im Jahr 1991. Dabei kam das Grab eines kleinen Mädchens ans Licht, das um 680 datiert wird und damit Anhaltspunkte für das merowingische Frankfurt liefert. Die zahlreichen Beigaben – hochwertiger Goldschmuck, Glas- und Tongefäße sowie kleine Spielsachen, aber auch Alltagsgegenstände und Amulette – beleuchten das Leben der Oberschicht jener Zeit. Kopien der Funde befinden sich im Archäologischen Museum.

Literatur

A. Hampel/E. Wamers (Hrsg.), Fundgeschichten. Archäologie in Frankfurt 2010/2011 (2011); E. Wamers, Vom römischen Militärstützpunkt zur karolingischen Pfalz: neue Aspekte zur Kontinuität auf dem Domhügel in Frankfurt am Main, in: S. Felgenhauer-Schmiedt (Hrsg.), Zwischen Römersiedlung und mittelalterlicher Stadt: archäologische Aspekte zur Kontinuitätsfrage. Beiträge zur Mittelalterarchäologie in Österreich 17 (2001) S. 67–88; E. Wamers, Zur Archäologie der Frankfurter Altstadt – Der archäologische Garten, in: Nordwestdeutscher u. West- u. Süddeutscher Verband f. Altertumsforschung (Hrsg.), Frankfurt am Main und Umgebung. Führer zu archäologischen Denkmälern in Deutschland 19 (1989) S. 154–159.

Inmitten der Wetterau, die zu einer der ältesten und schönsten Kulturlandschaften Deutschlands zählt, erhebt sich der Glauberg mit eindrucksvollen Wallanlagen und einem gewaltigen Grab, von dem nicht nur die berühmte Statue des Keltenfürsten stammt.

38 GLAUBURG – GLAUBERG: VOM KELTISCHEN FÜRSTENSITZ ZUR MITTELALTERLICHEN REICHSBURG

Hessen

Etwa 32 km nordöstlich der Mainmetropole Frankfurt erhebt sich der Glauberg, einem zum Vogelsberg gehörenden langgestreckten Höhenrücken mit 271 m Höhe über die Flussauen der Wetterau. Die Ausgrabungen konzentrierten sich auf eine Siedlung – vielleicht ein Fürstensitz – und ein gewaltiges Grab (Abb. 58), das für Interpretationen breiten Raum bot.

Ausgrabungen

Die mächtigen Wallanlagen auf dem Plateau des Glaubergs waren nicht zu übersehen und daher lange bekannt. Systematische Ausgrabungen sollten jedoch erst in den 1930er-Jahren erfolgen. Aber auf Grund der Zeitumstände konnten diese Forschungen nicht veröffentlich werden und die Grabungsdokumentation ging im Bombenhagel unter.
Nach langer Pause sollten die Ausgrabungen erst 1985 wieder aufgenommen werden, die bis 1998 andauerten. Teilweise zeitlich parallel zu den Untersuchungen auf dem Berg grub man zwischen 1994 und 1999 zwei Grabhügel aus, von denen einer (siehe unten) besonderes Interesse erweckte.
Nach einer erneuten Zäsur fanden dann von 2002 bis 2009 auf dem Berg neue Untersuchungen statt. Impulse für die Wissenschaft gehen heute vom „Forschungszentrum Keltenwelt am Glauberg“ aus, integriert in den 30 ha großen Archäologischen Park, in dem mit einem archäologisch-naturkundlichen Lehrpfad die spannenden Zeugnisse der Vergangenheit für den Besucher erschlossen werden.

Funde und Befunde

Die Betrachtung muss zweigeteilt werden. Der erste Teil setzt sich mit der Besiedlung auf dem Glaubergplateau auseinander, der zweite greift den spektakulären Grabhügelkomplex auf.

Die Befestigung auf dem Berg

Betrachtet man den Komplex auf dem Berg, so beeindruckt sicherlich eine Zahl den Besucher: Rund 7.000 Jahre wurde hier – wenn auch mit kleinen Unterbrechungen – gesiedelt. Über die Jahrtausende hinweg – so bezeugen es die Funde – haben die ehemaligen Bewohner ihre Spuren hinterlassen.

Am Anfang stehen erste jungsteinzeitliche Siedlungsspuren, also aus dem 5. Jt. v. Chr. Im 4. Jt. v. Chr. wurde das Plateau dann intensiver bewohnt. Vielleicht entstand in dieser Zeit am Nordosthang eine kleinere Befestigung.

Eine erste Blütezeit des Ortes fiel in die Bronzezeit, etwa in die Jahre 1000 – 800 v. Chr. Archäologisch fassen lässt sie sich sowohl in den Befunden als auch Funden. Sicher ist nämlich, dass ein erster Abschnittswall – wiederum am Nordosthang – entstand. Die Funde deuten auf einigen Wohlstand hin. Es gab Trachtenzubehör und Waffen aus Bronze; bei der Keramik gab es Sonderformen.

In der Eisenzeit erfuhr der Glauberg eine weitere Glanzzeit. Am Ende des 6. Jhs. v. Chr. wurde das ganze Plateau mit einer Pfostenschlitzmauer umgeben. Die Ausgräber konnten im Norden den Haupteingang freilegen. Dabei handelt es sich um ein Tangentialtor, das heute als „Stockheimer Pforte" bezeichnet wird. Weitere Toranlagen dürften vorhanden gewesen sein, sind aber nicht nachgewiesen. Eine Brandkatastrophe, die in das 5. Jh. v. Chr. datiert wird, vernichtete sowohl die Befestigung als auch die Wohnbebauung. Aber es wurde erneut eine Pfostenschlitzmauer gebaut und die Anlage erweitert. Dazu wurden im Norden Gräben ausgehoben und Aufschüttung durchgeführt. Darüber hinaus entstand im Süden ein System aus Erdwällen und gewaltigen Gräben, die bis zu 20 m breit waren. Will man diese Breite mit der einer Autobahn vergleichen, so müsste diese fünf Fahrspuren besitzen. Nach Südwesten hin wurde ein weiterer Hügel eingeschlossen. So entstand eine Fläche von 150 bis 200 ha. In diese Fläche einbezogen sind auch zwei Grabhügel, ein Grabensystem und die „Prozessionsstraße" (siehe unten).

Diese glänzende Epoche der Siedlung auf dem Glauberg endete im 4./3. Jh. v. Chr. Über die Ursachen ist soweit nichts bekannt. In der römischen Kaiserzeit blieb das Plateau verlassen. Erklärbar ist dies vielleicht durch den Umstand, dass er nicht innerhalb des Limes lag.

Im 4./5. Jh. n. Chr. fand wohl ein alamannischer Kleinkönig Gefallen an dem Platz. Die hier gemachten Funde waren qualitätvoll und legen diesen Schluss nahe.

Eine Unterbrechung der Siedlungskontinuität endete im 7./8. Jh. Der Platz wurde neu befestigt und besiedelt. Deutlich besser fassbar ist die Nutzung des Berges im Hochmittelalter. Belegt sind zwei Befestigungsphasen. Außerdem gab es urkundlich belegte Umbauten im Zusammenhang mit einer Reichsburg der staufischen Kaiser. Dieser Umbau datiert in die Zeit um 1241. Jedoch wurde die Burg schon zehn Jahre später aufgegeben. Als jüngste Schicht und aufgrund der Baumaterialien sind heute Keller, Reste von Gebäuden sowie einer Toranlage, der „Enzheimer Pforte", erkennbar.

Das Grab

Von 1994 bis 1997 wurde das Grab, das im Luftbild zu erkennen war, ausgegraben. Verglichen mit dem Grab vom Magdalenenberg war es aber mit 50 m Durchmesser recht klein, doch erreichte es durch andere Elemente eine Monumentalität, die den Besucher in Staunen versetzt.
Der Zugang zum Grabhügel stellte sich nach den Ausgrabungen als ein 350 m langer, im Durchschnitt 10 m breiten Weg dar, der durch Gräben an beiden Seiten begrenzt war. Um den Grabhügel selbst verlief ein kreisförmiger Graben, der 3 m tief war.
Der Graben um den Hügel barg überraschende Funde. Besonders eindrucksvoll war eine hier gefundene 1,86 m hohe und 230 kg schwere, fast vollständig erhaltene Statue aus Sandstein; nur die Füße fehlten. Zu dieser gesellten sich noch Fragmente von drei weiteren Figuren.

Abb. 58 Glauberg. Keltischer Grabhügel. Die Rekonstruktion zeigt neben dem Hügel auch das Grabensystem und den vermuteten Kalender in Form der aufgestellten Pfähle.

Die gut erhaltene Statue überzeugt noch heute den Betrachter durch ihren Detailreichtum. Die Elemente der Ausrüstung – ein Panzer, vielleicht aus Leinen oder Leder gefertigt, ein Ovalschild, ein Schwert – lassen das reale Bild eines Krieges aus dem 5. Jh. v. Chr. entstehen. Darüber hinaus liefert sie aber zusätzlich Informationen. Die Statue trägt einen Halsring, der mit einem realen Befund aus Gold in Verbindung gebracht werden kann. Sollte es sich hier um eine Darstellung des Grabherrn handeln? Die Forschung steht dieser Ansicht nicht ablehnend gegenüber.
Als man den Grabhügel ausgrub, stellte man fest, dass in der Hügelmitte eine fundleere Grube vorhanden war. Jedoch konnten zwei weitere Gräber untersucht werden. Dabei handelte es sich um reich ausgestattete Kriegergräber aus dem 5. Jh. v. Chr. Hervorzuheben ist ein Grab, weil es besondere Fundstücke aufwies. Neben einer Waffenausstattung, bestehend aus drei Lanzen, Schwert, Schild und Bogen mit zugehörigen Pfeilen, fanden die Ausgräber einen Halsring aus Gold mit einem Gewicht von 175 g, sowie eine aufwendig gestaltete Bronzekanne. Aufgrund dieser Gegenstände möchten die Archäologen hier gerne von einem „Fürstengrab" sprechen.
Ein anderer spannender Fund aus dem Grab scheint zunächst unscheinbar. Die Ausgräber fanden nämlich Stücke gebogenen Eisendrahtes. Die Archäologen experimentierten etwas und kamen zu dem Ergebnis, dass es sich hier um das Gerüst für eine „Mistelblattkrone" handelte, jene merkwürdig anmutende Kopfbedeckung, die auch die Statue zeigte. Dieses Gestell war mit Stoff oder Leder umwickelt.
Man könnte sich damit begnügen, hier ein Bestandteil der Tracht zu sehen. Doch ein Ur- und Frühgeschichtler wäre keiner, wenn er nicht nach einer höheren Funktion suchen würde.
Vergleichbare Kopfbedeckungen sind von anderen Fundplätzen – etwa aus dem südfranzösischen Roquepertuse – bekannt; dort ließ sich die Mistelblattkrone mit einem Kultbild verbinden. Das verleitet natürlich dazu, hier eine Vergöttlichung des Toten, eine Heroisierung im klassischen Sinne, anzunehmen.

Wallanlage oder Heiligtum

Zur Theorie der Vergöttlichung könnte auch ein weiterer Befund passen. Südlich des Grabes und mit diesem verbunden, stieß man bei geophysikalischen Untersuchungen auf ein Graben-Wall-System. Als Deutung boten sich eben die Funktion als Heiligtum an oder Befestigungen einer zur Bergsiedlung gehörigen Unterstadt.

Glauberg-Museum

Hauptstraße 17
63695 Glauburg-Glauberg
http://www.museumslandschaft-oberhessen.de/index.php?id=847&fid=22#museen

Kalender oder nicht?

Ein Rätsel im Zusammenhang mit dem großen Grab sind 16 Pfostenlöcher, die am Fuß des Grabhügels entdeckt wurden. Ihre Funktion erschloss sich nicht sofort, sodass u. a. die Theorie eines Astrophysikers – vielleicht angeregt durch die spektakulären, weitaus älteren Funde von Nebra und Goseck – entstand, es handele sich hier um einen Kalender. Die Theorie berücksichtigte aber offenbar nicht, dass die Pfosten zu unterschiedlichen Zeiten gesetzt worden sind, also der Befund nicht als Einheit zu sehen ist. Daher hat diese Deutung bei den Archäologen wohl nur geringe Akzeptanz erfahren; sie deuten die Pfostenlöcher als Spuren von Gebäuden, die sie aber nicht näher charakterisieren.

Keltenwelt am Glauberg

Am Glauberg 1, 63695 Glauburg-Glauberg, Tel.: 06041-8233024, http://www.keltenwelt-glauberg.de

Das kleine Glauberg-Museum bietet in seinen ständigen Ausstellungen eine breite Palette, die mit Funden aus dem Neolithikum beginnt, Einblicke in die keltische Kultur gewährt, genauso in das Früh- und Hochmittelalter entführt. Neben Originalen finden sich etwa eine Kopie der Statue des Keltenfürsten und eine Fotodokumentation über die Ausgrabungen am Glauberg. Reizvoll ist aber auch die Möglichkeit, aktiv Geschichte zu erfahren, wenn man zum Beispiel einmal einen mittelalterlichen Helm aufsetzen kann oder vielleicht einen Steinbohrer ausprobiert.

Literatur

H. Baitinger/F.-R. Herrmann, Der Glauberg am Ostrand der Wetterau. Archäologische Denkmäler in Hessen 51 [4](2012); F. Broekman/O. Winkler (Hrsg.), Das Keltenmuseum am Glauberg (2012); H. Baitinger, Der Glauberg – ein Fürstensitz der Späthallstatt-/Frühlatènezeit in Hessen. Materialien zur Vor- und Frühgeschichte von Hessen 26 (2010).

Die neuen Ausgrabungen, die veränderten Ansprüche an archäologische Fundstätten und eine veränderte Konzeption der hessischen Landesmuseen ließen direkt auf dem Glauberg ein Museum und Forschungszentrum entstehen. Das sehr modern gestaltete, fast puristische Museumsgebäude wurde 2011 eröffnet. Die Ausstellung führt den Besucher in die für Viele noch immer geheimnisvolle Welt der Kelten. Eine zentrale Rolle nehmen dabei die Funde vom Glauberg ein. Darüber hinaus beleuchtet die Ausstellung aber auch die keltische Welt aus unterschiedlichen Perspektiven und sprengt den zeitlichen Rahmen, der vom Glauberg vorgegeben ist. Antikes Keltentum vom 6. bis zum 1. Jh. v. Chr. bildet die Grundlage, zeigt aber auch das zeitgenössische Keltentum, das in einigen Regionen Europas überlebt hat. Es ist der Mittelpunkt des archäologischen Parks, der eine Größe von 30 ha – das entspricht der Größe von 42 Fußballfeldern – besitzt. Während das Museum über regelmäßige Öffnungszeiten verfügt, sind die Geländedenkmäler des Parks frei zugänglich.

Hier lockt eine römische Siedlung vom Feinsten! Auf originalen Befunden errichtete Rekonstruktionen führen den Besucher auf anschauliche Weise durch urbane Strukturen vor fast 2000 Jahren. Wer auf weiteren kulturellen Pfaden wandeln möchte, findet in unmittelbarer Nachbarschaft einen wunderschönen Barockgarten und mit dem Edelhaus ein Museum mit Gemälden des 18. Jhs.

39 HOMBURG – SCHWARZENACKER: ROM AN DEN GRENZEN DES REICHES ERLEBEN

Saarland

An den Ausläufern des Pfälzer Waldes liegt die Kreisstadt Homburg, die mit einer Reihe von Baudenkmälern zum Besuch einlädt. Ein Muss für den geschichtlich Interessierten ist aber der Ortsteil Einöd, der wiederum den Ortsteil Schwarzenacker mit seinen Ausgrabungen aufweist.

Forschungsgschichte

Die Kenntnisse über einen römischen Siedlungsplatz reichen bis in das Mittelalter zurück. Mönche des Klosters Wörschweiler stießen bei Feldarbeiten auf Mauerreste und eine Brandschicht; sie deuteten ihre Beobachtung als Hinweis auf eine römische Siedlung. Die schwarze Brandschicht wurde sogar namensgebend für den heutigen Ort. Von Forschungen war man aber noch weit entfernt. Als man 1722 mit dem Bau eines Gutshofes, des Edelhauses, begann, wurden die Reste eines römischen Bades ans Tageslicht gebracht. Diese Beobachtungen trugen wohl auch dazu bei, dass im späten 18. Jh. Johann Christian von Mannlich (1740–1822), Hofmaler und Baudirektor des Herzogs Karl II. August von Pfalz-Zweibrücken (reg. 1775–1795), den Auftrag erhielt, ganz dem Zeitgeist entsprechend, in Schwarzenacker nach Antiken zu suchen. Bei diesen „Forschungen" fand er unter anderem die Nekropole des Ortes.
Obwohl in der ganzen Region immer wieder Funde aus römischer Zeit gemacht wurden, dauerte es bis in die 1950er-Jahre, bis die ersten systematischen Ausgrabungen durchgeführt wurden. Es schlossen sich zwei weitere große Grabungskampagnen in den Jahren 1965 bis 1967 und 1980 bis 1982 an. Am Ende der Untersuchungen stand die Freilegung eines Teils des Siedlungsareals und die Einrichtung des Freilichtmuseums (Abb. 59).

Römermuseum Homburg-Schwarzenacker
Homburger Straße 38
66424 Homburg
Tel.: 06848-730777
http://www.roemer-museum-schwarzenacker.de

Historischer Überblick

Die Geschichte des Ortes lässt sich nur in groben Zügen darstellen; nicht einmal sein römischer Name ist bekannt. Aufgrund archäologi-

scher Untersuchungen kann aber Einiges gesagt werden. Menschliche Spuren in der Region lassen sich bis ca. 1100 v. Chr. zurückverfolgen und eine keltische Siedlung bestand hier um die Mitte des 1. Jhs. v. Chr. Allerdings haben die Ausgrabungen nicht genügend Informationen geliefert, um über deren Aussehen konkrete Angaben machen zu können. Die naturräumlichen Bedingungen trugen aber dazu bei, dass hier die Voraussetzungen für Ansiedlungen bestanden. Das römische Schwarzenacker, das seinen Anfang in den Jahren um Christi Geburt nahm, konnte sich zu einem Verwaltungs- und Geschäftszentrum entwickeln, zumal mehrere große Fernstraßen in der Nähe einander kreuzten. Die Befunde, die auch die eindrucksvollen Rekonstruktionen im Römermuseum erlaubten, verdeutlichen dies.
Dramatische Einschnitte in die Geschichte des Ortes fallen in das 3. Jh. n. Chr. 275/276 n. Chr. wurde Schwarzenacker durch die Alamannen zerstört. Erst im 4. Jh. n. Chr. sollten sich wieder Spuren menschlicher Besiedlung in den Ruinen finden. In den folgenden Jahrhunderten wurde die Siedlung zwar noch bewohnt, fiel aber schließlich wüst. Die Nachfolgesiedlung war dann im Mittelalter Homburg.

Funde und Befunde

Über den römischen *vicus* lassen sich konkrete Aussagen treffen, auch wenn er nicht vollständig ausgegraben ist. Schon die archäologischen Untersuchungen in den 1960er-Jahren belegten die Existenz einer beachtlichen Siedlung. Sie erstreckte sich über 25 bis 30 ha, also einer Fläche von etwa 35 bis 40 Fußballfeldern. Ihre Einwohnerzahl wird auf etwa 2.500 Menschen geschätzt.
Es ließ sich auch erschließen, dass der Ort geplant war. Dies zeigte sich an einem Stadtplan mit orthogonalem Straßennetz, gepflasterten Straßen und Abwasserkanälen an deren Seiten. Entlang den Straßen entwickelte sich die Bebauung. Ganz in römischer Tradition stehend waren

Abb. 59 Homburg. Römischer *vicus* in Schwarzenacker. Rekonstruierte Gebäude vermitteln einen Eindruck von der Siedlung.

den Häusern Portiken vorgelegt. Auch in den Provinzen wollte man auf diesen Luxus nicht verzichten.
Die Wasserversorgung war recht gut entwickelt. Leitungen aus Holz und Ton führten Wasser bis zu den Häusern. Die Häuser selbst waren von unterschiedlicher Qualität in der Bauausführung und Größe, jedoch vom Grundriss her zumeist gleich. Diese Gebäude kann man als Streifenhäuser bezeichnen und sind exemplarisch rekonstruiert. Zur Straßenseite liegen zunächst Räume, die der Lagerung oder einer kommerziellen Nutzung dienten. Dahinter folgten dann die Wohnräume, denen sich schließlich ein Garten anschloss. Alle Häuser verfügen außerdem jeweils über einen Keller.
Unter den Rekonstruktionen besonders hervorgehoben ist das „Haus des Augenarztes". Diesen Namen erhielt das Gebäude, weil hier ein Rezeptstempel des Sextus Aiacius Launus, eines Arztes, gefunden wurde. Es ist ganz aus Stein errichtet und weist Verputz auf. Vom Grundriss her bildet ein großer Innenhof mit Backöfen und einer Feuerstelle das Zentrum des Hauses. Die Wohnräume waren um ihn herum gruppiert. Die Räume entlang der Ost-West-Fassade sowie ein Repräsentationsraum verfügten über eine Heizungsanlage. Die reiche Ausstattung – ebenfalls rekonstruiert – lässt darauf schließen, dass Sextus Aiacius ein recht wohlhabender Mann war.
Ein anderes Bauwerk, das aus Rahmen fällt, ist das „Säulenkellerhaus". Dabei handelt es sich um einen Fachwerkbau, der aber verputzt ist und so den Anschein eines soliden Steinbaus erweckt. Das heute rekonstruierte Haus zeigt den Zustand nach einem Umbau.
Ursprünglich gab es den großen Kellerraum, der durch eine Säulenreihe gegliedert war. Darüber war ein weiträumiger Raum angelegt, von dem angenommen wird, er habe für kommerzielle Zwecke gedient. Mit dem Umbau veränderte sich sowohl der Keller als auch der oberirdische Bereich: Der Keller wurde teilweise verfüllt und vom großen Raum wurde ein kleinerer Teil abgetrennt und mit einer Heizung versehen. Aufgrund der Umbauten musste auch die Treppenanlage in den Keller verändert werden.
Ein weiteres interessantes Gebäude ist die Taberna. Sie war in einen Schank- und Gastraum unterteilt. Dies spiegelt auch die Rekonstruktion mit ihrer Innenausstattung wider.

Der gallo-römische Umgangstempel

Nicht mehr zum Römermuseum gehört die Rekonstruktion eines gallo-römischen Umgangstempels, der im Barockgarten des Edelhauses liegt. Das Vorbild stammt aus Rödersberg und war dem Mercur geweiht, wie eine Inschrift belegt.

Literatur

P. Nüsslein, La vallée de la Sarre et de la Blies dans l'Antiquité. De Sarre-Union à Schwarzenacker et Sarrebruck, en passant par Bliesbruck-Reinheim. Les Cahiers Lorrains 2010,1/2 (2010) S. 6–21; R. Knechtel, Strassen – Wasserleitungen – öffentliche Bauten: Die Infrastruktur römischer *vici* in Rheinhessen und Umgebung, Berichte zur Archäologie in Rheinhessen und Umgebung 4 (2011) S. 19–34; K. Kell/H. D. Morche, Römermuseum Schwarzenacker (2008).

Ein königliches Dekret rettet eine der größten keltischen Ringwallanlagen in Deutschland vor neuzeitlichen Begehrlichkeiten.

40 NONNWEILER – OTZENHAUSEN: EINE KELTISCHE GROSSSIEDLUNG INMITTEN DES WALDES

Saarland

Etwa 35 km südlich von Trier liegt im dichten Hochwald auf einem rund 600 m hohen Sporn des Dollbergs eine der eindrucksvollsten Wallanlagen aus keltischer Zeit, der „Hunnenring". Seit dem späten Mittelalter wurde er mehrfach erwähnt, doch bis er das Interesse der Wissenschaft auf sich zog, war es noch ein langer Weg. Bis in die 30er-Jahre des 19. Jhs. hinein dienten Befestigungen den Menschen in der Region als Steinbruch. Erst durch ein Dekret des preußischen Königs wurde das eindrucksvolle Denkmal unter Schutz gestellt. Ein noch heute vorhandenes Zeugnis des königlichen Interesses ist eine auf den Nordwall hinaufführende Treppe, die anlässlich eines royalen Besuchs angelegt wurde. Das Denkmal wurde geschützt, aber bis zu Ausgrabungen sollte es noch lange dauern. Systematische Untersuchungen gab es in den 1880er- und 1930er-Jahren, auf die eine lange Pause folgte. Seit 1999 wird auf dem Dollberg wieder geforscht.

Historische Einordnung

Der Ort kann auf eine lange Geschichte zurückblicken. Seine Anfänge nahm er im 5. Jh. v. Chr. und diente wohl zunächst als Fürstensitz, ohne dass man ihn einem bestimmten Stamm zuordnen könnte. Eine Entwicklung zum Oppidum fand statt, als die Treverer den Platz besetzten und ihn zu einem ihrer Hauptorte oder zum Versammlungsort machten. Daneben war er auch ein wichtiges Handelszentrum. Als Zeugnisse dafür lassen sich zwei Fürstengräber im nahen Schwarzenbach anführen.

Im letzten Drittel des 1. Jhs. v. Chr. gerieten die Treverer zunehmend durch die germanischen Sueben unter Druck. Dies spiegelt sich auch im Oppidum auf dem Dollberg wider. Die bereits vorhandenen Befestigungen wurden zwischen 78 und 67 v. Chr. in ihren Endzustand gebracht. Dies steht wohl auch in enger Verbindung zum treverischen Herrscher Indutiomarus, der uns aus Caesars Beschreibung des Gallischen Krieges (*De bello Gallico* 5, 53; 5, 55–58) bekannt ist.

Die Rolle das Indutiomarus als treibende Kraft gegen Rom würde nahelegen, die Siedlung auf dem Dollberg sei im Laufe des Krieges angegrif-

fen und zerstört worden. Doch ist das nicht der Fall; der Ort wurde um die Mitte des 1. Jhs. v. Chr. einfach aufgegeben, nachdem die Römer dem Indutiomarus den Kopf genommen hatten und dessen Nachfolger vernichtend geschlagen wurden. Aber es darf nicht ausgeschlossen werden, dass von römischer Seite eine Drohkulisse durch die Errichtung eines größeren Militärlagers in Hermeskeil aufgebaut worden war.
Nach den bisherigen Ergebnissen der Ausgrabungen blieb der Siedlungsplatz etwa 200 Jahre lang unberührt. Dann entstand dort ein kleines römisches Heiligtum.

Die Befunde

Die keltische Siedlung erschließt sich dem Besucher heute durch einen ausgeschilderten Rundgang, der allerdings gewissen Anforderungen an die persönliche Mobilität stellt. Insgesamt sind zehn Punkte gekennzeichnet, von denen sich acht ausdrücklich mit Geschichte und Archäologie beschäftigen.

Der Plan

Weiter oben war schon kurz erwähnt worden, dass der „Hunnenring" auf einem Sporn des Dollbergs liegt. Aus der topografischen Situation heraus ergab sich für den Ort ein Plan, der einem Dreieck entspricht. Im Süden und Osten fällt das Gelände steil ab, während sich nach Norden hin eine ebene Fläche erstreckt. Das für eine Siedlung zur Verfügung stehende Areal betrug maximal 10 ha – das ist die Größe von 14 Fußballfeldern – im Kernbereich, zu denen sich noch etwa 5 ha zwischen Vorwall und Hauptbefestigung gesellten.

Das Tor

Der moderne Besucher betritt das Oppidum praktisch durch das alte Tor am westlichen Hang, das in den 1930er-Jahren ausgegraben wurde. In seiner Konstruktion wirkt das Zangentor recht modern, weil es mit einer Breite von 6 m mehr als genug Raum bot, um einen zweispurigen Verkehr zu gewährleisten. Dabei war das Tor durch einen Mittelpfosten unterteilt; so entstanden jeweils 2,50 m breite Durchlässe.
Wie das Tor nach oben hin gestaltet war, lässt sich nicht mit absoluter Sicherheit sagen. Jedoch spricht vieles dafür, dass ein Wehrgang, der auf sicher auf der Mauer verlief, auch den Torbereich überspannte.

Die Quelle

Eine Siedlung oder eine Befestigung kann selbstverständlich nicht ohne Wasser auskommen. Optimal ist natürlich eine Quelle, die – wenn es möglich ist – innerhalb der Siedlung liegen sollte. Nur so war die Wasserversorgung auch in kriegerischen Zeiten gewährleistet.

Das Oppium auf dem Dollberg war in dieser Hinsicht gut versorgt. Im Nordwesten der Anlage gab es eine Quelle, die offenbar über die Jahrhunderte hinweg ganzjährig eine reiche Schüttung besaß. Dieser Schluss ist erlaubt, weil man bei den archäologischen Untersuchungen einen Ablauf für überschüssiges Wasser feststellen konnte. Noch im 19. Jh. war sie entsprechend wasserführend, während sie heute nur noch in feuchten Jahreszeiten fließt. Von der Konstruktion her besteht die Quelle aus einer Fassung.

Der Wall

Einfach nur von einem Wall zu sprechen, würde die Anlage kaum gerecht. Durch die Lage auf einem Bergsporn war es nötig, eine mächtige Hauptmauer im Norden zu errichten. Hier galt es nämlich, einen Sperrriegel anzulegen. Zu den anderen Seiten hin konnte die Befestigung etwas kleiner ausfallen, weil hier die steilen Abhänge zusätzlichen Schutz boten.

Abb. 60 Nonnweiler. Keltisches Oppidum in Otzenhausen. Blick auf den Wall.

Die Mauer, die aufgrund ihrer Konstruktion als *murus gallicus* natürlich nicht mehr aufrecht steht, zeigt auch noch in ihrem heutigen Zustand überaus beeindruckende Dimensionen (Abb. 60). An ihrer Basis konnte eine Breite von 40 m gemessen werden; die erhaltene Höhe beträgt mehr als 10 m. Aus diesen Daten haben die Archäologen den Schluss gezogen, die Mauer habe im 2. und 1. Jh. v. Chr. eine Höhe von rund 20 m besessen. Dies entspricht nach heutigen Maßstäben der Höhe eines sechsstöckigen Gebäudes. Die Ausgrabungen belegten die Existenz einer älteren Mauer als Vorläufer, die in das 4.–5. Jh. v. Chr. zu datieren sei und damit das Alter der Gesamtanlage liefert.

Die Siedlung

Während man Elemente wie die Befestigung durch punktuelle Untersuchungen erforschen kann, ist es bei Siedlungsflächen deutlich schwieriger bzw. einfach zu teuer, um diese ganzflächig auszugraben und kann nur über lange Zeit erfolgen.
Die größten Flächenuntersuchungen fanden in den 1930er-Jahren statt. Dabei wurde eine Fläche von 3.000 m^2 freigelegt. Bei den Grabungen ab 1999 wurden weitere Bereiche flächig untersucht, sodass man heute von einem ausgegrabenen Areal von drei Prozent sprechen kann.
Aufgrund der alten Flächengrabungen konnte man im Oppidum eine mehrphasige Besiedlung feststellen, die in das 2. und 1. Jh. v. Chr. fällt. Die Gebäude dieser Zeit wurden mit Fachwerk errichtet, dessen Gefache mit Zweigen als Träger für einen Lehmverstrich gefüllt waren. Sie lassen sich dabei in zwei Funktionsbereiche unterscheiden: Wohnhäuser und Speicherbauten. Die Wohnhäuser waren langgestreckte, ebenerdige Bauten, während die Speicher auf einer Stelzenkonstruktion standen.

Der römische Tempel

Schon in den 1930er-Jahren stieß man auf die Überreste eines kleinen römischen Tempels, der in das 2. bis 3. Jh. n. Chr. datiert wird (Abb. 61). Er maß nur 2,70 × 2,15 m. Die Überreste zeugen von einem sehr ökonomischen Bauen: Der Mauerkern bestand aus lokalem Gestein, während die Außenseiten mit Sandstein verkleidet waren; dieses Material musste importiert werden. Die Dachkonstruktion bestand aus einem hölzernen Gebälk und wies eine Eindeckung mit Schiefer und Ziegeln auf.
Aufgrund des Fundmaterials aus der unmittelbaren Umgebung des Tempels lässt sich eine Weihung an die römische Göttin der Jagd, Diana, und an Mars, den römischen Gott des Krieges, vermuten.

Abb. 61 Nonnweiler. Otzenhausen, römischer Tempel im Bereich des Oppidums.

Grabhügel

Außerhalb des Oppidums wurde in den 1930er-Jahren ein Grabhügel untersucht, der einen Durchmesser von 22 m besitzt. Die ursprüngliche Höhe wird bei etwa 4 m gelegen haben; erhalten ist aber nur eine Höhe von 0,80 m.

Das Grab wies zwei Bestattungen auf. Das Zentralgrab war geplündert, konnte aber durch Keramikfunde in das 6. bis 5. Jh. v. Chr. datiert werden. Eine zweite Bestattung in dem Hügel, eine „Nachbestattung", wurde von den Archäologen etwas jünger datiert.

Literatur

S. Hornung, Roms Legionen im Land der Treverer. Das keltische Oppidum „Hunnenring" im Spiegel der römischen Eroberung, Antike Welt 43/5 (2012) S. 18–23; M. Koch, Ausgrabungen am keltischen Ringwall „Hunnenring" von Otzenhausen, in: Jahresbericht 2009 zur Bodendenkmalpflege (2010) S. 52–54.

Ein Ausblick

So beeindruckend das Bodendenkmal selbst ist, gibt es Planungen, durch Rekonstruktionen Ausgrabungsergebnisse stärker zu visualisieren. Dabei sollen das Westtor und ein Stück Mauer wieder errichtet und die unterschiedlichen keltischen Mauertechniken nebeneinander dargestellt werden.

Neben den Rekonstruktionen entsteht ein archäologischer Park außerhalb des Ringwalls. In verschiedenen Gebäuden sollen keltisches Leben und Handwerke vorgestellt werden.

Kultur und Wein – das lässt sich wunderbar bei einem Besuch des charmanten Weinörtchen Nennig miteinander verbinden. Schon der goldene Tropfen aus den lokalen Weinbergen ist ein fürstlicher Genuss, der nur noch durch einen Besuch der römischen Villa gekrönt werden kann – eine Residenz, die den ganzen Wohnluxus der römischen Provinzialeliten bekundet.

41 PERL – NENNIG: DER ZUFALLSFUND EINER RÖMISCHEN GROSSVILLA MACHT EIN IDYLLISCHES ÖRTCHEN BEKANNT

Die Gemeinde Perl, die sich aus verschiedenen Ortsteilen zusammensetzt, ist reich an Zeugnissen aus römischer Zeit. Neben der Villa Borg – der Rekonstruktion einer römischen Villa – ist die Villa von Nennig ein bedeutendes Zeugnis längst vergangener Zeiten.

Entdeckung und Ausgrabungen

Man schrieb das Jahr 1852. Der Landwirt Peter Reuter wollte auf seinem Grundstück unweit der Nenniger Kirche eine Rübengrube ausheben. Dabei stieß er zufällig auf Mosaiksteinchen, die, wie sich später herausstellen sollte, zu einem der bedeutendsten römischen Mosaiken Deutschlands samt zugehöriger Villa gehörten.

Der Trierer Domkapitular und zugleich Präsident der noch heute existierenden „Gesellschaft für nützliche Forschungen", Johann Nikolaus v. Wilmowsky, wurde als erster informiert und begann sofort mit den Ausgrabungen, deren Ergebnisse zwar publiziert, aber in der Forschung nur wenig wahrgenommen wurden. Aus welchen Gründen auch immer gab v. Wilmowsky seine Grabungstätigkeit in Nennig auf. Die preußische Bezirksregierung in Trier engagierte im Sommer 1866 den Bildhauer Heinrich Schaeffer, der u. a. in Rom gearbeitet hatte. Zunächst sollte er nur das großartige Mosaik restaurieren, führte dann aber auch Ausgrabungen durch, wobei er sich auf eine Qualifikation durch eine angebliche Tätigkeit in Pompeji berief. Der Schwindel kam ans Licht, als er mehrere Inschriften publizierte, die von den meisten Koryphäen der Zeit, etwa Theodor Mommsen, schnell als Fälschungen erkannt wurden. Damit fand Schaeffers Tätigkeit in Nennig ein jähes Ende. Ernst Aus'm Weerth, der nun wirklich ein Fachmann war, unterzog die gesamte Arbeit Schaeffers einer kritischen Revision und stieß dabei auf zahlreiche Produkte der Phantasie. Mit seiner Tätigkeit als Ausgräber von 1869 bis 1872 konnte er aber die Reputation des Fundortes Nennig wieder herstellen.

Römische Villa Nennig

Römerstraße
66706 Perl-Nennig
Tel.: 06866-1329
http://www.kulturbesitz.de/museen.html

Danach sollte es mehr als 100 Jahre dauern, bis die Archäologen wieder systematische Ausgrabungen in der Villa durchführten. Sie dauerten von 1987 bis 1999.

Funde und Befunde

Aufgrund der Altgrabungen des 19. Jhs. ging man davon aus, die Villa habe ausschließlich Residenzcharakter gehabt. Dies lag daran, dass nur der repräsentative Teil ausgegraben worden war. Dabei handelt es sich um eine Portikus-Villa mit Eckrisaliten, die zwei Stockwerke aufwies. Die Fassade erstreckte sich über 140 m. Seitliche Portiken verbanden das Hauptgebäude mit Gästehäusern. Die Gesamtlänge mit allen Portiken und Bad betrug sogar 650 m und war damit eine gewaltige Kulisse. Genau in der Achse des Gebäudes befindet sich ein großer, rechteckiger Raum, der als Empfangsraum verstanden werden muss. Hier fand sich das phantastische Mosaik. Nach Norden hin findet sich eine Reihe von Räumen, die auf einen Peristylhof mit Brunnen hin orientiert sind. Zur anderen Seite hin ist der Grundriss nicht genau entsprechend. Aber auch hier lagen Höfe mit Säulenstellungen.
Wohnluxus zeigte sich ebenfalls in den Bädern. Ihre Reste konnten südlich des Hauptgebäudes untersucht werden. Eine Verbindung bestand durch einen unterirdischen Gang, der es gewährleistete, dass der Hausherr, seine Familie und Gäste immer trockenen Fußes das Badegebäude erreichen konnten. Für die abgesetzte Lage der Thermen lassen sich zwei Gründe nennen: Einmal wurde die Brandgefahr, die von einem solchen Gebäude ausging, reduziert, zum anderen bot sie private Abgeschiedenheit. Sie bedeckten eine Fläche von 500 m^2 mit insgesamt sie-

Abb. 62 Perl. Römische Villa in Nennig. Schutzbau über dem Gladiatorenmosaik.

ben Räumen, von denen fünf Apsiden und drei Hypokaustenheizungen aufwiesen. Dazu kam ein großes Becken.
Der bekannteste Fund aus der Villa ist das großartige Mosaik, dessen Fund überhaupt die Ausgrabungen vorantrieb. Es befindet sich heute immer noch an seinem ursprünglichen Fundort; ein Schutzbau aus dem 19. Jh. bewahrt es vor Witterungseinflüssen (Abb. 62). Die Funktion des Raums, in dem es verlegt wurde, lässt sich eindeutig bestimmen. Der Herr des Hauses nutzte ihn als Empfangsraum.
Das Mosaik, um die Mitte des 3. Jhs. n. Chr. entstanden, ist 15,65 × 10,30 m groß, besitzt also eine Fläche von etwas mehr als 161 m². In reiches Dekor eingebettet, zeigen sechseckige Medaillons und ein quadratisches Bildfeld Szenen aus dem Amphitheater (Abb. 63). Gerne wird darauf hingewiesen, dass sich die Darstellungen auf Ereignisse im Amphitheater von Trier beziehen, eine durchaus wahrscheinliche Annahme. Manches wird für den Betrachter überraschend sein: ein Medaillon stellt etwa zwei Musikanten mit Orgel und Horn dar (Abb. 63, 1), die als *pars pro toto* für ein ganzen Orchester stehen. Andere Bilder zeigen das, was man von einem Gladiatorenmosaik erwartet, nämlich verschiedene Arten von Akteuren der Arena.
Ein Bildfeld des Mosaiks (Abb. 63, 7) fällt aber noch aus dem Rahmen. Es zeigt einen alten Mann, der einen mächtigen Löwen führt. Nichts

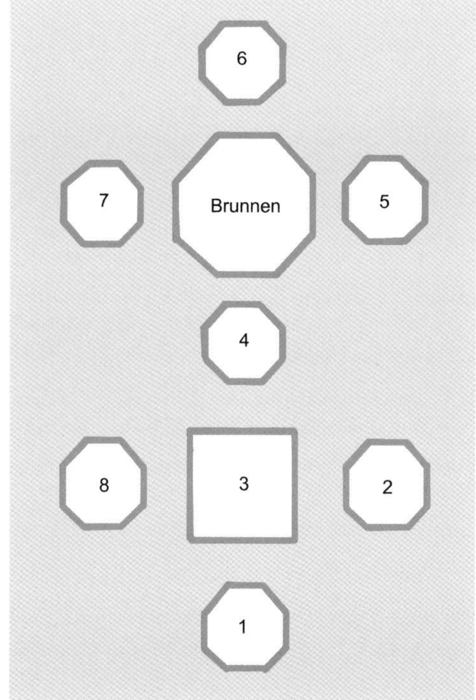

Abb. 63 Perl. Römische Villa in Nennig, Gladiatorenmosaik. Die Motive der Bildfelder:

1 Darstellung eines Orchestras, reduziert auf Orgelspieler und Bläser;
2 Bestiarier, die mit Stock und Peitsche bewaffnet sind. Die Deutung reicht von einer Rüpeldarstellung hin bis zu der Darstellung nicht vollwertiger Gladiatoren, sog. Paegnarii;
3 Retiarier (Kämpfer mit Dreizack und Netz) gegen Secutor (schwerbewaffneter Kämpfer mit großem Schild);
4 Bestiarier, unter einem Bären liegend, dem zwei weitere Gladiatoren zur Hilfe kommen;
5 Darstellung einer *venatio*, hier ein Tiger, der einen Wildesel reißt;
6 Zerstörtes Bildmedaillon, heute mit Inschrift ergänzt, die Angaben über Funddatum und Restaurierungen macht;
7 Androclus-Szene (siehe Text);
8 Bestiarier in Siegerpose, der einen Panther erlegt hat.

deutet darauf hin, dass das Tier für einen Kampf herbei gebracht wird. Vielmehr liegt es nahe, hier eine Geschichte zu sehen, die den Villenbesitzer berührt hat. Zu denken ist an die Geschichte des Sklaven Androclus, der einst einem Löwen einen Dorn aus der Pfote gezogen hatte. Als Androclus als Strafe für seine Flucht eben diesem Löwen zu Fraß vorgeworfen wurde, erkannte jener den Wohltäter von einst wieder und ließ ihn unberührt.

Die übrige Innenausstattung der Villa war nicht minder prächtig. Es konnten Wandmalereien beobachtet werden, die als Motive Amazonen, wilde Tiere sowie florale und geometrische Elemente zeigten.

Als die Archäologen in den 80er- und 90er-Jahren des letzten Jahrhunderts wieder Ausgrabungen in der Villa durchführten, zeichnete sich ein neues Bild zur Nutzung der Anlage ab; man stieß auf einen Wirtschaftsteil. Dabei handelte es sich um einen langgestreckten Hof, der an den Seiten Wirtschaftsgebäude aufwies. Zwar konnten bei den Untersuchungen nur drei dieser Bauten nachgewiesen werden, doch ist die Wahrscheinlichkeit recht groß, dass bei künftigen Ausgrabungen weitere Nutzbauten ans Tagelicht kommen. Wann und ob diese möglich sein werden, lässt sich aber nicht beantworten.

Ein wichtiges Ergebnis bestand aber auch in der Aufdeckung einer breiten gepflasterten Straße, die von der Mosel bis zum repräsentativen Teil der Villa führte. Sie betonte damit die Axialität der Anlage.

Wie es bei großen römischen Villen nicht ganz unüblich ist, befanden sich auf dem Gelände der Villa auch zwei Grabhügel, von denen einer heute gänzlich verschwunden ist; der andere hingegen wurde in den 80er-Jahren des letzten Jahrhunderts von Archäologen untersucht. Es zeigte sich, dass der eindrucksvolle Tumulus an seiner Basis von einer Ringmauer mit einem Durchmesser von 44,5 m umschlossen war. Die Befunde reichten aus, um den Hügel wieder aufzuschütten und einen Teil der Ringmauer zu rekonstruieren. Darüber hinaus erkannten die Ausgräber eine Umfassungsmauer, die eine Fläche von 94 × 100 m umschloss. Mauer und Grab müssen vor fast 2.000 Jahren einen überaus repräsentativen Grabkomplex gebildet haben.

Die Villa ist in ihrer ganzen Pracht natürlich nicht in einem Zuge errichtet worden. Die frühen Ausgrabungen erlauben wohl keine Unterscheidung der einzelnen Bauphasen. Blickt man auf die Kleinfunde, so entstand die Anlage im 1. Jh. n. Chr. Im Sinne eines vornehmen Wohnsitzes wurde sie – ebenfalls nach Ausweis der Funde – bis in die 2. Hälfte des 4. Jhs. n. Chr. genutzt.

Literatur

A. Kolling, Der römische Palast von Nennig (1982); H. Mylius, Die Rekonstruktion der römischen Villen Nennig und Fliessem, Bonner Jahrbücher 129 (1924) S. 109–120.

Vom „Scherbenäcker" zum touristischen Highlight – Mehr als 150 Jahre nach ihrer Entdeckung konnten Archäologen die Reste einer prachtvollen römischen Villa Urbana freilegen, die in Baden ihresgleichen sucht.

42 HEITERSHEIM – FÜR EIN PRIVATES DOMIZIL RÖMISCHER ZEIT WAR HIER NICHTS ZU TEUER

Dass Südwestdeutschland nicht gerade arm an Zeugnissen aus römischer Zeit ist, dürfte kein Geheimnis sein. In den vergangenen Jahrhunderten stieß man immer wieder auf Römisches, das meist ohne Dokumentation zerstört wurde. Dieses Schicksal ereilte beinahe eine Fundstelle unweit des Malteserschlosses in Heitersheim im Jahr 1811, als man auf die Reste der römischen Villa stieß. Statt einer mehr oder weniger wissenschaftlichen Ausgrabung und Konservierung – man muss bedenken, dass die archäologische Wissenschaft erst am Anfang stand – nutzten die Heidenheimer die Überreste als Quelle für Baumaterial. Dieser Frevel endete erst 1975 und später gefertigte Luftbilder zeigten den Archäologen die Spuren einer riesigen Villenanlage. Ab 1991 erfolgten dann archäologische Untersuchungen, die eine einzigartige *villa urbana* ans Tageslicht brachten.

Die Bedeutung der Befunde ließ den Gedanken entstehen, über dem Hauptgebäude der Villa einen gläsernen Schutzbau zu errichten und als Museum zu öffnen (Abb. 64). Andere Teile der Villa sind hingegen nicht sichtbar, sondern deren Grundriss ist im Garten des Malteserschlosses kenntlich gemacht.

Der archäologische Befund

Die Archäologen können aufgrund der systematischen Untersuchungen ein recht genaues und spannendes Bild von der römischen Villa zeichnen. Es zeigte sich, dass sie sich aus kleinen Anfängen heraus zu der repräsentativen Anlage entwickelte, die sie in ihrer Endphase war. Darüber hinaus sollten die Ausgrabungen auch ein neues Licht auf die römische Besetzungsgeschichte des Südwestens werfen.

Am Anfang der Villenanlage stand ein recht einfaches Anwesen. Über diese Phase lässt sich kaum etwas sagen außer der Tatsache, dass es sich um einen Fachwerkbau gehandelt hat. Was diese Phase aber besonders macht, ist die Datierung. Die Funde belegen die Existenz der Villa bereits in den 30er-Jahren des 1. Jhs. n. Chr. Bislang war die Forschung von einer Besiedlung ausgegangen, die erst rund 50 Jahre später angesetzt wurde.

Römermuseum Villa Urbana

Johanniterstraße 89
79423 Heitersheim
Tel.: 07634-595347

Abb. 64 Heitersheim. Römermuseum Villa Urbana.

Bei der Bauphase II ging es vorzugsweise darum, das Raumangebot zu erweitern; die bebaute Fläche war 750 m^2 groß. Auch die Ausstattung wurde deutlich luxuriöser. Die Böden waren nicht mehr nur Stampflehm oder Holzdielen und die Wände waren bereits mit Malereien geschmückt. Diese Phase ist nicht datiert.

Einen großen Sprung machte man mit Phase III, die Anfang des 2. Jhs. n. Chr. datiert wird. Sie ist auch die bestdokumentierte Anlage, weil man für die Bauphase IV das aufgehende Mauerwerk abtrug und die Fundamente einfach überbaute. Die Fläche stieg auf 1.500 m^2 und der Bau wurde erstmals in Stein ausgeführt. Ein Innenhof wurde mit einem 18 m langen Wasserbecken geschmückt, dessen Enden abgerundet waren. Hier folgte man italischen Vorbildern, die aus den Villen am Vesuv gut bekannt sind. Das Becken ist in der musealen Präsentation erhalten, wie auch Keller diese Phase.

Die übrige Ausstattung war ebenfalls überaus kostbar. Vielfarbiges Mosaik schmückte die Räume; verschiedene Marmorsorten und Serpentin aus Italien, Griechenland und der Türkei fanden sich ebenso.

Die letzte Bauphase der Villa wird nach 180 n. Chr. datiert. In dieser Zeit erreichte sie ihre größte Ausdehnung. Die Gesamtfläche der Villenanlage – *pars urbana* und *pars rustica* – umfasste nun eine Fläche von 5,5 ha und war mit einer 1.040 m langen Mauer umschlossen, die 0,6 m breit und 2 m hoch war. Die Archäologen haben ausgerechnet, dass allein für diese Mauer 1.250 m^3 Steine gebrochen werden mussten.

Der herrschaftliche Teil nahm insgesamt die Fläche von 1,35 ha ein. Nach Westen hin verlief eine 90 m lange *Portikus*, die zwei Funktionen erfüllte. Einmal bildete sie eine repräsentative Kulisse, zum anderen bildete sie die Trennlinie zwischen *pars urbana* und *pars rustica*.
Der Wohn- und Repräsentationsbereich umfasste eine Fläche von 3.000 m^2 einschließlich Atrium und Peristyl. Neben diesen Raumeinheiten gab es Quartier für Bedienstete sowie Lagerräume für die Vorräte im Haus, etwa für Wein. Selbstverständlich existierten auch eine Badeanlage und eine Latrine. Gärten und ein Sportplatz waren ebenso vorhanden.
Der Wirtschaftsteil ist nur teilweise erforscht, weil er zu einem großen Teil vom Malteserschloss überlagert wird. Verschiedene Gebäude sind aber nachgewiesen.
Zahlreiche Funde deuten jedenfalls darauf hin, dass die Villa als richtiger Wirtschaftsbetrieb geführt wurde und dies wohl nicht ausschließlich als Landwirtschaftsbetrieb. So ist Keramikproduktion belegt.
Die Villa in Heitersheim ermöglicht auch eine Größenanalyse des Grundbesitzes. Die Archäologen kamen dabei auf eine Fläche von mindestens 20 km^2. Das ist ein Beleg, dass hier wirklich Angehörige der Oberschicht lebten und man den Besitz als *latifundium* – also als Großgrundbesitz – bezeichnen kann.
Die Villa wurde als herrschaftlicher Sitz bis ca. 275 n. Chr. genutzt. Die Bedrohung durch die Alamannen führte schließlich zu ihrem Ende. In der Spätantike siedelten sich diese im Wirtschaftsteil der Villa an. Eine Siedlungskontinuität genau an dieser Stelle bestand aber nicht.

Literatur

H.-U. Nuber/G. Seitz, Ein neues Kapitel in der Stadtgeschichte: Die römische villa urbana, in: H. Donner (Hrsg.), Heitersheim – Eine Stadt mit großer Geschichte (2010) S. 6–25; H.-U. Nuber, Heitersheim. Eine *villa urbana*, in: Archäologisches Landesmuseum Baden-Württemberg (Hrsg.), Imperium Romanum. Roms Provinzen an Neckar, Rhein und Donau (2005) S. 278–281.

Das museale Element

Zwar darf man die *villa urbana* insgesamt als Museum verstehen, doch findet in einem Kellerraum der Villa eine Ausstellung mit Funden und Schautafeln, die Einblicke in das tägliche Leben Roms gewähren.
Direkt neben dem Museum befindet sich die *villa artis*. Dabei handelt es sich um ein Kunst- und Kulturzentrum einschließlich eines Cafés – ein Projekt, das sich der Inklusion von Behinderten verpflichtet fühlt. Bei der Errichtung des Zentrums war man sich der Lage bewusst und errichtete den Bau in Anlehnung an die Architektur eines römischen Kornspeichers.

In der Idylle und Beschaulichkeit des östlichen Schwarzwaldes findet sich das größte Grab eines frühkeltischen Fürsten in Mitteleuropa und zugleich ein Meisterwerk frühgeschichtlicher Astronomie.

43 VILLINGEN-SCHWENNINGEN – DAS MEGA-GRAB EINES KELTISCHEN FÜRSTEN

Baden-Württemberg

Etwa 2 km südwestlich des Stadtzentrums von Villingen erhebt sich in der Ebene der Magdalenenberg. Im Laufe der Geschichte erfuhr er sehr unterschiedliche Nutzungen. Er war Standort des gewaltigen Grabhügels, Richtplatz, Hexentreff und Kapelle. Darüber hinaus glaubten die Villinger Bürger lange daran, dass hier ein Schatz versteckt sei – ein Gedanke der gar nicht so abwegig war.

Ausgrabungen

So unübersehbar das Grabmonument auch war, so interessierte sich die Forschung doch erst gegen Ende des 19. Jhs. für die Anlage. Im Jahr 1887 wurde sie als Bodendenkmal erkannt; 1890 erfolgten die ersten Ausgrabungen durch Karl Schumacher (1860–1934), der zu dieser Zeit als Assistent an den Großherzoglichen Sammlungen, heute das Badische Landesmuseum in Karlsruhe, beschäftigt war und später erster Direktor des Römisch-Germanischen Zentralmuseum in Mainz wurde. Den damaligen Methoden entsprechend sondierte man von der Hügelspitze hinab und stieß dabei auf die zentrale Grabkammer, die jedoch beraubt war. Erst 80 Jahre später sollte die Forschung sich wieder mit dem Bodendenkmal beschäftigen, sicherlich ein Glücksfall, weil die neue Methoden weitaus mehr an Erkenntnissen mit sich brachten. Der bekannte Prähistoriker Konrad Spindler (1939–2005), der damals gerade am Anfang seiner Karriere stand, hatte die Stelle des Stadtarchäologen in Villingen erhalten und untersuchte in dieser Funktion den Hügel. Dabei entschied er sich den Hügel, in seiner Gesamtheit abzutragen. Er hielt es aber zugleich für sinnvoll, das Grab anschließend wieder herzustellen. 1973 hatte er seine Untersuchungen beendet (Abb. 65).
Der Fundplatz sollte aber über Jahrzehnte hinweg die Forschung beschäftigen. Erst vor wenigen Jahren gelang es, dem Grab durch modernste Methoden ein weiteres Geheimnis zu entreißen.

Funde und Befunde

Was aber macht den Grabhügel aus? Es ist sicherlich seine Größe: Zur Zeit seiner Errichtung hatte er einen Durchmesser von ca. 102 m und war etwa 8 bis 12 m hoch. Das Volumen betrug ungefähr 45.000 m^3; das sind 584 Schiffscontainer. Als man mit der Ausgrabung 1970 begann, war er aber nur noch 6,5 m hoch, weil er im Laufe der Jahrhunderte überpflügt worden war. Damit sank das Volumen des Hügels auf „nur noch" rund 33.000 m^3.

Die Untersuchungen erbrachten folgendes Ergebnis: Als erstes wurde auf ebener Erde die Grabkammer (8,5 × 6 m) aus 90 Eichenstämmen angelegt. Dies gilt für die Wände und den Boden der Kammer. Die Stämme waren sorgfältig präpariert. Die Höhe der Seitenwände betrug 1,50 m. Die Abdeckung der Kammer erfolgte durch eine doppelte Lage an Eichenbalken. Man war sich dessen bewusst, dass das Gewicht der Aufschüttung gewaltig war. Die Kammer hatte eine Größe von 36,5 m^2. Sie ist heute das zentrale Ausstellungstück im Franziskanermuseum (siehe unten).

Nachdem die hölzerne Kammer errichtet war, schichtete man um diese eine Packung aus Buntsandsteinblöcken auf. Dieser Kernhügel hatte einen Durchmesser von ca. 30 m und eine Höhe von 3,50 m. Dazu wurden 2.500 m^3 Steinmaterial benötigt, anders ausdrückt 32 Container oder fast 962 t. Auch wenn die Steine recht nahe am Grab gebrochen wurden – Spindler geht von einer Entfernung von 1 km aus – war das eine gewaltige Arbeit. Immerhin mussten keine Menschen diese Steine bewegen: Kuhfladen, deren Überreste bei der Ausgrabung gefunden wurden, und eine Stangenschleife belegen, dass Transport mittels Rindergespannen erfolgte. Auf den Kernhügel folgte eine Schicht mit Rasenziegeln, dann folgte die oberste Schicht aus stark lehmhaltigem Boden, der unmittelbar am Grab ausgehoben wurde. Auch dies war eine

Abb. 65 Villingen-Schwenningen. Wiederhergestellter Grabhügel.

Franziskanermuseum
Rietgasse 2
78050 Villingen-Schwenningen
Stadtbezirk Villingen
Tel.: 07721-822351
http://www.villingen-schwenningen.de/kultur/staedtische-museen/franziskanermuseum.html

mühselige Arbeit: bei den Ausgrabungen fand man nämlich entsprechende Werkzeuge. Dabei handelte es sich um Körbe und als Spaten zugerichtete Holzstangen.
Führt man sich die gewaltigen Dimensionen vor Augen, so wird deutlich, dass dieses Projekt mit den damaligen Mitteln nicht innerhalb weniger Wochen oder Monate zum Abschluss gebracht werden konnte. Spindler ging von einer Bauzeit aus, die ca. 20 Jahre dauerte. Daraus darf man auch auf Kontinuität in den Herrschaftsstrukturen schließen.
Haben wir bislang unser Augenmerk auf das Zentralgrab gerichtet, so dürfen wir doch nicht die Nachbestattungen vergessen. Nach der Fertigstellung des Hügels – so Spindler – gab es dort etwa 140 Nachbestattungen, von denen bei den Ausgrabungen noch 126 vorhanden waren. Sie gehörten alle in eine Generation.
Weil das Zentralgrab schon in der Antike – wohl um 500 v. Chr. – ausgeraubt worden war, fanden sich bei allen Ausgrabungen nur wenige Objekte. Das Skelett des Grabinhabers war über den Kammerboden verteilt. Es fanden sich noch Schweineknochen, die in Verbindung mit einer Totenspeise zu sehen sind, geringe Reste eines vierräderigen Wagens und einige kleinere Bronzeobjekte.
Ein Problem barg das Grab aber noch. Konrad Spindler ging von einer Beisetzung im Spätjahr 551 v. Chr. aus. Diese Ansicht ist wohl aus zwei Gründen zu revidieren. Neue dendrochronologische Untersuchungen wiesen auf das Fälljahr 616 v. Chr. hin. Darüber hinaus untersuchte Allard W. Mees vom Römisch-Germanischen Zentralmuseum in Mainz die Nachbestattungen. Dabei erkannte er ein Schema, wonach dieser Gräber einen Kalender darstellen könnten. Tatsächlich gelang es, mittels Spezialsoftware den Nachweis zu erbringen, dass hier ein Kalender vorliegt, der dem Mondzyklus folgt. Die dargestellte Sternenkonstellation für die gesamte Anlage weist danach in das Jahr 618 v. Chr. Aufgrund dieser Daten, gewonnen durch Dendrochronologie und Astronomie, muss also die Datierung Spindlers aufgegeben werden.

Literatur
A. W. Mees, Der Sternenhimmel vom Magdalenenberg. Das Fürstengrab bei Villingen-Schwenningen – ein Kalenderwerk der Hallstattzeit, Jahrbuch des Römisch-Germanischen Zentralmuseums Mainz 54/1 (2007) S. 217–264.

Das Franziskanermuseum stellt innerhalb der Museumslandschaft Villingen-Schwenningens einen zentralen Punkt dar. In den Räumen des ehemaligen Klosters, das vom 13. bis zum 18. Jh. bestand, werden die Stadtgeschichte in zwei Abteilungen, eine volkskundliche Sammlung (Schwarzwaldsammlung) und die Fastnacht dargestellt. Den absoluten Höhepunkt stellen aber die Funde aus dem keltischen Fürstengrab vom Magdalenenberg dar. So kann der Besucher die rekonstruierte Grabkammer – das Holz ist original und der größte Holzfund aus der Hallstattzeit – bestaunen. Viele andere Funde zeichnen ein Bild jener Epoche.
Vom Museum aus führt der „Keltenpfad“ zum rekonstruierten Grabhügel. Der Fußweg ist mit Informationstafeln versehen.

In dem beschaulichen Örtchen Welzheim, umgeben von Wäldern, finden sich die Reste gleich zweier römischer Kastelle, die zum Welterbe Limes der UNESCO zählen.

44 WELZHEIM – LUFTKURORT UND ARCHÄOLOGIE: DIE RÖMISCHEN LIMESKASTELLE

Baden-Württemberg

Welzheim liegt nur 40 km östlich der Landeshauptstadt Stuttgart. Heute zeichnet sich der Ort durch reges Leben, vielfältige Angebote von Kultur und Bildung, aber auch als Gesundheitsstandort aus. Das römische Erbe – gleich zwei Kastelle – spielen heute im Bewusstsein der Welzheimer eine wichtige Rolle.

Die Kastelle

Die beiden römischen Militärlager werden nach ihrer Lage bezeichnet: West- und Ostkastell. Das Westkastell, eigentlich das bedeutendere von beiden, wurde im Laufe der Zeit fast vollständig überbaut. Das Ostkastell hingegen bot die Möglichkeit, nicht nur systematische Forschungen durchzuführen, sondern einen Archäologischen Park einzurichten, dem auch der Schwerpunkt gewidmet ist. Ein kurzer Blick auf das Westkastell ist aber unvermeidlich.

Das Westkastell

Das Kastell wurde 1895 entdeckt und unmittelbar danach durch die Reichslimeskommission teilweise ausgegraben. Dabei konnte die Größe des Lagers mit 4,3 ha (236 × 181 m) ermittelt werden. Es zählt damit zu den größten Anlagen am Obergermanisch-Rätischen Limes. Die weitgehende Überbauung setzte im späten 19. Jh. ein, nahm aber nach dem Zweiten Weltkrieg dramatisch zu. Neue Untersuchungen erfolgten ab 1980 als Notgrabungen, bei denen zwar wichtige Befunde gemacht wurden, die aber nicht gerettet werden konnten. Die Ergebnisse aller Grabungen erlauben den Schluss, dass das Westkastell eine eindrucksvolle militärische Anlage gewesen sein muss.

Es ist immer eine spannende Frage, wann eine Anlage entstand und wann sie endete. Bei den Ausgrabungen ließen sich keine Spuren eines Lagers aus Holz und Erde beobachten, sodass man von einer Entstehung direkt als Steinbau ausgehen kann, die dann in das 2. Jh. n. Chr. zu datieren ist. Aufgegeben wurde die Festung aber schon im 3. Jh. n.

Chr. Die jüngste Münze, die man im Lager fand, die „Schlussmünze", datiert in die Regierungszeit des Severus Alexander (222–235 n. Chr.). Der Standort wurde entweder während dessen Herrschaft oder wohl bald danach verlassen.

Das Kastell war ab der Mitte des 2. Jhs. n. Chr. mit einer Ala einer Kavallerieeinheit belegt. Aufgrund des Inschriftenmaterials ließ sich die Truppe als *Ala Scubulorum* identifizieren, die vorher in Stuttgart-Bad Cannstatt stationiert war und in Welzheim bis zum Anfang des 3. Jhs. n. Chr. verblieb.

Obwohl das Ostkastell als Numeruskastell mit einer Belegung von maximal 200 Soldaten wesentlich kleiner war, hat es sich doch im lokalen Gedächtnis bewahrt. Der Flurname „Bürg" belegt dies. Vielleicht hat dieser Umstand dazu beigetragen, dass schon 1886 die ersten Untersuchungen stattfanden; ab 1894 – also fast zeitgleich mit dem Westkastell – untersuchte die Reichslimeskommission die Anlage. Gefahr drohte dem Platz in den 1960er-Jahren, als die Gemeinde dessen Überbauung plante. Doch aus den vorhergehenden Forschungen wusste man um die Bedeutung des Platzes und das Land Baden-Württemberg erwarb die Fläche. War es anfangs noch geplant, das ganze Kastell auszugraben, sollte sich in den 70er-Jahren des letzten Jahrhunderts eine neue Ansicht durchsetzen: Weite Flächen des Lagers sollten unberührt bleiben und so künftigen Forschergenerationen mit neuen Methoden Arbeitsmöglichkeiten zu geben. Die reine Spatenforschung wurde 1981 beendet; jedoch folgten in den folgenden Jahrzehnten zerstörungsfrei Untersuchungen mit geophysikalischen Methoden.

Wichtig war aber, diese archäologische Zone auch dem breiten Publikum sichtbar zu machen. Daher wurden die ausgegrabenen Befunde gesichert und teilrekonstruiert. So entstand der „Archäologische Park Ostkastell".

Funde und Befunde

Das Kastell – etwa 530 m vom Westkastell entfernt – war auf einer strategisch günstigen Position, auf einem Geländesporn, nach Ausweis der Funde in spähadrianischer oder frühantoninischer Zeit angelegt worden. Damit war es etwa eine Generation älter als das Alenkastell. Vielleicht erklärt dies auch, warum das Lager außerhalb des Limes lag; man könnte an eine geringfügige Grenzkorrektur denken. Aufgrund einer Inschrift ist auch bekannt, dass hier eine Kundschaftereinheit, der *numerus Brittonum et exploratores,* stationiert war. Diese Truppe kam ursprünglich aus Britannien und scheint organisatorisch wohl der VIII. Legion in Straßburg zugeordnet gewesen zu sein. Ein Centurio dieser Einheit ist als Kommandant belegt.

Das Ostkastell
Archäologischer Park Ostkastell
Rienharzer Straße 95 a
73642 Welzheim

Die Fläche des Kastells war mit 1,6 ha (etwa 123 × 126 m) deutlich kleiner als die des Westkastells. Allerdings bot der Platz schwierige Bodenverhältnisse, sodass die Mauern mehrfach repariert werden mussten. Darüber hinaus entstanden durch die Hanglage Probleme mit der Wasserführung; Drainagen wurden nötig.

Die Befestigung des Ostkastells entstand mit Sicherheit in zwei Bauphasen. Der ersten werden die Gräben, die eigentlichen Mauern, zwischen 1,1 und 1,4 m breit, und die Innenbebauung zugerechnet. Bei den Gräben handelte es sich um doppelte Spitzgräben.

Der Zugang erfolgte über vier Tore, die entsprechend der Himmelsrichtung orientiert waren. Das Süd- und Nordtor waren gleich gestaltet und besaßen nur einen Durchgang und verfügten über keine Türme. In den Wirren der Markomannenkriege (160–180 n. Chr.) wurde das Kastell beschädigt, wie Brandspuren belegen. Aufgrund der Funde lässt sich dieses Ereignis in die 170er-Jahre datieren. Danach entstanden zur Verstärkung der Mauer Ecktürme, Tortürme und Zwischentürme.

Die Innenbebauung des Lagers bestand wohl überwiegend aus Holzgebäuden. Vorstellbar ist aber hingegen die Existenz von Steinbauten für Bauten wie die *principia* oder das *praetorium*.

Die Wasserversorgung des Lagers erfolgte über Brunnen, von denen bisher vier nachgewiesen werden konnten. Für die Archäologen bargen sie viele Überraschungen. Vor allem die Brunnen 1 und 2 lieferten Informationen zur Chronologie des Kastells und – das macht auch das Besondere aus – zum alltäglichen Leben im Lager. Es fanden sich nämlich viele organische Reste, etwa Lederschuhe oder Gegenstände aus Holz; diese können heute u. a. im Welzheimer Museum bestaunt werden. Daneben fanden sich in den Brunnen selbstverständlich auch Ausrüstungsgegenstände der Soldaten.

Abb. 66 Welzheim. Ostkastell, Rekonstruktion des Westtores.

Städtisches Museum Welzheim

Städtisches Museum Welzheim, Pfarrstraße 8, 73642 Welzheim, http://www.museum-welzheim.de/

Bei der Chronologie darf man sich von den Bezeichnungen nicht täuschen lassen. Sie sagen nichts aus über ihre Abfolge. Brunnen 2, dendrochronologisch datiert, wurde um 165 n. Chr. angelegt, der Brunnen 1 um 190 n. Chr. Letzterer war bis 230–250 n. Chr. noch in Betrieb.

Vicus und Gräberfeld

Auch in Welzheim gab es ein Lagerdorf; dieses erstreckte sich zwischen den beiden Kastellanlagen und zog sich hin bis zur Südseite des Westkastells. Aufgrund der Überbauung ist von dem *vicus* nicht viel erforscht. Die Aussicht auf weitere Untersuchungen ist gering. Jedoch konnten zwischen 1955 und 1964 Siedlungsspuren – Reste von Holz- und Steinbauten – beobachtet werden.

Über die Nekropole lässt sich ebenfalls nur wenig ausführen. Bei Notgrabungen konnten zwar in den 1960er-Jahren Gräber freigelegt, jedoch nur unzureichend dokumentiert werden. Informativer waren hingegen Ausgrabungen im Jahr 1979, bei denen 162 Gräber aus dem 2. und 3. Jh. n. Chr. ans Tageslicht kamen.

Das Städtische Museum – eingebettet in ein Ensemble des Pfarrhofes – hat seit 1981 im ehemaligen Dekanatsgebäude seine Heimstatt gefunden. Der Schwerpunkt des Hauses liegt seit 2013 auf der römischen Abteilung; darüber hinaus zeigt das Museum volkskundliche Sammlungen. In den zum Museum gehörenden Nebengebäuden sind etwa eine Schmiede und eine Schusterwerkstatt untergebracht.

In der römischen Abteilung, die hier vor allem interessiert, finden sich mehr als 300 Objekte, die fast alle aus Welzheimer Grabungen stammen. Thematisch gliedert sich die Abteilung in vier Bereiche: Limes, Militärlager, Zivilsiedlung und Mensch – Alltag – Umwelt.

Aufgrund der Fundbedingungen – es wurden mehrere Brunnen freigelegt, die für organische Materialien hervorragende Erhaltungsbedingungen boten – sind es vor allem die gut erhaltenen römischen Schuhe, die ein breites Spektrum abdecken: vom Hauspantoffel bis hin zu den Schuhen der Soldaten.

Bei der Neugestaltung des Museums kam man den Interessen der Besucher auch insofern entgegen, dass moderne Medien eingesetzt in das Konzept integriert wurden.

Literatur

M. G. Meyer, 5 Welzheim, in: S. Matešic/C. S. Sommer (Hrsg.), Am Rande des Römischen Reiches. Ausflüge zum Limes in Süddeutschland. Beiträge zum Welterbe Limes Sonderband 3 (2015) S. 62–67; M. Reuter/A. Thiel, Der Limes. Auf den Spuren der Römer (2015) S. 117–119.

Römische Kastelle am Limes – davon gibt es viele! Aber das Militärlager von Eining ist das einzige in Bayern, das fast vollständig ausgegraben ist und für Besucher als archäologischer Park aufbereitet, ein anschauliches Bild liefert.

45 NEUSTADT AN DER DONAU – EINING: DAS RÖMISCHE KASTELL ABUSINA

Bayern

Das Ausgrabungsgelände des Kastells von Eining ist heute als Freilichtmuseum gestaltet und frei zugänglich. Es liegt etwa 500 m südlich des Ortes am Flüsschen Albens. Diese kleine Fluss gab dem Ort in römischer Zeit den Namen: *Abusina*, der in verschiedenen Schreibweisen überliefert ist. Das Lager gehört zum Weltkulturerbe der UNESCO; es ist ein Bestandteil des Rätischen Limes, der hier als „nasser Limes" geplant war.

Forschungsgeschichte

Die Erforschung des Ortes setzte bereits sehr früh ein. Durch Quellen wie die *Tabula Peutingeriana*, das *Itinerarium Antonini* und der *Notitia Dignitatum* wussten bereits die Gelehrten des 16. Jhs. über Lage und Existenz des Kastells Bescheid, zumal sich dies auch durch Inschriftenfunde weiter belegen ließ. Betrachtet man die deutsche Geschichte in den folgenden Jahrhunderten, so muss es nicht verwundern, dass *Abusina* wieder aus dem Gedächtnis der Leute verschwand. Erst im 19. Jh. – mit dem Entstehen des Bildungsbürgertums – rückte der Ort erneut in das Blickfeld des Interesses. Im Jahr 1879 war es der Pfarrer Wolfgang Schreiner, der die Forschungen anstieß und sogar mit eigenem Geld finanzierte.

Zu Beginn des 20. Jhs. – zwischen 1911 und 1920 – führte Paul Reinecke (1872–1958) im Rahmen seiner Tätigkeit beim Vorläufer des heutigen Landesdenkmalamtes systematische Ausgrabungen durch. Die Wirren der folgenden Jahrzehnte wirkten sich auch auf Forschungen in Eining aus. Erst 1968 wurden die Ausgrabungen durch die Römisch-Germanische Kommission wieder aufgenommen.

Da sich die Archäologie in den letzten Jahrzehnten zunehmend der Aufgabe bewusst wurde, die Forschungsergebnisse auch einem breiten Publikum zugänglich zu machen, entstand der Plan, das Kastellgelände in einen archäologischen Park umzuwandeln; dieses Projekt wurde schließlich 2011 realisiert. Dazu baute man eine Aussichtsplattform,

Römerkastell Abusina

Abusinastraße 1
93333 Neustadt
a.d. Donau
OT Eining
Tel.: 09443-2674

von der aus der Besucher einen Überblick über den archäologischen Park bekommt. Schon von dieser Plattform fallen große Rahmen auf, die während eines Rundgangs den Blick des Besuchers auf bestimmte Objekte lenken und zusätzlich Informationen dazu liefern sollen. Außerdem gibt es große Tafeln, die mit Texten, Rekonstruktionen und Grundrissen wertvolles Wissen vermitteln.
Bedauerlich ist sicher, dass im archäologischen Park keine Funde präsentiert werden. Aufgrund der langen Forschungsgeschichte findet sich das Material in verschiedenen Museen der Region bis hin nach München.

Geschichte des Kastells

Über die Anfänge des Kastells sind wir glücklicherweise recht gut informiert, weil die Archäologen bei den Ausgrabungen die Gründungsinschrift entdeckte. Sie belegt, dass das Lager in der Regierungszeit des Titus (79–81 n. Chr.) angelegt wurde. Dabei tendiert die Forschung zum Jahr 80 n. Chr.
Genutzt wurde das Kastell durch die *Cohors IIII Gallorum*, deren Aufgabe darin bestand, die Donaugrenze zu sichern. Die Soldaten mussten sich mit einem Lager zufrieden geben, dessen Befestigung aus Holz und Erde errichtet war und die Innenbebauung wohl auch nur aus einfachen Fachwerkbauten bestand.
Diese Einheit blieb hier stationiert, bis gegen Ende der Regierungszeit Trajans (98–117 n. Chr.) eine andere Abteilung – ein Teil der *Cohors II Tungrorum milliaria equitata*, also eine Kavallerieeinheit – hier Quartier bezog. Dabei handelte es sich um etwa 500 bis 600 Mann. Ihre Stammeinheit blieb aber in Britannien. Zwischen 138 und 147 n. Chr. wurde die *Cohors II* durch die *Cohors IIII* aus dem gleichen Truppenverband ersetzt. Den Schluss in der Belegung des Kastells bildete ab 153 n. Chr. die *Cohors III Britannorum equitata*, wiederum eine Kavallerieeinheit. Sie blieb hier bis in das 5. Jh. n. Chr.
Der Umbau vom Holz-Erde-Kastell zur steinernen Festung wird in der Forschung zeitlich etwas unterschiedlich datiert. Die Maßnahme könnte bereits in der Regierungszeit Hadrians (117–138 n. Chr.) angesetzt werden, vielleicht auch etwas später. Dieser Neubau war nötig, weil man sich wohl der Bedrohung der Reichsgrenzen von außen bewusst war. Das zeigte sich schon bald in den Markomannenkriegen, in deren Verlauf sowohl Kastell und zugehöriges Lagerdorf zerstört wurde.
Man spricht davon, nach dem Wiederaufbau von Kastell und *vicus* sei eine Phase der Ruhe und des Wohlstandes eingekehrt, die bis zum Ende des 1. Drittels des 3. Jhs. gedauert habe. Jedoch führte Caracalla (211–217 n. Chr.) bereits im Sommer 213 n. Chr. einen Feldzug gegen die

Abb. 67 Eining. Römisches Kastell Abusina, Blick auf das *praetorium* (vorne) und die *principia* (hinten).

Alamannen durch, schaffte so zwar eine Ruhepause, die aber nur zwei Jahrzehnte währte.

Bei dem ersten großen Angriff der Alamannen auf das Reichsgebiet wurde *Abusina* erneut zerstört, aber wieder aufgebaut. Im Frühjahr 254 n. Chr. ging das Lager erneut unter. Ein bedeutendes Zeugnis für diese Katastrophe ist ein Schatzfund im Jahr 1975, der sich heute in München befindet.

In der Folgezeit wurde das Kastell wieder aufgebaut, während das Lagerdorf aufgegeben wurde. Verschiedene Umstrukturierungen des Heeres brachten jedoch eine deutliche Verkleinerung der Truppe in Eining mit sich. Sie schrumpfte auf etwa 140 Soldaten, die sich in eine Kleinfestung in der Südwestecke des alten Lagers zurückzog. Diese Reduktion gilt als besonders ausgeprägt und wird auch für andere Kastelle diskutiert. Die Zivilbevölkerung des aufgegebenen *vicus* wurde auf dem restlichen Areal angesiedelt, sodass es möglich war, die alten Befestigungen zu unterhalten.

Um die Mitte des 5. Jhs. n. Chr. ging *Abusina* endgültig unter. Es deutet wohl einiges darauf hin, dass ein erneuter Angriff der Alamannen die Ursache dafür war.

Funde und Befunde

Der kurze Abriss zur Geschichte des Lagers verdeutlicht schon, dass die Archäologen bei ihren Ausgrabungen auf komplizierte Befunde stoßen mussten oder Schwierigkeiten hatten, einzelne Phasen zu klären.

So hat sich von dem Holz-Erd-Kastell des 1. und frühen 2. Jhs. n. Chr. nichts erhalten. Die Forschung geht aber davon aus, dass sich die folgenden Bauphasen an dessen Grundriss und Maßen orientierten. Damit ergäbe sich eine Größe von 147 × 125 m, also ca. 1,8 ha. Diese Ansicht ist durchaus begründet, weil diese Dimensionierung der durchschnittlichen Größe eines Kohortenkastells mit Reiterei entspricht. Geklärt werden konnte aber, dass das Haupttor, die *porta praetoria*, nach Norden orientiert war, während dieses später nach Osten ausgerichtet war.

Über die Lagerbauten ab dem 2. Jh. n. Chr. sind wir besser informiert. Der erste große Unterschied zum früheren Lager bestand darin, dass es nun an drei Seiten von einem doppelten Spitzgraben umgeben war, von dem aber heute nichts sichtbar ist. Zur Donau hin war ein Graben überflüssig. Diese Gräben stellten sicher ein Hindernis für jeden Angreifer dar. Immerhin war jeder 8 m breit und 4 m tief. Die Wehrmauer wies eine Dicke von 1,4 m auf, war aber zusätzlich noch mit Erde hinterfüllt. In der Höhenentwicklung geht man von 5 m aus. Verstärkt wurde die Mauer durch Türme an den abgerundeten Ecken, an den Mauern selbst und an den vier Toren.

Das Lagerinnere folgte im Wesentlichen dem üblichen Schema. Standortverwaltung (*principia* und *tabularia*), das *praetorium*, Waffenkammer, Fahnenheiligtum und die Truppenkasse lagen im Zentrum (Abb. 67). Darum herum waren Werkstätten, Ställe, Mannschaftsquartiere usw. angeordnet. Von den zuletzt genannten Einrichtungen ist heute nichts mehr sichtbar.

Wie oben bereits angedeutet, wurde das Kastell in seiner letzten Nutzungsphase in ein Kleinkastell umgebaut. Die Forschung nutzt für solche Anlagen den Begriff Reduktionskastell. Für dessen Anlage nutzte man einen Teil der alten Befestigungen; zum Lagerinneren hin legte man einen neuen Spitzgraben an. Die Innenfläche betrug 33,6 × 44,8 m. Als einer der letzten großen Bauten im Lager entstand ein Speicherbau.

Vicus

Im Gegensatz zum Kastell lassen sich im Gelände kaum Spuren des zugehörigen Lagerdorfes sehen. In seiner Blütezeit dehnte sich der *vicus* vor der *porta praetoria* etwa einen Kilometer in nordsüdlicher Richtung und 500 m in westöstlicher Richtung aus. Soweit es sich bislang feststellen ließ, bestanden die Häuser überwiegend aus Fachwerk. Bedeutendere Bauten außerhalb der Kastellmauern waren Thermen sowie eine *mansio*, eine Herberge für Beamte. Sie verfügte über eine eigene kleine Thermenanlage. Ihre Bedeutung liegt aber auch noch darin, dass hier eine Abteilung der Benefiziarier ansässig war. Diese setzten sich aus Unteroffizieren des römischen Heeres zusammen, die dem Provinzialstatthalter unterstellt waren. Ihre Aufgabe bestand darin, für die Sicherheit auf den Straßen zu sorgen und sie nahmen fiskalische Aufgaben wahr.

Literatur

K. Ramstetter, 31 Eining, in: S. Matešić/C. S. Sommer, Am Rande des Römischen Reiches. Ausflüge zum Limes in Süddeutschland. Beiträge zum Welterbe Limes Sonderband 3 (2015) S.170–175; M. Reuter/A. Thiel, Der Limes. Auf den Spuren der Römer (2015) 86. 153–156. 158 f. 186. 198.

Ilz, Inn und Donau – das sind die Flüsse, die nicht nur eine einzigartige Landschaft prägen und den Rahmen für die barocke Altstadt bilden, sondern bereits vor vielen Jahrtausenden Menschen dazu bewogen, hier eine Heimstatt zu finden.

46 PASSAU – DIE STADT AN DREI FLÜSSEN MIT GROSSER VERGANGENHEIT

Das römische Passau stellt eine Besonderheit dar, weil es nicht nur einer Provinz zugeordnet werden kann. Westlich des Inn gehört es zur Provinz *Raetia*, östlich davon aber zur Provinz *Noricum*, was manchmal in der Literatur zur Kuriosität wird. Die Stadt findet sich dann in Österreich wieder, auf dessen Staatsgebiet *Noricum* liegt.

Geschichtlicher Überblick

Die Geschichte Passaus begann nicht erst mit den Römern. Es ließ sich vielmehr eine dichte keltische Besiedlung feststellen. Auf der Halbinsel zwischen Donau und Inn lag wohl ein Oppidum. Nicht erklärbar ist, warum diese Siedlung um die Mitte des 1. Jhs. v. Chr. aufgegeben wurde.
Erst unter Claudius (41–54 n. Chr.) gewann der Platz wieder an Bedeutung. Nachdem schon unter Tiberius oder Caligula die Provinz *Raetia* entstanden war, ließ Claudius die Reichgrenze verändern und die Provinz *Noricum* einrichten. Die Grenze zwischen den beiden Provinzen war der Inn. In Passau entstand so eine befestigte Zollstation, ein Nucleus für die spätere Stadt.

Die Kastelle

Der geschichtliche Überblick zeigte schon die Bedeutung des römischen Passaus. Dies müsste sich eigentlich auch in archäologischen Zeugnissen spiegeln. In der Tat haben die Archäologen viele Relikte aus dieser Zeit gefunden, doch sichtbar ist nur wenig.
Insgesamt fünf Kastelle entstanden im Laufe der Zeit im heutigen Stadtgebiet. Drei davon auf dem Sporn zwischen Donau und Inn, die übrigen auf der Südseite des Inn. Soweit es die Befundlage erlaubt, kann man davon ausgehen, dass vier Lager vom Grundriss her den üblichen Schemata folgen. Das fünfte Lager, das spätantike Kastell Boiotro, weicht deutlich davon ab. Ihm gilt an dieser Stelle auch das Augenmerk, weil

sich im Gegensatz zu den anderen Anlagen sichtbare Reste erhalten haben (Abb. 68).

Das Kastell Boiotro

Die Erforschung des Kastells setzte erst recht spät ein. Zwar wusste man aus den Quellen – der Vita des Hl. Severin, im 6. Jh. entstanden – um die Existenz dieser Militäranlage, die aber darin nicht genau verortet war.

Aufgrund eines Zufallsfundes im Jahr 1974 konnten die Archäologen schließlich umfangreichere Überreste dieses Lagers freilegen. Eine Konservierung war möglich, weil das Museum in unmittelbarer Nähe eingerichtet werden konnte.

Der Name „Boitro“ leitet sich vom älteren Lager Boiodurum her und ist mehrfach in den Quellen belegt. Es entstand an strategisch bedeutender Stelle am Zusammenfluss von Inn und Donau. Seine Funktion – so darf angenommen werden – bestand hauptsächlich in der Sicherung der Flussgrenze und dem Schutz des Flussübergangs. Daher findet sich auch in der Literatur die Bezeichnung Brückenkopfkastell.

Von der geschichtlichen Entwicklung her deuten die Befunde auf eine

Abb. 68 Passau. Kastell Boiotro, Blick auf die Reste der Befestigung. Im Hintergrund das Römermuseum, das innerhalb des Kastells liegt.

Entstehung der Anlage in die Regierungszeit des Kaisers Valentinian I. (364–375 n. Chr.). Ihr war aber nur eine kurze Nutzungsdauer beschieden. Der späteste, in der Literatur vorgeschlagene Ansatz geht von einer Aufgabe vor der Mitte des 5. Jhs. aus. Allerdings gab es genug Hinweise drauf, dass Zivilbevölkerung nachrückte. Denkbar ist hier auch die Existenz eines frühen Klosters, das um 470 gegründet wurde. Nur wenige Jahre später – unter dem Eindruck der zunehmenden Barbareneinfälle – erfolgte eine Evakuierung der Romanen durch den Hl. Severin. Eine Brandkatastrophe zerstörte das in die Jahre gekommene Kastell noch im 5. Jh. Allerdings konnten die Archäologen noch weitere Siedlungsspuren feststellen.

Wie bei vielen anderen Anlagen auch konnte für das Kastell eine mehrphasige Baugeschichte beobachtet werden. Vom Grundriss her bildete es ein Trapez, das an den südlichen Ecken durch polygonale Türme verstärkt war. Die Archäologen vermuten vergleichbare Türme auch im Norden. Die bei römischen Befestigungen häufig vorkommenden halbrunden Türme im Mauerverlauf konnten bislang nicht nachgewiesen werden. Bei den Zugängen zum Kastell begnügte man sich mit einem Torbau im Norden, dessen Gestaltung nicht eindeutig geklärt werden konnte. Die Mauern, aus Bruchstein und Gussbeton errichtet, schwanken in ihrer Stärke erheblich. Sie liegen bei 2,4 bis 3,6 m. Die Mauern hielt man aber nicht für ausreichend, sodass an den, dem Inn abgewandten Seiten ein mächtiger Graben mit einer Tiefe von 2 und einer Breite von 8 m angelegt wurde.

Der Innenhof war nicht bebaut. Die notwendige Innenbebauung beschränkte sich auf Gebäude, die vielleicht über ein Obergeschoss verfügten. Sie dienten als Quartiere, Verwaltungs- und Magazinräume. Dabei waren sie gegen die Mauern gebaut, eine ökonomisch günstige Lösung, die zugleich die nötige Freifläche im Inneren bewahrte. Einige Befunde sprechen dafür, dass später noch weitere Speicherbauten entstanden, die um die Mitte des 5. Jhs. datiert werden. Auch wenn ein Fluss unmittelbar vor dem Lager war, so genügte dieser nicht als Wasserversorgung. Im militärischen Ernstfall konnte der Zugang verhindert sein und darüber hinaus liebten die Römer nicht unbedingt Flusswasser zum Trinken. Die Archäologen stießen daher nicht ganz unerwartet auf einen Schachtbrunnen, der noch immer Wasser führte.

RömerMuseum Kastell Boiotro

Lederergasse 43
94032 Passau
Tel.: 0851-34769
http://www.stadtarchaeologie.de, http://www.museen-in-passau.de/boiotro.html

Im Jahr 1982 entstand in Passau an historischer Stelle, im Bereich des spätrömischen Kastells, das Museum in einem spätmittelalterlichen Gebäude. Da sich seit der Eröffnung die Anforderungen an ein Museum geändert haben, wurden die Ausstellungsräume inzwischen neu gestaltet. Der wichtigste Aspekt dabei war die Beschränkung auf Funde aus Passau selbst. Entgegen der Vermutung, die der Name „RömerMuseum“

suggeriert, reichen die Funde vom Mesolithikum (8.–6. Jt. v. Chr.) bis zum Untergang des Weströmischen Reiches im Jahr 476 n. Chr., als der letzte Kaiser Romulus Augustulus durch den germanisch stämmigen Odoaker abgesetzt wurde.

Die Neukonzeption setzt sehr stark auf neue Medien. Touchscreens und Hörstationen kommen zum Einsatz. Daneben kann sich der Besucher in die Lebenswelten des römischen Passau zurückversetzen lassen.

Klassische Darstellungsweisen kommen aber nicht zu kurz. Modelle – besonders ein 8 m^2 großes Modell des Lagers und seines Umfeldes – erlauben es dem Besucher, sich eine Vorstellung zu machen. Selbstverständlich gehören auch Beschriftungen und Info-Tafeln in den Bereich der Informationsvermittlung.

Auf insgesamt zwei Ebenen werden mehr als 600 Exponate ausgestellt. Das Untergeschoss ist dem Thema Wirtschaft gewidmet: so erfährt der Besucher etwas über steinzeitlichen Feuersteinhandel, keltischen Salz- oder Keramikhandel des 5.–1. Jhs. v. Chr.

Dass es in römischer Zeit nicht ohne Zölle und Steuern ging, wird genauso dargestellt. Besonders interessant ist ein Gefäßfund aus der Zivilsiedlung. Der Gefäßtypus an sich – eine Art Mörser – ist durch eine Inschrift nicht nur mit seinem lateinischen Namen *mortarium* bezeichnet, sondern nennt auch den Verkaufspreis in Höhe eines halben römischen Denars. Dies bietet die Gelegenheit, dem Besucher einen Überblick über Löhne, Preise und Kaufkraft in der Kaiserzeit zu vermitteln.

Vielleicht das wichtigste im Museum ist im Untergeschoss noch die Auseinandersetzung mit dem Kastell und seinen Nachfolgebauten, zu denen letztendlich auch das Museumsgebäude selbst gehört.

In der darüber liegenden Ebene wird Passau während der mittleren Kaiserzeit (70–280 n. Chr.) thematisiert. Um das Römische Reich in seiner ganzen Größe zu erfahrbar zu machen, findet sich am Boden eine Kopie der „*Tabula Peutingeriana*".

Ein wichtiger Bestandteil ist die Darstellung des zivilen Lebens im Römischen Reich. Exemplarisch sei der Grabstein eines römischen Weinhändlers genannt, der als Ansatzpunkt dient, um über Wein in jener Zeit zu informieren. Anhand eines weiteren Grabsteins wird die Rolle der Frau beleuchtet.

Die Ausstellung endet mit dem spätantiken Passau. Archäologische Funde und Befunde zeichnen dabei im Zusammenspiel mit den schriftlichen Quellen ein anschauliches Bild jener Zeit.

Literatur

J.-P. Niemeier, 41 Passau, in: S. Matešić/C. S. Sommer, Am Rande des Römischen Reiches. Ausflüge zum Limes in Süddeutschland. Beiträge zum Welterbe Limes Sonderband 3 (2015) S. 210–215.

Wer von Regensburg spricht, schwärmt von der „schönsten Stadt der Welt" oder von der „nördlichster Stadt Italiens". Hohe Türme erinnern an die mittelalterlichen „Geschlechtertürme" Oberitaliens. Nur wenige Städte in Deutschland können auf eine 2000-jährige Geschichte zurückblicken und wohl keine besitzt eine derartig große Anzahl von Baudenkmälern mit UNESCO-Welterbe-Status.

47 REGENSBURG – DIE SCHWIERIGE SUCHE NACH DEM ANTIKEN ERBE

Bayern

Die historische Altstadt ist für die heutigen Regensburger ein wahrer Glücksfall. Die malerischen Gassen ziehen jährlich viele Tausend Besucher an. Für den Archäologen ist dieser große architektonische Schatz aber ein Hemmnis; nur zu gerne würde er großflächig die frühen Phasen der Stadt erforschen. So muss er sich mit punktuellen Einblicken in die Geschichte begnügen und dort, wo es möglich ist, die Geschichte sichtbar machen.

Die Lage

Die Lage der Stadt wird vor allem dadurch geprägt, dass hier drei Flüsse aufeinander treffen. Der bedeutendste ist dabei sicherlich die Donau, auch wenn Regen und Naab eine wichtige Rolle spielen. Die Anbindung an die Flüsse spielte natürlich auch bei der Entwicklung der Stadt eine wichtige Rolle.

Geschichte

Beschäftigt man sich mit Regensburg, so entsteht schnell der Eindruck, die Geschichte würde in römischer Zeit beginnen. Gerne wird das Bild als eine der ältesten Städte Deutschlands gepflegt. Dabei fängt die Geschichte in der Region schon viel früher an. Siedlungsspuren im Stadtgebiet reichen bis in die Steinzeit zurück. Präsenter sind hingegen die Kelten. So konnten die Archäologen vor wenigen Jahren ein Gräberfeld freilegen, das um 400 v. Chr. datiert wird – und wo Gräber sind, müsste es auch eine Siedlung gegeben haben. In der jüngsten Publikation wird aber explizit darauf hingewiesen, dass eine keltische Siedlung bislang nicht nachgewiesen sei. Die Altertumswissenschaftler haben vielleicht einen Beleg gefunden: Im frühen Mittelalter wurde der Name Radaspona für die römische Zivilsiedlung überliefert. Dieser Name – so die Forschung – soll auf keltische Wurzeln zurückgehen. Auch über den römischen Namen wird immer wieder diskutiert; dies kann aber hier nicht weiter verfolgt werden und es bleibt bei der traditionellen Bezeichnung als *Castra Regina*, zumal die *Notitia Dignitatum* diesen Namen überliefert.

Die Geschichte, auf die so gerne geschaut wird, begann um das Jahr 80 n. Chr., als in Regensburg-Kumpfmühl ein Kohortenkastell angelegt wurde. Dies besaß schon eine Zivilsiedlung und eventuell eine *mansio*. Das Kastell wurde aber 166/167 n. Chr. zerstört. Etwa zehn Jahre später entstand dann das Kastell, das zum Kern der heutigen Stadt wurde. Aufgrund eines großen Bruchstücks einer ungefähr 10 m langen Inschrift (CIL III 11965), die sich heute im Historischen Museum befindet, wissen wir, dass hier die *legio III Italica* im Jahr 179 ihr Standquartier einrichtete.

Im Verlauf des 5. Jhs. n. Chr. endete die militärische Nutzung des Kastells. Die Einwohner der Zivilsiedlung, deren Zahl in der Kaiserzeit auf 10.000 bis 15.000 Menschen geschätzt wird, nutzten die Gelegenheit, sich hinter den sicheren Mauern anzusiedeln. Um 500 wurde der Ort Sitz der bajuwarischen Herzöge und behielt diese Funktion bis 788 bei. Neue politische Entwicklungen sollten dem aber ein Ende setzen. Karl der Große gliederte das Stammesherzogtum Baiern in sein Reich ein. Bei dieser Gelegenheit hielt er sich zwei Winter hintereinander in der Stadt auf. Das Stadtbild in karolingischer Zeit dürfte wohl insgesamt nicht sonderlich imposant gewesen sein. Zumindest die Häuser bestanden aus Holz, wie ein man bei einer Ausgrabung am Donaumarkt feststellen konnte.

Sicherlich förderlich für die Entwicklung Regensburgs war, dass es im 8. Jh. zum Sitz eines Bistums wurde. Viele bedeutende Kirchen und Klöster gehen in ihrem Kern auf diese Zeit zurück.

Eigentlich könnte der Autor an dieser Stelle den geschichtlichen Überblick abbrechen. Jedoch wirkten sich die Ereignisse der folgenden Jahrhunderte auf antike und frühmittelalterliche Denkmäler aus.

Im 10. Jh. bahnte sich für die Stadt eine Katastrophe an. Liudolf, der älteste Sohn Ottos II., rebellierte gegen seinen Vater. Er erlitt aber eine Niederlage und zog sich daraufhin nach Regensburg zurück. Nach langer Belagerung wurde die Stadt schließlich genommen und zur Strafe vollständig niedergebrannt.

Im Laufe des 12. Jhs. entwickelte sich Regensburg nach und nach zu einem Zentrum des Fernhandels, der bis nach Paris, Venedig und Kiew reichte. Der Wohlstand, der daraus entstand, spiegelt sich noch heute im Stadtbild wider.

Mit Beginn des 13. Jhs. erlangte die Stadt zahlreiche Privilegien;

schließlich wurde sie Reichsstadt, d. h. sie genoss politische Autonomie und musste auch dem Kaiser keine Steuern zahlen. Dieser paradiesische Zustand hielt bis zum Ende des 15. Jhs. an. Der wirtschaftliche Niedergang setzte ein, weil die Regensburger die Zeichen der Zeit verschlafen hatten: Alte Handelsverbindungen brachen weg und neue wurden nicht genutzt. Was den Regensburgern damals zum Schaden gereichte, ist heute ein Gewinn; mangels Geld wurde in der Stadt nicht mehr gebaut, sodass das mittelalterliche Stadtbild erhalten blieb.
Trotz des wirtschaftlichen Niedergangs blieb die Stadt an den drei Flüssen ein Brennpunkt der Politik. Hier tagte bis zum Untergang des Heiligen Römischen Reiches der „Immerwährende Reichstag“, einer Institution, die man etwas vereinfacht mit heutigen parlamentarischen Strukturen vergleichen kann.
Zur Geschichte Regensburgs lässt sich an dieser Stelle summarisch sagen, dass die Stadt während des Mittelalters und bis in das 20. Jh. hinein eine vergleichbare Geschichte mit anderen deutschen Städten hatte. Vielleicht zwei gravierende Unterschiede lassen sich festhalten: Seit 1748 ist die Stadt Residenz des Haues Thurn und Taxis, das auch heute noch eine wesentliche Rolle in der Stadt spielt, und zum anderen, dass sie während des Zweiten Weltkrieges der Zerstörung entging.

Funde und Befunde

Die schwierige Suche nach dem antiken Erbe – dieser Teil der Überschrift gründet vornehmlich darauf, dass wir seit der römischen Zeit eine kontinuierliche Besiedlung der Innenstadt haben und die Zeugnisse früherer Zeit darunter versteckt sind. In den letzten Jahren hat die Stadt Regensburg aber Maßnahmen ergriffen, um dem Besucher den Zugang zu historischen Denkmälern zu erleichtern. Im Stadtgebiet finden sich große Informationstafeln, die als „Document“ ausgewiesen sind. Das System soll in den nächsten Jahren ausgebaut werden. Darüber hinaus gibt es Wegweiser, die von einem „Document“ ausgehend zu vergleichbaren Fundstellen führten, so bei der römischen Mauer.

Das Kastell

Kommt der Besucher nach Regenburg, so sei ihm geraten, einen Blick auf den Stadtplan zu werfen, weil er darin deutlich den äußeren Umriss des Kastells erkennen kann. Die spätantike oder frühmittelalterliche Stadt hatte sich in dessen Mauern eingerichtet.
Nachdem das Lager in Regensburg-Kumpfmühl zerstört worden war, musste Ersatz geschaffen werden. Man entschied sich für einen neuen Standort genau gegenüber der Einmündung des Regens in die Donau.

Abb. 69 Regensburg. Abschnitt der Kastellmauer im Parkhaus Dachau-Platz.

Zwischen 175 und 179 n. Chr. wurde das neue Legionslager in Steinbauweise errichtet. Es nahm eine Fläche von 542 × 453 m ein, also ca. 24,5 ha; das entspricht der Fläche von 34 Fußballfeldern.

Durch Ausgrabungen wissen wir, dass das Lager eine vorgelegte Verteidigungslinie in Form eines Spitzgrabens besaß, von dem nichts zu sehen ist. Darauf folgte die über 2 km lange, 7 bis 10 m hohe und 2 m dicke Mauer, die mit mächtigen Quadern aus Kalk- und Kalksandsteinen errichtet wurde. Deren Reste sind an einigen Stellen noch mit beachtlicher Größe erhalten und zwar an der Nordostecke, am Hunnen-Platz, sowie an der Südostecke am Ernst-Reuter-Platz. Besonders eindrucksvoll sind aber die Reste der gewaltigen Mauer, die im Parkhaus am Dachau-Platz konserviert und museal aufbereitet sind (Abb. 69). Auf Bildschirmen wird der Besucher anschaulich informiert.

Wie bei römischen Befestigungsanlagen üblich, war die Mauer zur Innenseite hin mit einer Erdschüttung, dem *agger*, hinterlegt. Diese diente der Mauerverstärkung und als Wehrgang.

Die Mauer wurde durch 30 quadratische Türme ergänzt, die in regelmäßigen Abständen angelegt waren. Davon ist nichts sichtbar. In der Rekonstruktion geht man davon aus, dass sie die Mauern nicht besonders hoch überragten.

Allein für die Errichtung der Befestigungsanlagen mussten 30.000 m^3 Steinmaterial herangeschafft werden. Dieses wurde donauaufwärts per Schiff nach Regensburg gebracht.

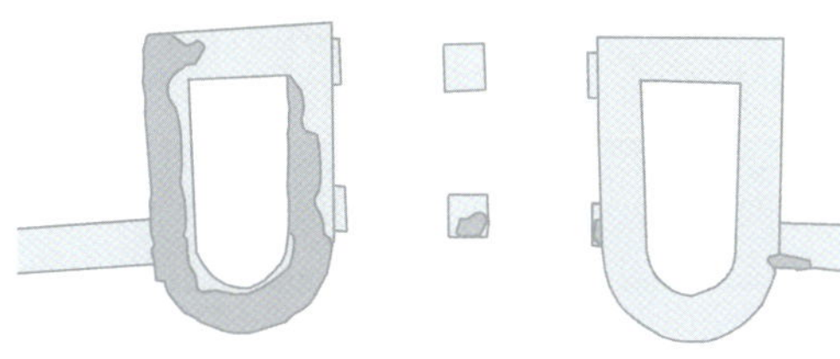

Der Zugang zum Lager erfolgte ganz typisch durch vier Tore. Eines davon, die *porta praetoria* (Abb. 70–71), das Nordtor, ist das Symbol für das römische Regensburg. Die *porta praetoria* verdankt ihren verhältnismäßig guten Erhaltungszustand der Tatsache, dass sie im Mittelalter in das bischöfliche Brauhaus einbezogen wurde. Dabei wurde allerdings ein Teil des Tores zerstört. Sie geriet in Vergessenheit, ihre Reste wurden erst 1885 wiederendeckt und zwei Jahre später freigelegt. Der Betrachter muss bedenken, dass das römische Laufniveau ein Stück tiefer liegt und daher nach wie vor Teile des Torbaus nicht sichtbar sind. Heute dienen das ehemalige Brauhaus und die *porta praetoria* als Hotel.

Ursprünglich wies das Tor zwei Durchfahrten auf. Zu einem unbestimmten Zeitpunkt wurde der östliche Durchlass zugesetzt. Zu beiden Seiten der Durchfahrten waren Türme, die wahrscheinlich zwei Obergeschosse aufwiesen. Oberhalb der Tordurchgänge fand sich ein Geschoss, über das die beiden Tortürme miteinander verbunden waren.

Von der Innenbebauung des Lagers lässt sich heute nicht viel erkennen, doch wissen wir durch Ausgrabungen doch im Wesentlichen Bescheid. Vieles kann auch erschlossen werden, weil römische Castra einem Generalplan folgen.

Das Straßennetz – man kann die Wege im Lager durchaus so bezeichnen – ging von einem rechtwinkligen Schema aus. Durch die Lage der Tore konnten die Archäologen die Hauptachsen festlegen. Die Ost-West-Achse, die *via principalis*, verlief ungefähr auf der Höhe des Neu-

Abb. 70 Regensburg. Rekonstruktion der *porta praetoria*. Der erhaltene Teil des Tores ist in Dunkelgrau angelegt. Die Ergänzungen, die sich an der Porta Nigra in Trier orientieren, sind hellgrau. Die rote Linie im Durchgangsbereich zeigt das moderne Straßenniveau an.

Abb. 71 Regensburg. Die *porta praetoria*, Ansicht.

pfarrplatzes, während die Nord-Süd-Achse (*via praetoria* und *via decumana*) auf der Höhe des Domplatzes und der heutigen „Fröhlichen Türkenstraße" verlief.

Nachgewiesen wurde im Zentrum des Lagers auch das *praetorium*, das Verwaltungszentrum des Lagers. In der Lagermitte ist mit Sicherheit auch die *principia*, der Wohnsitz des Kommandanten, zu verorten. Die Quartiere der höheren Offiziere konnten vor wenigen Jahren bei Ausgrabungen im Bereich des früheren Kamelitenklosters St. Oswald – das ist in der Nähe der *porta principalis dextra* – nachgewiesen werden.

Die einfachen Soldaten genossen aber nicht den Wohnluxus ihrer Offiziere. Sie waren in Baracken untergebracht, die jeweils eine *centuria*, also 100 Mann, aufnahmen. Geht man davon aus, dass eine Legion im 2. Jh. n. Chr. aus ca. 6.000 Soldaten bestand, kann man rund 60 Baracken annehmen, die sicherlich die größte Fläche im Lager einnahmen. Dazu kamen aber noch weitere Militärangehörige, die ebenfalls Unterkünfte benötigten, aber nicht den Kampftruppen zugerechnet werden können.

Diese vielen Menschen auf so engen Raum waren vom hygienischen Standpunkt ein Problem, dem man mit zwei bisher nachgewiesenen Thermenanlagen im Lagerbereich beikommen wollte. Aber auch der römische „way of life" spielte bei den Bädern eine wichtige Rolle.

Natürlich gab es noch Lagerhäuser und Werkstätten innerhalb des Kastells. Die Versorgung so vieler Menschen musste natürlich sichergestellt sein und es gab immer Reparaturarbeiten an Ausrüstungsgegenständen oder an den Lagerbauten.

Trotz seiner Größe und uneinnehmbar scheinenden Mauern sollte das Lager mehrfach zerstört werden. Durch archäologische Funde lassen sich mehrere Zerstörungshorizonte nachweisen, die in die Jahre 278, 288 und 357 n. Chr. datiert werden. Man geht davon aus, bei dem darauf folgenden Wiederaufbau nach 288 seien bereits die Bewohner der Zivilsiedlung innerhalb des Lagers angesiedelt worden.

Ein grundlegender Wandel vollzog sich bei dem Wiederaufbau nach 357 n. Chr. Die Fläche des Kastells wurde deutlich verkleinert, weil die Truppenstärke auf ca. 1.000 Soldaten gesunken war. Selbst diese Einheit wurde noch reduziert, weil die *legio III Italica* nach Ausweis der *Notitia Dignitatum* um 420 n. Chr. an fünf Standorten nennt.

document Neupfarrplatz – ein Hotspot zur Regensburger Geschichte

Eintritt nur mit Führung
https://www.regensburg.de/kultur/museen-in-regensburg/staedtische-museen/document-neupfarrplatz

Inmitten der Regensburger Altstadt befindet sich der Neupfarrplatz. Bei Ausgrabungen zeigte sich hier ein Querschnitt durch die Geschichte der Stadt. In rund 6 m Tiefe stießen die Archäologen auf Relikte des römischen Lagers. Dabei handelt es sich um die Überreste eines Gebäudes, die als Quartier eines Offiziers gedeutet werden, sowie Spuren der *via principalis*.

Der Schwerpunkt liegt aber auf den Befunden, die die Geschichte des Jüdischen Viertels beleuchten, das an dieser Stelle seit 981 bestand und

1519 zerstört wurde. Nach der Zerstörung des Quartiers entstand 1540 die namensgebende Kirche.
Man stieß auf Reste der gotischen Synagoge und eines romanischen Vorgängerbaus, der in das 11. oder 12. Jh. datiert wird. Die Spuren der Synagoge sind heute obertägig sichtbar gemacht.
Daneben gelang es den Archäologen, viele mittelalterliche Keller des jüdischen Viertels freizulegen. Spektakuläre Funde blieben nicht aus: In einem der Keller fand man einen Schatz mit 624 Goldmünzen aus dem 14. Jh. und – was geschichtlich vielleicht wesentlich bedeutender ist – einen Siegelring der jüdischen Gemeinde.
Weitere Befunde gehören in den Kontext der Neupfarrkirche, die 1540 errichtet wurde. Außerdem fanden sich Reste eines Bunkers aus dem Zweiten Weltkrieg.
Die Bedeutung der Funde und Befunde für die Stadtgeschichte führte schließlich dazu, Teile zu konservieren und dem Besucher zugänglich zu machen. Neben den originalen Resten kommen auch multimediale Medien zum Einsatz, die umfassend zur Geschichte des Platzes informieren.

Historisches Museum – Minoritenkirche

Dachauplatz 2–4
93047 Regensburg
Tel. 09 41-5072448
https://www.regensburg.de/kultur/museen-in-regensburg/staedtische-museen/historisches-museum

Das Historische Museum existiert seit 1931 und ist im ehemaligen Minoritenkloster St. Salvator untergebracht. Das Kloster wurde 1221 gegründet und seine Kirche stellt die größte Pfeilerbasilika und somit die größte Kirche des Ordens in Süddeutschland dar. Es ist also nicht nur Museum, sondern auch Baudenkmal.
Die Sammlungen beleuchten mit ihren Exponaten einen langen Zeitraum, der in der Ur- und Frühgeschichte beginnt, die Römerzeit ausführlich darstellt und dem Mittelalter mit unterschiedlichen thematischen Schwerpunkten breiten Raum gewährt. Darüber hinaus kann sich der Besucher über Sakralkunst aus dem 15. und 16. Jh. oder Wohnkultur und Kunsthandwerk bis zum 19. Jh. informieren.
Der Besuch im Museum rundet den Gang durch die historische Altstadt ab, erfüllt ihn mit Leben. Die zeitgemäße Gestaltung der Sammlungen kommt dem Besucher entgegen.

Literatur

V. Fischer/S. Sulk, 36 Regensburg, in: S. Matešić/C. S. Sommer, Am Rande des Römischen Reiches. Ausflüge zum Limes in Süddeutschland. Beiträge zum Welterbe Limes Sonderband 3 (2015) S. 186–193; M. Reuter/A. Thiel, Der Limes. Auf den Spuren der Römer (2015) S. 159–163; Th. Aumüller, Die Höhenentwicklung der Befestigung des Legionslagers Regensburg von 179 n. Chr. (2013).

Heute eine idyllische, von Bäumen umrahmte Wasserfläche, einst aber ein prestigeträchtiges Bauprojekt Karls des Großen: die Fossa Carolina. Was wollte der Kaiser mit diesem aufwendigen Kanalbau erreichen und scheiterte es wirklich, wie manche mittelalterliche Quelle andeutet?

48 TREUCHTLINGEN – GRABEN: EIN MEISTERWERK FRÜHMITTELALTERLICHER INGENIEURSKUNST

Bayern

Im Treuchtlinger Ortsteil Graben stößt der Besucher auf ein überaus bedeutendes Zeugnis frühmittelalterlicher Verkehrsplanung: die *Fossa Carolina*, den Karlsgraben (Abb. 72–73). Dabei handelt es sich um ein Bodendenkmal, das viele Fragen aufwirft, von denen eine Reihe durch ein interdisziplinäres Forschungsprojekt der Deutschen Forschungsgemeinschaft geklärt werden konnten.

Will man die Leistung der frühmittelalterlichen Bauleute und Ingenieure richtig beurteilen, so richtet sich der Blick auf die Bauprojekte, die tatsächlich in der Nachfolge der *Fossa* entstanden sind. Dazu zählen der Ludwig-Rhein-Donau-Kanal, der von 1836 bis 1846 errichtet wurde, und der Rhein-Donau-Kanal, zwischen 1969 und 1992 entstanden. Auch wenn sie in ihren Dimensionen weitaus größer sind, so muss sich der Betrachter vor Augen führen, dass bei diesen Kanalbauten ganz andere technische Mittel zur Verfügung standen.

Karls Projekt

Zwischen hochaufragenden Bäumen verläuft ein etwa 500 m langer Graben, dem man seine Funktion so nicht ansieht, weil er unverhofft endet. Aber aus den zeitgenössischen Quellen – hier sind die „Fränkischen Reichsannalen" und die „Einhardsannalen" zu nennen – wissen wir, dass Karl der Große einen Kanal bauen ließ, um das Flusssystem des Rheins mit dem der Donau zu verbinden. Damit wurde die europäische Wasserscheide überbrückt. Im Herbst des Jahres 793 – so überliefern es die Quellen – besucht Karl das Projekt.

Die Gründe, die Karl dazu bewogen haben könnten, diese Maßnahme anzuordnen, sind vielfältig. Einmal war es sicher der Umstand, dass die Infrastruktur, vor allem aber die Straßen, im fränkischen Reich recht dürftig war und der Schiffsverkehr daher eine bedeutende Rolle einnahm. Wasserwege bildeten gleichsam das Rückgrat der Kommunikation und des Handels im Mittelalter.

Sicher konnten Händler aus einem solchen Projekt Nutzen ziehen. Jedoch sollte der militärische Nutzen nicht gänzlich ausgeschlossen werden, auch wenn Historiker die Meinung vertreten, dass der fränkische König sowohl auf dem Rhein als auch der Donau über genug Schiffsraum für militärische Zwecke verfügte.

Ein Beweggrund Karls dürfte aber das Streben nach Prestige gewesen sein; schon immer hatten Herrscher ihre Bedeutung und ihr Selbstverständnis durch Bauprojekte zum Ausdruck gebracht. Ob er aber zu diesem Zeitpunkt bereits daran dachte, sich mit den Großbauten römischer Kaiser zu messen, bleibt hingegen spekulativ.

Abb. 72 Treuchtlingen, Ortsteil Graben. Blick auf einen kleinen Abschnitt der *Fossa Carolina*.

Untersuchungen am Karlsgraben

Um dem Denkmal endlich gerecht zu werden, begannen im Herbst 2012 archäologische Untersuchungen, die es erlaubten, ein genaueres Bild zu zeichnen. Der Kanal war mehr als 2 km lang. Er hatte eine Breite von 5 bis 6 m und wies eine Tiefe auf, die einen Wasserstand von 0,70–0,80 m erlaubte. Nach heutiger Sicht wäre das für einen Schiffsverkehr viel zu niedrig. Aber wir kennen von verschiedenen anderen Fundorten Boote oder besser gesagt Frachtkähne, die aufgrund ihrer Konstruktion mit diesem Wasserstand auskamen. Welche gewaltigen Erdmassen mit Schaufel und Tragkorb bewegt werden mussten, lässt sich an den eindrucksvollen Aufschüttungen entlang des sichtbaren Kanalabschnitts erkennen; dort legte man den Aushub ab.

Ein Problem stellte aber auch die Überwindung von Höhenunterschieden auf der Trasse dar. Schleusen, wie wir sie heute kennen – man bezeichnet sie als Kammerschleusen – gab es noch nicht. Man musste daher eine Wasserhaltung mittels Dämmen anlegen; diese sind mit unterschiedlicher Zeitstellung dokumentiert.

Waren schon die Erdarbeiten aufwendig, so gilt dies umso mehr für die Uferbefestigung. Bei den Ausgrabungen wurde nämlich festgestellt, dass die Ufer mit Zehntausenden von Eichenbohlen gesichert wurden, d. h. die Bäume mussten gefällt und das Holz gesägt oder gespalten werden. Aber gerade diese Bohlen sind es auch, die das Entstehungsdatum des

Karlsgraben-Ausstellung

Hüttinger-Scheune, Karlsgrabenstraße 7 a, 91757 Treuchtlingen-Graben, Tel.: 09142-8617, http://www.museumsland.de/Karlsgraben-Ausstellung.86.0.html, http://www.treuchtlingen.de/Fossa-Carolina-Karlsgrabenausstellung.372+M50f6221ba00.0.html

Kanals in das Jahr 793 belegen. Dendrochronologische Untersuchungen zeigten ein Fälldatum der Bäume zwischen Sommer und Herbst 793 auf. Eine spannende Frage bleibt aber noch zu beantworten: Ist der Kanal überhaupt jemals fertiggestellt worden? Der Blick in die schriftlichen Quellen zeigt ein sehr unterschiedliches Bild. Zum einen wird ausgeführt, aufgrund der ungünstigen Bodenverhältnisse und der schlechten Witterung sei das Bauprojekt eingestellt worden. Zum anderen gibt es schriftliche Zeugnisse, die dessen Vollendung bestätigen; sie überwiegen wohl auch.

Die interdisziplinären Untersuchungen der vergangenen Jahre konnten zumindest teilweise diese Frage beantworten. Bei Bohrungen, die bis zur Kanalsohle reichten, kamen Schichten von Faulschlämmen ans Tageslicht. Daraus war zu schließen, dass der Kanal über viele Jahrhunderte hinweg – bis in das Hochmittelalter hinein – mit Wasser gefüllt war. Dies spricht durchaus für eine Fertigstellung, auch wenn man sich durchaus andere Nutzungen des Gewässers vorstellen kann. Problematisch bleibt aber der Nachweis für einen Anschluss des Kanals an die Altmühl.

In der „Hüttinger-Scheune“ findet der Besucher eine kleine Ausstellung, die das Bauprojekt Karls des Großen beleuchtet. Die Exponate beleuchten dabei nicht nur *Fossa Carolina* als Objekt, sondern beschäftigen sich auch mit den Hintergründen, die den Kaiser zum Bau veranlassten.

Kaum zu trennen vom Kanal ist die Geologie in der Region, die hier eine Wasserscheide hat entstehen lassen. Der Besucher sieht geologische Proben, die aufzeigen, mit welchen Problemen die Ingenieure Karls zu tun hatten.

Nicht alle Bereiche lassen sich mit herkömmlichen Ausstellungselementen verdeutlichen. Daher wird in der Ausstellung auf moderne Medien zurückgegriffen.

Literatur

P. Ettel/F. Daim/St. Berg-Hobohm/Lukas Werther (Hrsg.), Großbaustelle 793. Das Kanalprojekt Karls des Großen zwischen Rhein und Donau. Mosaiksteine – Forschungen am RGZM 11 (2014).

Abb. 73 Treuchtlingen. Ortsteil Graben. Blick auf die baumumstandene *Fossa Carolina* und die Erdaufschüttungen.

Das malerische Städtchen Weißenburg, von mittelalterlichen und frühneuzeitlichen Bauten geprägt, birgt für den Besucher manche Überraschung. Etwas außerhalb des historischen, von Mauern umfassten Stadtzentrums findet der Besucher Zeugnisse römischer Militärpräsenz, Badeluxus und einen Schatzfund im Museum. Und wer gerne einmal römische Küche ausprobieren möchte, kann dies in Weißenburg ebenfalls tun.

49 WEISSENBURG – DAS RÖMISCHE BIRICIANA, EINE STÄTTE DES UNESCO-WELTERBES IN FRANKEN

Bayern

Geschichtlicher Überblick

Weißenburg, wie wir es heute kennen, gehört nicht zu den Städten, die auf eine römische Gründung zurückzuführen sind. Vielmehr handelt es sich um eine Gründung in fränkischer Zeit, die abseits des römischen Kastells und *vicus Biriciana* entstand.

Die römische Politik nach der Eroberung Galliens war davon geprägt, weitere Gebiete zu besetzen. Diese Expansionspolitik wurde aber 16 n. Chr. eingestellt und man konzentrierte sich darauf, bereits römisch kontrollierte Gebiete zu organisieren. Aufgrund der Unruhen im Jahre 69 n. Chr. erwies es sich als notwendig, die Nordgrenze Raetiens neu zu bestimmen. Diese Aufgabe fiel letztendlich dem Kaiser Domitian (81–96 n. Chr.) zu. Spätestens um 90 n. Chr. scheint der Alblimes angelegt worden zu sein, zu dem auch das Kastell Biriciana gehörte. Der Standort war günstig gewählt, weil man sich auf einem Geländevorsprung befand. Schon die Kelten hatten hier gesiedelt, wie archäologische Befunde im Bereich des *vicus* und eines 1976 entdeckten Feldlagers belegen. Vom Feldlager lässt sich heute nichts im Gelände erkennen. Während des 2. Jhs. n. Chr. wurden die Limeskastelle wie auch der Limes selbst mehrfach umgebaut. Wie man es bei den meisten Kastellen beobachten kann, entwickelten sich um die Lager herum die zivilen Lagerdörfer, die *vici*. Dies gilt auch für Biriciana. Die verschiedenen Alamanneneinfälle im 3. Jh. n. Chr. führten zur Rückverlegung der Grenze auf Rhein und Donau; Kastell und *vicus* von Biriciana wurden aufgegeben. Das 4. und 5. Jh. wird in der Forschung für Weißenburg als dunkles Zeitalter bezeichnet. Die archäologischen Zeugnisse belegen zwar eine germanische Besiedlung, doch scheint diese nicht besonders intensiv gewesen zu sein.

Funde und Befunde

Unter den vielen archäologischen Zeugnisse, die in der ganzen Region zu sehen sind und die auch direkt in Weißenburg als Tageslicht kamen, sind zwei besonders hervorzuheben. Dabei handelt es sich einmal um das römische Kastell, heute im Rahmen des UNESCO-Welterbes geschützt, und eine beeindruckende römische Thermenanlage.

Wie oben schon kurz dargestellt wurde, entstand in den 90er-Jahren des 1. Jhs. n. Chr. ein Militärlager. Dabei handelte es sich um ein Holz-Erdwerk an der Stelle des späteren Baus. Von dieser Anlage konnten die Reichslimeskommission und der Weißenburger Altertumsverein bei ihren Untersuchungen (1890–1913) nichts erkennen, doch belegen spärliche Einzelbeobachtungen dessen Existenz.

Um die Mitte des 2. Jhs. – vielleicht in den 140er-Jahren – entstand das steinerne Kastell mit einer Fläche von 3,1 ha, also vergleichbar mit einer Fläche von etwa vier Fußballfeldern. Die Anlage besaß einen fast quadratischen Grundriss (175 × 180 m) mit abgerundeten Ecken. Die äußerste Befestigungslinie wurde durch drei Gräben gebildet. Die darauf folgende Mauer, an jeder Seite von einer Toranlage durchbrochen, wies insgesamt zwanzig Türme auf, so in den Mauerecken und an den Toren. Die Mauern waren sorgfältig verputzt und besaßen einen roten Fugenstrich. Das Haupttor, die *porta praetoria* an der Südfront, und die beiden Seitentore, *porta principalis dextra* und *sinistra*, wiesen zwei Durchgänge auf. Das heute rekonstruierte Nordtor (Abb. 74) hingegen besaß nur einen Durchgang. Zur weiteren Absicherung diente ein doppelter Spitzgraben.

In der Mitte des Kastells lag die *principia*, das Verwaltungszentrum des Lagers. Östlich davon konnte das *praetorium* ausgegraben werden und westlich davon weitere Baureste, die zum Teil auch beheizt waren, aber überwiegend wohl Magazine und Werkstätten waren. Die restliche Innenfläche des Lagers war mit Fachwerkbauten, die als Quartiere der Soldaten und als Stallungen dienten, belegt. Größere Teile der ausgegrabenen Mauern wurden aus konservatorischen Gründen wieder mit Erde abgedeckt.

Besonders interessant macht das Kastell aber auch der Umstand, dass eine Truppe, die *Ala I Hispanorum Auriana*, die 480 Mann stark war, hier von Anfang an seinen Standort hatte und lediglich kurz vor 162 n. Chr. für den Partherkrieg abgezogen wurde, spätestens aber 183 n. Chr. wieder zurück war.

Das Kastell

Am Römerlager
91781 Weißenburg
i. Bay.
Tel.: 09141-907124

Diese Verlegung war nötig, weil das römische Heer im Vergleich zur Größe des Reiches verhältnismäßig klein war. Daher mussten Einheiten im Ernstfall an die Front verlegt werden. Eine solche baute sich im Osten immer wieder auf, weil die Parther – ein Volk, dessen Kerngebiet im

heutigen Iran liegt – von römischer Seite immer als Bedrohung wahrgenommen wurden.

Abb. 74 Weißenburg. Alenkastell, Blick auf das Nortor vom Inneren des Lagers.

Eine weitere, etwa 1.000 Mann starke Truppeneinheit ist durch eine Inschrift im 2. Jh. n. Chr. belegt. In welchem historischen Kontext sie hier stationiert war, ist nicht sicher dokumentiert.

Zu jeder größeren römischen Siedlung gehören Thermen. Dies gilt auch für das römische Weißenburg. Hier konnten bis heute drei Bäder festgestellt werden, die alle nur 80 bis 200 m westlich des Kastells am Nordwestrand des *vicus* lagen und z. T. zeitgleich betrieben wurden. Man kann durchaus von einem „Bäderviertel" sprechen. Nicht nur ihre Anzahl, sondern auch ihre Ausstattung spiegelt die Bedeutung des römischen Weißenburgs wider.

Von den drei Bädern sind besonders die „Großen Thermen" von überragender Bedeutung, sodass diese konserviert, mit einem eindrucksvollen Schutzbau versehen und als Museum gestaltet wurden.

Welche Funktion die Thermen hatten, wird unterschiedlich beurteilt. In neueren Publikationen werden die Überreste als Militärbad (*balineum*) bezeichnet, während in der etwas älteren Forschung von Vicus-Thermen gesprochen wird. Unabhängig von der Deutung handelt es sich immer um die größten Thermen Süddeutschlands, deren Reste vorzüglich erhalten sind. Sie bedecken eine Fläche von 65 × 42,5 m.

Große Thermen

Am Römerbad
91781 Weißenburg
i. Bay.
Tel.: 09141-907124

Was die Thermen aber auch hervorhebt, ist eine offensichtlich gleichzeitige Nutzung durch die römische Garnison und die Bewohner des *vicus*;

so hatten auch Frauen hier Zugang. Viele spannende Funde, die vor allem aus den Abwasserkanälen stammen, dokumentieren das lebhafte Treiben im Bad. Neben Schmuck und Gefäßen für Kosmetik fanden sich medizinisch-kosmetische Instrumente, die auf die Tätigkeit eines Baders hinweisen. Spielsteine belegen den Unterhaltungsfaktor im Bad.

Vom baulichen Befund her sind die Thermen außerordentlich komplex, weil sie drei Hauptbauphasen aufweisen. Diese lassen sich daher an dieser Stelle aber nicht im Detail darstellen.

Am Anfang – also in den Jahren um 90 n. Chr. – stand ein Bad vom „Reihentypus“. Darunter versteht man eine Raumfolge, die hintereinander gestaffelt ist, beginnend mit dem *apodyterium*, dem *frigidarium*, dem *tepidarium*, und schließlich dem *caldarium*. Von dort ging es durch alle Räume zurück. Ergänzend dazu gab es eine Art Sauna, das *sudatorium*. Für den eigentlichen Badebetrieb nicht relevant, aber doch regelmäßig Bestandteil der Thermen war die *palaestra*, ein Sportplatz, der immerhin 22 × 12,5 m groß war. Aber schon in der nächsten Bauphase wurde sie in eine geschlossene Halle, eine *basilica thermarum*, umgewandelt.

Grundsätzlich lässt sich festhalten, dass sich die Bauphasen Ia bis IIc auf Vergrößerungen konzentrierten, der Typus aber gleich blieb. Die Phase II gehört in die Jahre um die Mitte des 2. Jhs. n. Chr. Die letzte Bauphase IIc ging durch eine Brandkatastrophe unter, die Anfang der 70er-Jahre des 2. Jhs. n. Chr. datiert und mit den Markomanenkriegen in Verbindung gebracht wird. In den Hauptbauphasen IIIa–b wurde die Thermenanlage in eine vom sog. Ringtypus umgebaut; der Besucher musste nicht mehr durch die vorhergehenden Räume zurückgehen. Die Phase III setzt nach dem Ende des Krieges um 180 n. Chr. ein. In severischer Zeit – vermutlich unter Septimius Severus (193–211 n. Chr.) oder Caracalla (211–217 n. Chr.) erreichte die Thermenanlage ihre Endphase, in der sie die größte Ausdehnung und luxuriöseste Ausstattung erfuhr. Sie sollte in einer erneuten Brandkatastrophe nach 229 n. Chr. ihr Ende finden; dies steht mit den Alamanneneinfällen in Verbindung.

Römermuseum Bayerisches Limes-Informationszentrum

Martin-Luther-Platz 3
91781 Weißenburg
i. Bay.
Tel.: 09141-907124

Das Römermuseum in Weißenburg wurde Anfang der 1980er-Jahre als Zweigstelle der damaligen Prähistorischen Staatsammlung München (heute Archäologische Staatssammlung) gegründet. Anlass war der berühmte Schatzfund von Weißenburg.

Vom Konzept her beheimatet das Museum Funde aus prähistorischer Zeit bis hin zum Mittelalter, die sich nicht nur auf das Stadtgebiet Weißenburgs beschränken, sondern auch aus dem Umland stammen. Der Schwerpunkt liegt aber auf Funden aus römischer Zeit.

Einen breiten Raum in der Ausstellung nimmt der schon erwähnte

Schatzfund ein, der 1979 bei der Anlage eines Spargelbeetes im Bereich des römischen *vicus* ans Tageslicht kam. Der Fundkomplex wurde 1980 durch den Freistaat Bayern erworben.

Mit seinen 156 Einzelteilen – davon 17 Götterstatuetten in hervorragender Qualität, deren älteste Stücke aus der zweiten Hälfte des 2. Jhs. n. Chr. stammen – ist der Schatzfund einer der größten in Raetien. Neben den Statuetten gehören etwa Votivbleche, aber auch bronzene Gefäße, zu dem Fundkomplex.

Die Interpretation des Schatzfundes ist durch die fehlende Dokumentation der „Freilegung" nicht einfach. Die Forschung geht aufgrund von der Fundzusammensetzung davon aus, hier einen Tempelschatz vor sich zu haben, der zwischen 233 und 259/60 n. Chr. im Zuge der Alamanneneinfälle versteckt wurde.

Das Römermuseum ist gegenwärtig wegen umfassender Sanierungsmaßnahmen geschlossen. Die Wiedereröffnung ist für das Frühjahr 2016 geplant.

Literatur

C. S. Sommer, 17 Weißenburg, in: S. Matešić/C. S. Sommer (Hrsg.), Am Rande des Römischen Reiches. Ausflüge zum Limes in Süddeutschland. Beiträge zum Welterbe Limes Sonderband 3 (2015) S. 116–121; M. Reuter/A. Thiel, Der Limes. Auf den Spuren der Römer (2015) S. 144–147.

Abb. 75 Weißenburg. Römerthermen. Blick über die Ausgrabungen.

Gemeinsam für das römische Erbe – diese Idee entstand im Jahr 2005, als drei bayerische Gemeinden sich entschlossen, ein Stück Weltkulturerbe zu bewahren. Daraus entstanden ist eine eindrucksvolle Kombination von archäologischem Befund und modernster Museumskonzeption.

50 WITTELSHOFEN – RUFFENHOFEN: LIMESEUM, EINE MODERNE PRÄSENTATION DES UNTERIRDISCHEN RÖMISCHEN ERBES

Bayern

Zwischen den römischen Lagern in Weißenburg und Aalen beim heutigen Ort Ruffenhofen liegen in der Erde verborgen die Reste eines römischen Militärlagers. Die Fügung des Schicksals wollte es, dass seine Fläche nie überbaut, sondern landwirtschaftlich genutzt wurde. Damit bot sich eine einmalige Gelegenheit, umfassende Forschungen durchzuführen und hier ein Museum besonderer Art entstehen zu lassen (Abb. 76).

Forschungsgeschichte

Der Platz war den Bewohnern von Ruffenhofen durchaus bekannt; sie nutzten ihn als Steinbruch. Der älteste Hinweis fällt in das 18. Jh. Ein heute verschollener Münzschatz wurde publiziert. Archäologische Untersuchungen in Ruffenhofen setzten im 19. Jh. mit kleineren Maßnahmen ein, die jedoch nicht dokumentiert wurden. Als Wendepunkt darf man vielleicht das Jahr 1868 annehmen, weil die Ausgrabungsstätte erstmals mit dem Namen Ruffenhofen verbunden wurde. Systematische Untersuchungen erfolgten im Jahr 1892 durch die Reichslimeskommission, die aber damals kein Interesse daran oder die Möglichkeiten hatte, hier großflächige Ausgrabungen durchzuführen. Inmitten des Ersten Weltkriegs, im Jahr 1917, wurde noch eine kleine Notgrabung im Bereich des *vicus* durchgeführt. Danach blieb der Ort lange von der Wissenschaft unbeachtet. Erst in den 1970er-Jahren weckte der Platz das Interesse der Luftbildarchäologen, die schon viele Details klären konnten. Dank neuer Methoden – hier sind geophysikalische Methoden zu nennen – konnte ein recht genaues Bild sowohl vom Kastell als auch von der zugehörigen Zivilsiedlung gewonnen werden. Aber ohne Spatenforschung kommt die Archäologie auch heute nicht aus: So wurden 2005 nach langer Zeit wieder Ausgrabungen durchgeführt. Aufgrund der bislang geringen Ausgrabungstätigkeit muss man für viele Aussagen den Begriff „vermutlich“ verwenden.

Römerpark Ruffenhofen
91749 Wittelshofen
Tel.: 09854-9799242
http://www.limeseum.de, http://www.roemerpark-ruffenhofen.de

Funde und Befunde

Bei den Befunden wird man zwei Bereiche betrachten müssen. Zum einen handelt es sich um den Kastellbereich, zum anderen um den *vicus*.

Das Kastell

Bei den Forschungen ergab sich folgendes Bild zur Baugeschichte des Kastells: Am Anfang stand vermutlich ein Lager in Holz-Erde-Bauweise, das in die Regierungszeit Trajans (98–117 n. Chr.) zu datieren wäre. Münzfunde deuten darauf hin. Neuerdings soll ein Militärdiplom gefunden worden sein, das aus dem Jahr 106 n. Chr. stammt.
In einer zweiten Phase entstand dann ein Kastell in Steinbau, welches weitgehend den typischen Lagerentwürfen folgte. Wie schon bei dem Vorgänger lässt sich diese Anlage nur mit einem Fragezeichen datieren; danach entstand sie in der Regierungszeit des Antoninus Pius (138–161 n. Chr.). Es war im Grundriss etwa rechteckig; die Maße betrugen 197 × 190 m und bedeckte eine Fläche von 3,7 ha. Das entspricht etwa der Fläche von fünf Fußballfeldern. Der Mauer vorgelegt war ein Grabensystem mit vier Gräben. Der Zugang erfolgte über vier Tore.
Bei der Innenbebauung ließen sich durch geopyhsikalische Methoden das *praetorium* und die *principia* im Zentrum nachweisen. Daneben fanden sich Belege für Quartiere, Speicherbauten usw.
Das Ende des Kastells wird in der Forschung mit der Aufgabe des Rätischen Limes verbunden. Damit kommt man etwa in die Zeit um 254 n. Chr. Wie das Ende aussah, bleibt noch offen. Bei den Ausgrabungen der Reichslimeskommission 1892 glaubte der damalige Ausgräber an einen finalen Brandhorizont. Der in Ruffenhofen tätige Archäologe Matthias Pausch weist aber darauf hin, diese Zerstörungsgeschichte habe seitdem nicht mehr bestätigt werden können.

Welche Truppe war hier aber stationiert?

Angesichts der Mobilität beim römischen Heer ist das eine spannende Frage. Die Truppenstärke steht dabei wohl weniger im Zentrum der Diskussion. Sie wird mit 1000 Soldaten angegeben.
Jüngst fand sich im *vicus* ein Militärdiplom aus dem Jahre 160 n. Chr., das für einen Soldaten der *cohors VIIII Batavorum milliaria*, einer Reitereinheit, ausgestellt war. Diese Einheit ist in Raetien seit 116 n. Chr. durch Militärdiplome belegt. Gänzlich ausgeschlossen ist aber auch nicht die *ala II Flavia Gemelliana*. Die Funde legen die Anwesenheit von Kavallerie und Infanterie nahe. Zu diskutieren ist aber, ob die Reiter zeitgleich mit den Fußsoldaten hier stationiert waren.

Abb. 76 Wittelshofen. Ruffenhofen, LIMESEUM. Rekonstruktion des römischen Lagers in der Landschaft.

Wenn tatsächlich die *cohors VIIII* hier stationiert war, könnten diese möglicherweise aus Vindolanda, einem Kastell am Hadrianswall an der Grenze zwischen Britannien und Schottland, nach Ruffenhofen verlegt worden sein. Wenn das zutrifft, so verbesserten sich die Lebensbedingungen wohl doch erheblich: Aus den „Vindolanda-Tafeln", im Jahr 1973 gefundene Schreiben auf Holz, lässt sich entnehmen, dass das Leben dort nicht so angenehm war.

Der *vicus*

Der *vicus* erstreckt sich südlich und östlich des Lagers. Die bislang vorliegenden Kenntnisse stammen weitgehend aus geophysikalischen Prospektionen und Luftbildern. Zur Bebauung lässt sich festhalten, dass die Wohnarchitektur aus „Streifenhäusern" bestand und sich schwerpunktmäßig entlang eines Weges fand, der vom Kastell nach Süden führte.

Im mittleren Bereich des *vicus*, so Pausch, wurde eine große Freifläche beobachtet, die als Marktplatz interpretiert wird. Die Randbebauung sei individuell gestaltet. Ein Großbau, der 30 × 70 m groß war, konnte beobachtet werden. Die Dimension lässt auf eine öffentliche Nutzung schließen. Thermen und ein Tempel konnten ebenfalls dem öffentlichen Bereich zugeordnet werden.

Limeseum

Ruffenhofen wäre mit Sicherheit nicht so interessant, wenn es nicht das Limeseum gäbe. Das Museum wurde 2011–2012 oberhalb der Fundstelle als eindrucksvoller moderner Rundbau errichtet, von dem der Besucher einen Überblick über den gesamten Römerpark hat. Wie der Name schon verdeutlicht, geht es in diesem Museum nicht ausschließlich um das Kastell, sondern vielmehr um den ganzen Limes. So werden Einblicke in die römische Kultur gegeben, Holzfunde – etwa von Limespalisaden – präsentiert oder die Arbeit der Reichslimeskommission vorgestellt. Kostbare Funde wie eine Gemme aus rotem Jaspis, Keramik und Militaria sind zu sehen.
Nicht nur die Methoden, die zum Ende des 19. Jhs. angewandt wurden, sind dargestellt. Die modernen Techniken, die einen wichtigen Beitrag zur Erforschung des Ortes geliefert haben, finden sich ebenfalls in den Ausstellungsräumen wieder.
Den Besucher faszinieren wird sicherlich das ca. 12 m² große Modell des Kastells und des Lagerdorfs.
In das Konzept des Limeseums gehört aber auch der Versuch, Unsichtbares sichtbar zu machen. Man griff auf einen Ansatz zurück, der einfach ist, aber eindrucksvoll die historische Realität abbildet: Statt Mauern aufzubauen, pflanzte man eine Hecke aus Hainbuchen, die dem Verlauf der Kastellmauer folgt.

Literatur

M. Pausch, 11 Ruffenhofen, in: S. Matešić/ C. S. Sommer, Am Rande des Römischen Reiches. Ausflüge zum Limes in Süddeutschland. Beiträge zum Welterbe Limes Sonderband 3 (2015) S. 90–95; C. S. Sommer, Zur Besatzung des Kastells Ruffenhofen, in: A. Thiel (Hrsg.), Forschungen zur Funktion des Limes 2 (2007) S. 123–131.

Abb. 77 Wittelshofen. Ruffenhofen, LIMESEUM. Die Ausstellung in dem modernen Museumsbau bietet Einblicke in die römische Kultur.

LANDESMUSEEN

Die Zusammenstellung berücksichtigt Museen, die einen übergeordneten Charakter aufweisen und über archäologische Sammlungen verfügen. In einigen Museen werden zurzeit Baumaßnahmen durchgeführt. Soweit bei Drucklegung keine konkreten Angaben vorlagen, sei auf die entsprechende Homepage verwiesen.

Bonn

LVR-LandesMuseumBonn, Rheinisches Landesmuseum für Archäologie, Kunst und Kulturgeschichte, Colmantstraße 13–14, 53115 Bonn, Tel.: 0228-2070351, http://www.landesmuseum-bonn.lvr.de

Brandenburg

Archäologisches Landesmuseum Brandenburg im Paulikloster, Neustädtische Heidestraße 28, 14776 Brandenburg an der Havel, Tel.: 03381-4104112, http://www.paulikloster.de

Braunschweig

Braunschweigisches Landesmuseum, Burgplatz 1, 38100 Braunschweig,Tel.: 0531-12150, http://www.3landesmuseen.de

Bremen

Focke-Museum / Bremer Landesmuseum für Kunst- und Kulturgeschichte Schwachhauser Heerstraße 240, 28213 Bremen, Tel.: 0421-6996000, http://www.focke-museum.de/de/museum

Chemnitz

Staatliches Museum für Archäologie Chemnitz, Stefan-Heym-Platz 1 (Brückenstraße 9–11), 09111 Chemnitz, Tel.: 0371-9119990, http://www.smac.sachsen.de/#1

Darmstadt

Hessisches Landesmuseum Darmstadt (HLMD), Friedensplatz 1, 64283 Darmstadt, Tel.: 06151-165703, http://www.hlmd.de

Detmold

Lippisches Landesmuseum Detmold, Ameide 4, 32756 Detmold, Tel.: 05231-99250, http://www.lippisches-landesmuseum.de

Emden

Ostfriesisches Landesmuseum Emden, Brückstraße 1, 26725 Emden, Tel.: 04921-872058, http://www.landesmuseum-emden.de

Greifswald

Pommersches Landesmuseum, Rakower Straße. 9, 17489 Greifswald, Tel.: 03834-83120, http://www.pommersches-landesmuseum.de

Halle

Landesmuseum für Vorgeschichte, Richard-Wagner-Straße 9, 06114 Halle / Saale, Tel.: 0345-5247-30, http://www.lda-lsa.de/ www.himmelswege.de

Hamburg

Helms-Museum (Landesmuseum für Archäologie), Museumsplatz 2, 21073 Hamburg, Tel.: 040-428713609, http://www.hamburg.de/ helms-museum/

Hannover

Niedersächsisches Landesmuseum Hannover, Willy-Brandt-Allee 5, 30169 Hannover, Tel.: 0511-9807686, http://www.landesmuseum-hannover.niedersachsen.de

Hechingen

Hohenzollerisches Landesmuseum, Schlossplatz 5, 72379 Hechingen, Tel.: 07471-621847, http://www.hzl-museum.de

Herne

LWL-Museum für Archäologie / Westfälisches Landesmuseum, Europaplatz 1, 44623 Herne, Tel.: 02323-946 280, http:// www.lwl-landesmuseum-herne.de

Karlsruhe

Badisches Landesmuseum Karlsruhe, Schloss, 76131 Karlsruhe, Tel.: 0721-9266514, http://www.landesmuseum.de

Kassel

Hessisches Landesmuseum Vor- und Frühgeschichte, voraussichtlich wieder ab Sommer 2016 geöffnet, http://www.museum-kassel.de

Konstanz

Archäologisches Landesmuseum Baden-Württemberg, Benediktinerplatz 5, 78467 Konstanz, Tel.: 07531-98040, http://www.konstanz.alm-bw.de

Mainz

Landesmuseum Mainz, Große Bleiche 49–51, 55116 Mainz, Tel.: 06131-2857225 oder 06131-2857190, http://www.landesmuseum-mainz.de

München

Archäologische Staatssammlung, Lerchenfeldstraße 2, 80538 München, Tel.: 089-2112402, http://www.archaeologie-bayern.de

Oldenburg

Landesmuseum Natur und Mensch, Damm 38–44, 26135 Oldenburg, Tel.: 0441-9244300, http://www.naturundmensch.de

Schleswig

Schleswig-Holsteinische Landesmuseen Schloss Gottorf, Schlossinsel 1, 24837 Schleswig, Tel.: 04621-813222, http://www.schloss-gottorf.de/archaeologisches-landesmuseum

Schwerin

Archäologisches Landesmuseum Mecklenburg-Vorpommern (vormals Museum für Ur- und Frühgeschichte Schwerin) (Die Bestände sind magaziniert und das Museum befindet sich seit Jahren in Planung.), Tel.: 0385-5777339, http://www.kulturwerte-mv.de/cms2/LAKD1_prod/LAKD1/de/Landesarchaeologie/

Stuttgart

Landesmuseum Württemberg, Altes Schloss, Schillerplatz 6, 70173 Stuttgart, Tel.: 0711-89535111, http://www.landesmuseum-stuttgart.de

Trier

Rheinisches Landesmuseum Trier, Weimarer Allee 1, 54290 Trier, Tel.: 0651-97740, http://www.landesmuseum-trier.de

Weimar

Museum für Ur- und Frühgeschichte Thüringen, Humboldtstraße 11, 99423 Weimar, Tel.: 03643-818330, http://www.thueringen.de/denkmalpflege/tlad/museum

Wolfenbüttel

Archäologisches Museum (Außenstelle des LM Braunschweig), Kanzleistraße 3, 38300 Wolfenbüttel, Tel.: 05331-8586990, http://www.3landesmuseen.de/Archaeologisches-Museum-Wolfenbuettel

GLOSSAR

Ala

Der Begriff bezeichnet eine militärische Kampfeinheit. In der römischen Kaiserzeit handelt es sich dabei um eine Reitereinheit, die in einer Stärke von 500 und 1.000 Mann vorkommt und zu den Hilfstruppen gerechnet wird.

Alamannen

Die Alamannen oder Alemannen waren ursprünglich eine Kampfgemeinschaft, die sich ab 180 n. Chr. aus verschiedenen germanischen Stämmen entwickelte. Ab dem 3. Jh. n. Chr. griffen sie immer wieder römisches Reichsgebiet an und es entwickelte sich ein zusammenhängender Stamm.

Apodyterium

Umkleideraum in römischen Thermen

Caldarium

Heißbaderaum in römischen Bädern

Dendrochronologie

Die Dendrochronologie ist ein naturwissenschaftliches Verfahren zur Zeitbestimmung; dabei geht man von der Erkenntnis aus, dass je nach Wettergeschehen Bäume unterschiedliche Wachstumsringe (Jahresringe) aufweisen. Durch den Vergleich von Wachstumskurven – wenn genug Jahresringe vorhanden sind – lässt sich ermitteln, wann ein Baum gefällt wurde. Aber es kann daraus nicht abgelesen werden, wann dieses Holz verbaut wurde.

Dolmen

Der Begriff bezeichnet ein Grab aus dem Neolithikum und der frühen Bronzezeit, das aus mehreren großen Steinen (Megalithen) errichtet wurde. Der Name leitet sich von dem keltischen Wort *tol* (Tisch) und *men* (Stein) her.

Frigidarium

Kaltbad in römischen Bädern

Fürstensitz

Unter dem Begriff „Fürstensitz" versteht man eine frühkeltische Zentralsiedlung, die sich vor allem durch eine verkehrsgünstige Lage und einen guten Schutz auszeichnet. Ein weiteres Kennzeichen für einen Fürstensitz ist das Vorkommen von Importware wie etwa griechische Keramik.

Germanen

Der Name wurde durch keltische Vermittlung an die Römer weitergegeben und bezeichnet zunächst nur deren unmittelbare östliche Nachbarn, wird aber ab augusteischer Zeit als Bezeichnung für alle Stämme genutzt.

Hallstatt

Die Hallstatt-Kultur ist nach dem Ort Hallstatt im Salzkammergut (Österreich) benannt. Sie setzt um die Mitte des 8. Jhs. v. Chr. ein und reicht bis ca. 450 v. Chr.; die späte westliche Hallstattkultur wird mit den frühen Kelten in Verbindung gebracht, siehe auch Kelten und La Tène.

Itinerarium Antonini

Das Intinerarium stellt das Verzeichnis der wichtigsten Straßen im Römischen Reich dar. Ursprünglich in der Regierungszeit Caracallas (211–217 n. Chr.) entstanden, wurde es unter Diocletian (284–305 n. Chr.) neu ediert.

Kelten

Der Begriff stammt aus dem Griechischen und stellt eine übergeordnete Bezeichnung für verschiedene Stämme dar, die ihren Ursprung in der Hallstattkultur haben und Träger der Latène-Kultur sind. In der antiken Geschichtsschreibung treten sie vor allem als gefährliche Krieger auf, die auf ihren Zügen bis nach Italien und Kleinasien vordringen.

La Tène

Die Latènezeit bzw. die Latène-Kultur ist nach dem Fundort La Tène am Neuenburger See (Schweiz) benannt. Sie wird mit den Kelten gleichgesetzt und fällt in die Zeit von ca. 450 v. Chr. bis in die Mitte des 1. Jhs. v. Chr. (Eroberung Galliens durch die Römer). In den nicht eroberten Gebieten gibt es die Latènekultur noch bis in die Jahre um Christi Geburt.

Lisch, George Christian Friedrich

Lisch (1801–1883) war Archivar und Leiter der Großherzoglichen Sammlungen in Schwerin. Aufgrund dieser Position führte er auch intensive Forschungen zur Ur- und Frühgeschichte Mecklenburgs durch.

Mansio

Der Begriff bezeichnet eine Herberge, die vorrangig Staatsdienern zur Verfügung stand.

Markomannen

Germanischer Stamm, der nach verschiedenen Zwischenstationen in Böhmen siedelte. Das Verhältnis zu Rom schwankte zwischen kriegerischen Konflikten und friedlichen Beziehungen. Die bedeutendsten Auseinandersetzungen fanden zwischen 167 und 180 n. Chr. statt. Ein wichtiges Zeugnis dieser Ereignisse ist die Marcus-Säule in Rom.

Menhir

Der Begriff kommt aus dem Bretonischen und bezeichnet einen langen Stein, der im erweiterten Sinne aufrecht steht.

Militärdiplom

Der moderne Begriff bezeichnet Doppelurkunden aus Bronze, in denen die ehrenhafte Entlassung aus dem Militärdienst einer Hilfstruppe und damit der Erwerb des römischen Bürgerrechts bestätigt wird.

Murus Gallicus

Keltische Mauertechnik, die von Caesar ausführlich beschrieben wird. Die Holz-Steinkonstruktion zeichnet sich durch eine hohe Flexibilität aus, was sie unempfindlich gegenüber römischem Belagerungsgerät machte.

Notitia Dignitatum

Römisches Staatshandbuch, in dem die militärischen und zivilen Ämter im Römischen Reich einschließlich der militärischen Standorte aufgelistet sind. Ursprünglich im 4. Jh. n. Chr. erstellt, erfuhr es eine letzte Ausgabe um 425/429. Auf diese gehen alle heute bekannten Abschriften zurück.

Numerus

Der Begriff bezeichnet eine kleine militärische Einheit in der römischen Armee mit ungefähr 200 Soldaten.

Oppidum

Im Lateinischen bezeichnet *oppidum* eine stadtähnliche Siedlung ohne Rücksicht auf ihre rechtliche Stellung. Caesar übertrug den Begriff auf befestigte spätkeltische Großsiedlungen; diese Bezeichnung ist auch in der archäologischen Literatur übernommen worden.

Pfalz

Der Begriff leitet sich vom lateinischen *palatium* ab und bezeichnet einen befestigten Sitz der mittelalterlichen deutschen Könige und Kaiser. Neben Verwaltungsaufgaben dienten sie zur Versorgung des Herrschers und seines Gefolges, weil dieser in der damaligen Zeit keine feste Residenz oder eine Hauptstadt besaß und umherzog (siehe Paderborn, Tilleda).

Porta Praetoria

Mit diesem Begriff wird das Haupttor eines römischen Militärlagers bezeichnet.

Porta Principalis

Im römischen Militärlager gibt es die *porta principalis* in zweifacher Ausführung, einmal als *porta principalis dextra* und *sinistra*. Damit sind das rechte und linke Seitentor bezeichnet, die durch die *via principalis* miteinander verbunden sind.

Praetorium

Reich ausgestattetes Wohnhaus des Kommandanten mit vielen Elementen mediterraner Architektur (z. B. Bäder, Heizung).

Principia

Stabsgesbäude in einem römischen Kastell. Hier findet sich u. a. auch das Fahnenheiligtum.

Ptolemäus, Claudius

Ptolemäus (um 90–um 168 n. Chr.), im ägyptischen Ptolemais Hermiou geboren, war in Alexandria als Astronom, Mathematiker, Musikwissenschaftler und vor allem auch als Geograf tätig. In seiner „Geografischen Anleitung" beschrieb er die damalige bekannte Welt. Neben Fakten floss auch Fantastisches in die Darstellungen ein, was aber deren Wert nicht beeinträchtigt.

Reichslimeskommission (RLK)

Die RLK entstand 1871 als erste länderübergreifende Institution des Deutschen Reiches mit Zielsetzung, den obergermanisch-rätischen Limes zu erforschen. Die Ergebnisse wurden in zahlreichen großformatigen Bänden veröffentlicht. Im Jahr 1937 wurde die Kommission aufgelöst und die Arbeit durch die Römisch-Germanische Kommission des Deutschen Archäologischen Instituts fortgeführt.

Saxo Grammaticus

Der dänische Geschichtsschreiber und Geistlicher(um 1140–um 1220) verfasste ab 1185 eine vielbändige Geschichte Dänemarks mit dem Titel Gesta Danorum. Dieses Werk gilt als das früheste und zugleich wichtigste Werk zur Geschichte Dänemarks. Gewicht kommt ihm auch zu, weil der Autor Zeitzeuge vieler der beschriebenen Ereignisse war.

Schuchhardt, Carl

Bedeutender deutscher Ur- und Frühgeschichtler (1859–1943) mit weitgestreckten Interessensgebieten.

Sudatorium

Schwitzbad in römischen Thermen

Tabula Peutingeriana

Eine mittelalterliche Kopie einer römischen Straßenkarte aus dem 3. Viertel des 4. Jhs. n. Chr. Ihren Namen verdankt sie dem Augsburger Humanisten Konrad Peutinger (1465–1547).

Tepidarium

Baderaum mit mittlerer Temperatur

Via Principalis

Hauptstraße in einem römischen Militärlager, die vor der *principia* verläuft und die Seitentore des Lagers miteinander verbindet.

Virchow, Rudolph

Deutscher Arzt, Politiker, Anthropologe und Archäologe (1821–1902), der in der zweiten Hälfte des 19. Jhs. maßgeblich wissenschaftliche Forschungen in diesen Bereichen beeinflusste. Sein größter Irrtum bestand in der vehementen Ablehnung des Skelettfundes aus dem Neanderthal bei Mettmann.

ABBILDUNGSNACHWEIS

Titelbild © Stefan Klatt, Wikimedia, https://commons.wikimedia.org/wiki/File:Burgwall_Arkona.jpg?uselang=de
© M_H.DE, Wikimedia, https://de.wikipedia.org/wiki/Pfalz_Tilleda#/media/File:K%C3%B6nigspfalz_Tilleda, Restauriertes_Zangentor.jpg
© Ralf Roletschek, Wikimedia, https://de.wikipedia.org/wiki/Eberswalder_Goldschatz#/media/File:Eberswalder-goldschatz.jpg

Abb. 2 © Nightflyer, Wikimedia, https://commons.wikimedia.org/wiki/File:Arch%C3%A4ologisch-%C3%96kologisches_Zentrum_Albersdorf_IMG_0115.JPG

Abb. 3 © Nightflyer, Wikimedia, https://commons.wikimedia.org/wiki/File:Arch%C3%A4ologisch-%C3%96kologisches_Zentrum_Albersdorf_IMG_0132.JPG?uselang=de

Abb. 4 © VollwertBIT. Wikimedia, https://commons.wikimedia.org/wiki/Category:Turmh%C3%BCgelburg_%28L%C3%BCtjenburg%29?uselang=de#/media/File:Turmhuegelburg_Luetjenburg2009.jpg

Abb. 5 © Genet, Wikimedia, http://commons.wikimedia.org/wiki/File:Oldenburger-Wall-1.JPG

Abb. 6 © mr.waack@gmx.de, Wikimedia, https://commons.wikimedia.org/wiki/File:Oldenburg_Holstein_Wallmuseum_Slavenboot.jpg

Abb. 7 © O. Mustafin, Wikimedia, https://commons.wikimedia.org/wiki/Category:Mecklenburg_Castle?uselang=de#/media/File:Mound_of_Mecklenburg_Castle.jpg

Abb. 8 © Niteshift, Wikimedia, https://de.wikipedia.org/wiki/Mecklenburg_(Burg)#/media/File:Burg_Mecklenburg_Findling.jpg

Abb. 9 © Klugschnacker, Wikimedia, https://commons.wikimedia.org/wiki/Category:Jaromarsburg?uselang=de#/media/File:Putgarten,_Kap_Arkona_%282011-05-21%29_3.JPG

Abb. 10 © Dirk Vorderstraße, Wikimedia, https://commons.wikimedia.org/wiki/File:Kap_Arkona_auf_R%C3%BCgen,_Putgarten_%2810569780613%29.jpg?uselang=de

Abb. 11 © RonnyKrüger, Wikipedia, https://commons.wikimedia.org/wiki/File:BurgwallGro%C3%9FG%C3%B6rnow.jpg

Abb. 12 © Ronny Krüger, Wikimedia, https://commons.wikimedia.org/wiki/File:BurgwallGro%C3%9FG%C3%B6rnow1.jpg?uselang=de

Abb. 13 © Botaurus, Wikimedia, https://commons.wikimedia.org/wiki/Category:Steintanz_von_Boitin?uselang=de#/media/File:Steintanz_von_Boitin_09-06-2010_668.jpg

Abb. 14 © RonnyKrüger, Wikimedia, https://commons.wikimedia.org/wiki/File:Teterow09.jpg?uselang=de)

Abb. 15 Umzeichnung nach J. Herrmann (Hrsg.), Archäologie in der Deutschen Demokratischen Republik (1989) Abb. S. 610: W. Letzner.

Abb. 16 © Ralf Roletschek, Wikimedia, https://de.wikipedia.org/wiki/Eberswalder_Goldschatz#/media/File:Eberswalder-goldschatz.jpg

Abb. 17 Museum Eberswalde, Foto: Birgit Klitzke.

Abb. 18 © Sebastian Wallroth, Wikimedia, https://commons.wikimedia.org/wiki/Category:Burgwall_Lossow?uselang=de#/media/File:Burgwall_Lossow_03935.JPG

Abb. 20 © Ronny Krüger , Wikimedia, https://commons.wikimedia.org/wiki/Category:R%C3%B6merschanze_bei_Potsdam?uselang=de#/media/File:Sacrow3.jpg

Abb. 21 © Ronny Krüger, Wikimedia, https://commons.wikimedia.org/wiki/File:Sacrow1.jpg?uselang=de

Abb. 23 Focke-Museum, Bremer Landesmuseum für Kunst und Kulturgeschichte.

Abb. 24 Foto: Matthias Friedel; Rendering: Tim-John Müller; Illustration: Roland Warzecha; Copyright Archäologisches Museum Hamburg.

Abb. 25 Archäologisches Museum Hamburg.

Abb. 26 © Peter Emrich, Wikimedia, https://commons.wikimedia.org/wiki/File:Loebau_Stadt_am_Berge.jpg

Abb. 27 © Jörg Jagielle, Wikipedia, https://de.wikipedia.org/wiki/Diesbar-Seu%C3%9Flitz#/media/File:Luftbild_Seu%C3%9Flitz_-_Richtung_Goldkuppe_Luftbild_Jagiella.jpg

Abb. 28 © Julian Nitzsche, Wikimedia, https://commons.wikimedia.org/wiki/Category:Ostro/Wotrow?uselang=de#/media/File:Wotrow_z_hrod%C5%BAi%C5%A1%C4%87om.JPG

Abb. 29 Umzeichnung nach J. Herrmann, Archäologie in der Deutschen Demokratischen Republik (1989) Abb. S. 470: W. Letzner.

Abb. 30 © DKrieger, Wikimedia, https://commons.wikimedia.org/wiki/File:Steinsburg-003.jpg?uselang=de

Abb. 31 Umzeichnung nach J. Herrmann (Hrsg.), Archäologie in der Deutschen Demokratischen Republik (1989) Abb. S. 489: W. Letzner.

Abb. 32 © Regani, Wikimedia, https://commons.wikimedia.org/wiki/File:Grabhuegel_Leubingen.jpg

Abb. 33 © Stefan Didam - Schmallenberg, Wikimedia, https://commons.wikimedia.org/wiki/File:Burg_Bederkesa_2011.jpg

Abb. 34 © Axel Hindemith, Wikimedia, http://upload.wikimedia.org/wikipedia/commons/c/c2/R%C3%B6merlager_Hedem%C3%BCnden_Wallabschnitt.jpg?uselang=de

Abb. 35 © Axel Hindemith, Wikimedia, https://commons.wikimedia.org/wiki/File:R%C3%B6merlager_Hedem%C3%BCnden_Berg_Werra.jpg / Creative Commons CC-by-sa-3.0 de

Abb. 36 © Wikimedia, https://de.wikipedia.org/wiki/Heidenschanze_bei_Sievern#/media/File:Pipinsburg-Heidenschanze-Heidenstadt_1893.jpg

Abb. 37 Landesamt für Denkmalpflege und Archäologie Sachsen-Anhalt, Andrea Hörentrup.

Abb. 38 © Einsamer Schütze, Wikimedia, https://commons.wikimedia.org/wiki/File:D%C3%B6lauer_Heide_Grabh%C3%BCgel_1_01.jpg?uselang=de

Abb. 39 Johannes Groht, aus: J. Groht, Menhire in Deutschland (2013) S. 387.

Abb. 40 © M_H.DE, Wikimedia, https://de.wikipedia.org/wiki/Pfalz_Tilleda#/media/File:K%C3%B6nigspfalz_Tilleda,Restauriertes_Zangentor.jpg

Abb. 41 © D. Herdemerten, Wikimedia, https://commons.wikimedia.org/wiki/File:Umgangstempel_N%C3%B6then.jpg?uselang=de

Abb. 42 © Smial, Wikipedia, https://de.wikipedia.org/wiki/Oberaden#/media/File:Museum_Bergkamen_Oberaden_IMGP0497

Abb. 43 © Grugerio, Wikipedia, https://de.wikipedia.org/wiki/Arch%C3%A4ologisches_Freilichtmuseum_Oerlinghausen#/media/File:Arch-Freil-Oerlinghausen-Sachsenhaus.jpg

Abb. 44 © Athde, Wikimedia, https://commons.wikimedia.org/wiki/Category:Kaiserpfalzen_in_Paderborn?uselang=de#/media/File:Paderborn-Kaiserpfalz_Karls_des_Grossen-3.jpg

Abb. 45 © Athde, Wiklimedia, https://commons.wikimedia.org/wiki/File:Paderborn-Pfalz_Heinrich_II.jpg?uselang=de

Abb. 46 © Holger Weinandt, Wikimedia, https://commons.wikimedia.org/wiki/File:R%C3%B6merkastell_Boppard.jpg?uselang=de

Abb. 47 © roger4336, Wikimedia, https://commons.wikimedia.org/wiki/File:Kurf%C3%BCrstliche_Burg_Boppard_2004.jpg

Abb. 48 © Camrade obscura, Wikimedia, https://commons.wikimedia.org/wiki/Category:Donnersberg?uselang=de#/media/File:Donnersberg.jpg

Abb. 49 © Landstuhli, Wikimedia, https://commons.wikimedia.org/wiki/File:Keltenwall.jpg

Abb. 52 © Hpgarland, Wikimedia, https://commons.wikimedia.org/wiki/File:Roman_Box_Tiles.jpg

Abb. 55 © Henning Dippel, Wikimedia, https://commons.wikimedia.org/wiki/File:Duensberg_Giessen_2002-03-28.JPG

Abb. 56 © Cherubino, Wikimedia, https://commons.wikimedia.org/wiki/File:Keltentor_am_D%C3%BCnsberg.jpg

Abb. 57 © Simsalabimbam, Wikimedia, https://commons.wikimedia.org/wiki/File:Archaeologischer-Garten-10-2012-Ffm-889.jpg?uselang=de

Abb. 58 © E-W, Wikimedia, https://commons.wikimedia.org/w/index.php?title=File:Glauberg_Grabhuegel_mit_Kalendarium.jpg&oldid=144376468

Abb. 59 © Carole Raddato, Wikimedia, https://commons.wikimedia.org/wiki/File:R%C3%B6mermuseum_Schwarzenacker,_Germany_%289297026309%29.jpg?uselang=de

Abb. 60 © Cayambe, Wikimedia, https://commons.wikimedia.org/wiki/File:Ringwall_Otzenhausen_01.jpg

Abb. 61 © HappyShare, Wikimedia, https://commons.wikimedia.org/wiki/File:Temple_romain_du_Ringwall_de_otzenhausen.JPG?uselang=de

Abb. 64 © James Steakley, https://commons.wikimedia.org/wiki/File:Villa_urbana_R%C3%B6mermuseum_%28Heitersheim%29.jpg?uselang=de

Abb. 65 © Wikimedia, https://commons.wikimedia.org/wiki/File:Magdalenenberg_bei_Villingen.JPG

Abb. 66 © Franzfoto, Wikimedia, https://commons.wikimedia.org/wiki/File:Welzheim_-_Das_bis_1983_rekonstruierte_Westtor_am_Ostkastell.JPG?uselang=de)

Abb. 68 © Aconcagua, Wikimedia, https://commons.wiki-media.org/wiki/File:Roemermuseum_Kastell_Boiotro.jpg?uselang=de

Abb. 70 Umzeichnung nach K. Dietz/U. Osterhaus/S. Rieckhof-Pauli/K. Spindler, Regensburg zur Römerzeit (1978) 224 Abb. 38: W. Letzner.

Abb. 75 © Vitold Muratov, Wikimedia, https://commons.wikimedia.org/wiki/Category:Roman_bath_in_Wei%C3%9Fenburg_in_Bayern?uselang=de#/media/File:Roemerthermen.jpg

Abb. 76 LIMESEUM Ruffenhofen, Foto: Oliver Heinl.

Abb. 77 Gerhard Hagen.

Karte S. 10 Bild1Druck GmbH

Alle übrigen Abbildungen W. Letzner.

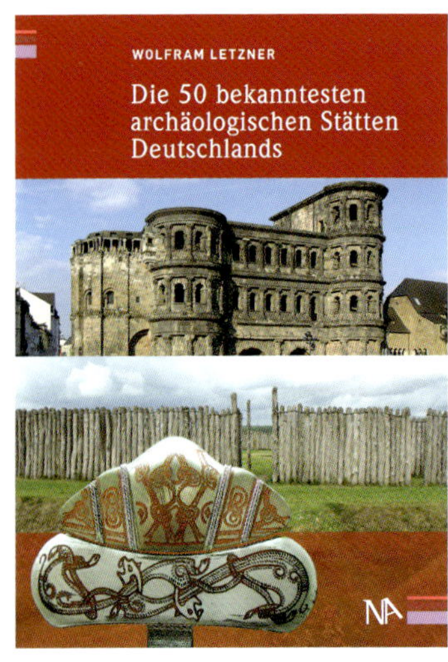

Die 50 bekanntesten archäologischen Stätten Deutschlands

208 Seiten, 53 Abbildungen und eine Karte
15,5 x 22,5 cm
Flexcover
24,90 € (D) / 35,50 sFr / € 25,60 (A)

ISBN 978-3-943904-02-4

Warum in die Ferne schweifen?

Deutschland bietet eine Fülle archäologischer Ausgrabungsstätten, historischer Baudenkmäler und interessanter Museen – der vorliegende Band unterbreitet ein weites Spektrum an Sehenswertem.

Es werden 50 Orte vorgestellt, die durch bedeutende Funde, historische Ereignisse oder eindrucksvolle Rekonstruktionen Zeugnis zur europäischen und deutschen Vergangenheit ablegen. Diese Stätten decken einen Zeitraum von rund 400.000 Jahren Menschheitsgeschichte ab mit Fundplätzen wie Schöningen oder Neandertal, den römischen Denkmälern aus Köln, Mainz oder Trier bis hin zur Wikingersiedlung Haithabu in Schleswig-Holstein oder der karolingischen Kaiserpfalz von Ingelheim.

Das handliche Buch informiert über neueste Forschungsergebnisse und bietet Zusatzinfos durch Grundrissabbildungen, Fotografien, weiterführende Literatur und aktuelle Webadressen.

Reisen zu Stätten der Vergangenheit von der Prähistorie bis zum Beginn des Mittelalters direkt in Ihrer Nähe oder am jeweiligen Urlaubsort – für Entdecker, Wissenshungrige und Genießer schöner Landschaften und eindrucksvoller Stadtarchitekturen!

Der Autor:

Wolfram Letzner studierte Klassische Archäologie, Alte Geschichte sowie Ur- und Frühgeschichte an der Westfälischen Wilhelms-Universität, Münster. Seine Spezialgebiete sind antike Wasserwirtschaft, römische Architektur und Urbanistik. Heute ist er als Autor und Reiseleiter tätig. Die auf seinen zahlreichen Reisen und Forschungsaufenthalten gesammelten Erfahrungen fließen in diesen Band ein.